编委会

主　编　周　岚

编写者　顾宙华　王敏娟　曹颖湖
　　　　吴　琳　朱晓雪　卢妍君
　　　　许　媛　李梦景　徐圆圆
　　　　毛　枫　童　芳　仇丽敏

斑斓世界

幼儿园生活美育课程实践

周岚 主编

上册

南京师范大学出版社

图书在版编目（CIP）数据

斑斓世界：幼儿园生活美育课程实践．上册 / 周岚主编．-- 南京：南京师范大学出版社，2025. 5.

ISBN 978-7-5651-6794-2

Ⅰ．G613

中国国家版本馆 CIP 数据核字第 202597481V 号

书　　名　斑斓世界：幼儿园生活美育课程实践．上册
主　　编　周　岚
责任编辑　魏　丽
装帧设计　刘　俊
出版发行　南京师范大学出版社
地　　址　江苏省南京市鼓楼区北京西路 72 号（邮编：210024）
电　　话　（025）83598919（总编办）　83598312（营销部）　83598307（编辑部）
网　　址　http://press.njnu.edu.cn
电子信箱　nspzbb@njnu.edu.cn
照　　排　南京私书坊文化传播有限公司
印　　刷　南京新世纪联盟印务有限公司
开　　本　787 mm × 1092 mm　1/16
印　　张　26
字　　数　464 千
版　　次　2025 年 5 月第 1 版
印　　次　2025 年 5 月第 1 次印刷
书　　号　ISBN　978-7-5651-6794-2
定　　价　100.00 元（全两册）

出 版 人　张　鹏

序

“儿童的游戏和艺术一起呈现着人类童年期最可宝贵的生命状态。”

无锡市通德桥实验幼儿园（以下简称通幼）的教育理念经历了从快乐美术到以文化为核心的“大美育”的深化，正在积极探索儿童教育的美学之为，把课程美学的思想直接带入儿童的生命当中，带入幼儿园课程建设的思路当中。

他们陪伴和倾听儿童最本真的生命状态，立足儿童生活，记录儿童主观感知和客观世界合二为一的奇妙，浸润儿童个体情感和想象张扬驰骋的魅力，发现儿童迥异于成人的素朴、本原但更具震撼力的生命状态。

他们呵护和支持儿童审美化的生活过程，聚焦原创性“开心涂鸦日”，拓展自主性“ART涂鸦馆”，打造互动性“校园涂鸦节”，以儿童生活为原点，绘就家园合作同心圆，陪伴儿童享受美育带来的深厚滋养，收获美育给成长带来的有益发展。

他们实践和彰显课程建设中的美学根性，通过建立与儿童互生共长的联结，整合文化、地理环境等课程资源，逐步构建出多维度、多层次的课程生态圈，让生活、美育在通幼的课程实践中得到了自然的延伸和积极的创新。在通幼的孩子，有鲜活丰富的生命感受，有奇趣搞怪的创意视角，有新颖前瞻的灵光乍现，有自信挥洒的审美表达，有和谐共赏的童年意味……

通幼是美育课程的先行者，更是大美育观指引下的出发者，在这个痴迷量化、简化、常规化和预定性的世界里，他们一直用自己的诗情智慧同频共振，珍视、呵护着完满童心，而这，正是他们再次出发的理由。

南京师范大学教育科学学院　王　丽

2025年3月

目录

序 001

基础理论篇

一、生活美育课程的基本理念 003
二、生活美育课程的目标 004
三、生活美育课程的体系架构与组织实施 005
四、生活美育课程的评价 011

活动实践篇

主题一：成长空间（3 周）

● **主题规划** 025
● **“开心日”活动** 031
小班：我来了 031
▶线索一：开启新世界 033
你好，幼儿园（语言） 033
温暖的抱抱（社会） 034
有趣的我（美术） 035

▶线索二：寻找新朋友 …… 036

找个朋友抱一抱（美术） …… 036

中班：嗨，你好 …… 037

▶线索一：宝贝来当家 …… 038

千变万化的手（语言） …… 038

▶线索二：好大一辆车 …… 039

汽车王国（数学） …… 039

彩绘叭叭车（美术） …… 040

滴滴畅游记（体育） …… 041

大班：特别的我 …… 041

▶线索一：独一无二的我 …… 043

宝贝（社会） …… 043

独一无二的你（语言） …… 044

变、变、变（美术） …… 045

▶线索二：我是挑战小能手 …… 046

闪亮勋章（美术） …… 046

● **“创意周”活动** …… 047

▶艺术节：一岁一礼 …… 047

时光宝盒（社会） …… 047

“爱”打卡（美术） …… 048

长大这件事（语言） …… 048

我的周岁礼（美术） …… 049

一岁一礼（综合） …… 050

主题二：遇见国潮（4 周）

● **主题规划** …… 051

● **“开心日”活动** …… 058

小班：国宝有颜色 …… 058

▶线索一：中国红 …… 060

点亮中国红（美术） …… 060

▶线索二：青花蓝 …… 061

斑“蓝”时光（科学） …… 061

“布”期而遇（美术） …… 062

▶线索三：太空银 …… 063

小小飞行员（体育） …… 063

“坑坑洼洼”之星球重建（美术） …… 064

中班：国宝会说话 …… 065

▶线索一：中国有话说 …… 067

小脚丫游中国（社会） …… 067

只此青绿（美术） …… 068

▶线索二：熊猫滚滚 …… 069

熊猫在哪里（美术） …… 069

▶线索三：考古三星堆 …… 070

小小考古学家（科学） …… 070

遇见“星星”的你（美术） …… 072

大班：国宝向未来 …… 073

▶线索一：了不起的中国 …… 075

青花斑子（美术） …… 075

▶线索二：汉字的魅力 …… 076

让字变好玩儿（美术） …… 076

撕名牌（体育） …… 078

▶线索三：冲呀，大中国 …… 079

发现号（美术） …… 079

蛟龙号的秘密（科学） …… 080

● **“创意周”活动** …… 081

▶集市：国潮“摊”开玩 …… 081

假如国宝会说话（社会）…… 081

私人月光（美术）…… 082

亲爱的古代朋友（语言）…… 082

檐上瓦当（美术）…… 083

国潮“摊”开玩（综合）…… 084

主题三：大自然的纹理（4 周）

● **主题规划** …… 085

● **“开心日”活动** …… 092

小班：植物派对 …… 092

▶线索一：耶！叶叶 …… 094

风儿与树叶（体育）…… 094

落叶跳舞（美术）…… 094

▶线索二：枝枝丫丫 …… 096

伸个不停的树枝（语言）…… 096

枝丫大比拼（科学）…… 097

奇幻森林（美术）…… 097

▶线索三：秋天里的树朋友 …… 098

秋天的白桦林（美术）…… 098

中班：虫虫日记 …… 100

▶线索一：虫虫俱乐部 …… 102

虫虫运动会（语言）…… 102

虫儿飞（音乐）…… 103

▶线索二：注意！蚂蚁出没 …… 104

蚂蚁和西瓜（语言）…… 104

小身体，大力量（社会）…… 104

蚂蚁王国（美术）…… 105

▶线索三：你好！七星瓢虫 …… 106

瓢虫的日记（语言） …… 106
翻滚吧，虫虫（健康） …… 107
秋虫（美术） …… 108
大班：嗨，丰收啦 …… 109
▶线索一："橘"意正浓 …… 111
橘子（社会） …… 111
是橘子吗（科学） …… 112
橘皮畅想曲（美术） …… 113
▶线索二：举个"栗"子 …… 114
香香的板栗（社会） …… 114
毛栗子怎么开（科学） …… 115
秋天的栗子树（美术） …… 116
▶线索三：这个瓜有点"南" …… 117
南瓜搬运工（体育） …… 117
爱惜粮食（社会） …… 118
把南瓜藏起来（美术） …… 119
● **"创意周"活动** …… 120
▶帐篷露营：野在园里 …… 120
露营装备大分享（科学） …… 121
秋·绘（美术） …… 122
一起野吧（语言） …… 123
帐篷 DIY（美术） …… 123
"野"在园里（综合） …… 124

主题四：疯狂野兽派（4 周）

● **主题规划** …… 126
● **"开心日"活动** …… 132
小班：偶然的遇见 …… 132

▶线索一：地上奔跑的它 …… 134
我的狗狗朋友（社会） …… 134
好饿的小动物（数学） …… 135
▶线索二：水中游弋的它 …… 136
大大鱼和小小鱼（数学） …… 136
▶线索三：空中翱翔的它 …… 136
爱家的小鸟（社会） …… 136
树林和小鸟（美术） …… 137
中班：历史的定格 …… 138
▶线索一：远古的呼唤 …… 140
假如恐龙回来了（语言） …… 140
恐龙大考古（美术） …… 141
▶线索二：不想说再见 …… 142
谁在悄悄告别（社会） …… 142
守护我的动物朋友（美术） …… 143
▶线索三：哪里是我家 …… 144
海洋清理站（社会） …… 144
大班：想象的翅膀 …… 145
▶线索一：神秘海怪 …… 147
勇闯海怪洞（数学） …… 147
寻找海怪鱼（美术） …… 147
▶线索二：上古神兽 …… 148
后羿射神鸟（体育） …… 148
怪哉怪哉（美术） …… 149
▶线索三：有龙则灵 …… 150
画龙点睛（美术） …… 150
● “创意周”活动 …… 151
▶音乐派对：怪有趣 …… 151

怪兽食堂（科学） …… 152
咆哮洞穴（艺术） …… 152
魔音设计师（语言） …… 153
森林狂想曲（艺术） …… 154
“怪有趣”魔音节（综合） …… 155

主题五：红红中国年（4周）

● **主题规划** …… 156
● **“开心日”活动** …… 162
小班：寻“年味” …… 162
▶线索一：看“年味” …… 164
新年烟花雨（科学） …… 164
瑞雪兆丰年（美术） …… 165
▶线索二：尝“年味” …… 166
糖果分一分（数学） …… 166
▶线索三：说“年味” …… 167
勺子先生的新年舞会（艺术） …… 167
中班：沾“福”气 …… 168
▶线索一：迎“福”来 …… 170
跳动中国年（艺术） …… 170
▶线索二：“福”气到 …… 171
贴福字的来历（语言） …… 171
新年做红包，扫码送祝福（美术） …… 172
▶线索三：送“福”啦 …… 173
藏起来的“福”（科学） …… 173
百“福”纳吉（美术） …… 173
大班：玩年俗 …… 175
▶线索一：年兽来了 …… 177

砸年兽（体育）…… 177

狮子舞王（美术）…… 177

▶线索二：年的趣事 …… 178

我的愿望墙（美术）…… 178

▶线索三：喜迎新年 …… 180

新年倒计时（科学）…… 180

上新了，中国红（美术）…… 181

● **“创意周”活动** …… 182

▶庙会：赶集啦 …… 182

新年树（美术）…… 182

挤“福”对“画”（美术）…… 183

潮趣无界（社会）…… 184

点睛（美术）…… 185

赶集啦（综合）…… 186

基础理论篇

自2012年办园以来，无锡市通德桥实验幼儿园以“教育，回归多彩生活；艺术，润泽纯真童心”为办园宗旨，面对时代发展，把对孩子的呵护关爱积极转化到对幼儿教育特色化、优质化的探索实践中，逐渐形成了从“生活”入手，以“美育”为核心的生活美育课程。十多年来，在驽马十驾、功在不舍的一程又一程中，通幼步履坚实、前行踏实、所获丰实，以丰富多彩的学习游戏活动，充分彰显“乐学、趣玩、巧做”的教育策略，让每个孩子在与“生活”和“美”的对话中自由想象，大胆创造，不断激发师生欣赏美、表达美、创造美的愿望和智慧。

一、生活美育课程的基本理念

1. 课程从生活和游戏入手。

在《幼儿园教育指导纲要（试行）》（以下简称《纲要》）与《3–6 岁儿童学习与发展指南》（以下简称《指南》）里，“生活”一词分别出现了 32 次和 81 次。生活是幼儿园课程的基础与来源，“一日生活皆课程”，幼儿是在生活中学习，在学习中生活的。幼儿在幼儿园的一日生活就是其学习的过程， 这个过程会影响幼儿的发展。《指南》指出：幼儿的学习是以直接经验为基础，在游戏和日常生活中进行的。要珍视游戏和生活的独特价值，创设丰富的教育环境，合理安排一日生活，最大限度地支持和满足幼儿通过直接感知、实际操作和亲身体验获取经验的需要，严禁“拔苗助长”式的超前教育和强化训练。幼儿园的活动重点不是教师准备讲解什么， 而是准备让幼儿做什么、获得怎么样的经验、应该为幼儿的行动创设怎样的环境和条件。幼儿园一日生活的每一个环节都有特别的意义，对幼儿的发展都是有贡献的。

2. 课程以美育为核心。

美育是全面发展教育不可缺少的组成部分， 也是“五育并举，立德树人”教育改革的重要组成部分，而幼儿阶段是美育的奠基期和萌芽期。党的十八届六中全会以来，以习近平同志为核心的党中央高度重视学校美育工作，把学校美育工作摆在更加突出的位置，做出了一系列重大决策部署，推动学校美育实现跨越式发展。杜威在《美育三义》中提出：美育是感性的教育，是培养整体人格的教育，又是创造的教育。美育的这三层意义是有内在联系的。美育对培养人真、善、美的精神追求的功能及其对实现全人教育目标有重要作用。易晓明提出美育能够弥合人的感性和理性间的分裂，实现二者的协调发展。"美育不只在于引导人们通过对美、对艺术的欣赏和创造，来丰富人的感性，从而实现感性和理性的协调发展，它更为根本的使命在于帮助人们顺利地走完每一次的经验历程，让他们的活动目的与手段完美结合，让他们能够以参与者的身份融入对象之中，进行深入而持久的体验和理解，从而获得完整的日常经验。"①

美育不仅指艺术之美，还包含了生活之美、人性之美、自然之美等多元之美。美育不仅强调对形式美的感知，更关注经验的丰满、持久与完整；不仅强调美的创造，也强调真、善与美的融合。

3. 课程由生活与美育整合引发。

"生活美育"不仅是艺术教育，更是一种以文化为核心的"大美育"。这与我园的"十四五"课题研究十分契合。"生活美育"是要经历"终身学习"的漫长过程的"大美育"。

我园借鉴生活课程的理念及当代学者对美育的本质和价值分析，以已有的园本课程研究经验为基础构建生活美育课程。生活美育课程以儿童发展为核心，整合利用幼儿园及周边环境中人力、物力等课程资源，通过幼儿在园各项活动的整合，持续构建多维度、多层次的课程生态圈，通过幼儿与环境、材料、他人之间的对话与互动，建立互生共长的联结，由此促进幼儿富有个性的健康发展。

因此，我们所理解的幼儿园生活美育课程是基于儿童的生活，以美育为核心，将美育的原则（形象性、情感性、活动性、差异性、创造性）渗透于幼儿园一日生活之中，是用爱、美、生命启迪智慧，开发潜能，为幼儿全面和谐发展和终身学习奠定坚实基础的课程。

二、生活美育课程的目标

以幼儿生活经验和幼儿发展规律为本，引领幼儿生命的起点、架构幼儿学习的

① 易晓明．论美育在当代审美文化中的新取向 [J]. 高等教育研究，2010（6）：94.

支点、点燃幼儿创新的亮点，遵循“基于生活，发现美”“基于经验，表现美”“基于文化，创造美”的课程理念，培养“灵动——阳光运动，独立自主，坚强勇敢”“乐群——乐于合作，分享守则，归属认同”“慧思——好奇爱问，主动探究，会玩善思”“创美——感受欣赏，多元表征，本真创造”的全面发展的儿童。

基于生活，发现美——兴趣与态度：认识周围事物和现象，激发幼儿感受与欣赏生活中美的事物的兴趣和愿望，让生活成为幼儿美育启蒙、全面发展的起点。

基于经验，表现美——智慧与能力：以美育理念为导向，引导幼儿通过仔细观察、亲身体验、实际操作、自主表达、经验迁移等方法，培养幼儿初步的表达、表现能力。

基于文化，创造美——想象与创造：立足于每一位孩子的未来发展，鼓励他们将经验与想象建立联系，在充分的想象空间里发挥奇思妙想，乐于想象和创造。

三、生活美育课程的体系架构与组织实施

（一）课程体系架构

建立园本基础性课程与特色活动相结合的课程体系。基础性课程面向全体幼儿，是促进幼儿基本发展的课程。特色活动是以基础性课程为依据，以幼儿园办学目标与培养目标为方向，带有幼儿园自身的特点，符合幼儿园实际情况（硬件设施、环境资源、师资条件等），同时能满足幼儿发展需要的课程。把握好基础性课程与特色活动的关系，二者相互补充、不断完善，使幼儿园逐步形成科学化、特色化、个性化的适合幼儿全面发展的课程。

（二）课程内容的组织与实施

生活美育课程将内容实施融合于幼儿的一日活动之中，遵循“真、善、美”的课程理念，不拘泥于固定的学习形态，不受限于既定的活动场地，而是根据幼儿的学习需求进行通盘整合。生活美育课程的具体实施主要渗透于各个课程路径中，每个路径既具有独立的流程和操作方式，又在经验源头上体现融通性与共生性，进而形成一个完整的课程实施体系。

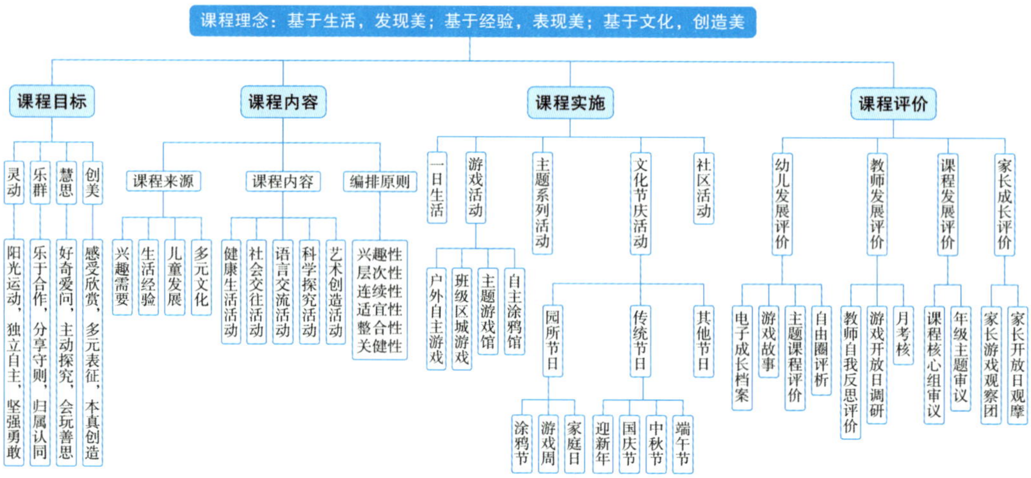

图 1　课程实施路径图

1. 教学活动实施——二元化架构。

表 1　课程实施二元化架构表

分类	实施形式	课程选用范围	内容	时间设置
基础性课程70%	生活	幼儿园生活美育课程、幼儿园综合活动课程、开心涂鸦（上册、下册）	文明生活、共同生活、安全生活、自理生活	每天
	运动		器械活动、户外与操节、足球特色活动、远足活动	日常渗透
	游戏		自主游戏、建构游戏、表演游戏、沙水游戏	每天
	学习		十大主题活动	每天
	远足活动	幼儿园大型活动方案	春游、秋游、科学馆、植物园、动物园、海洋水族馆	每学期 1–2 次
	社区活动	幼儿园大型活动方案	超市、消防队、警队、社区等周边资源	每学期 1–2 次
	亲子活动	幼儿园大型活动方案	各类亲子互动、展演等活动	每学期 1–2 次
特色活动30%	主题游戏馆	混龄活动	根据小中大班主题活动开展社团游戏内容	每周 60 分钟
	ART 自主涂鸦馆	混龄活动	根据小中大班主题活动开展社团游戏内容	每周 60 分钟
	创意周	生成式主题周活动	根据当月主题生成园本创意美术活动周	每个主题最后一周

二元化是指教学活动组织的两种形态，其表现形式为基础性课程和特色活动。幼儿的经验和兴趣决定了选择何种内容与方式开展教学。

基础性课程是以幼儿园综合课程的主题内容为线索，围绕主题进行多样化的活动设计，包含健康、语言、社会、科学、艺术五大领域的教学活动。特色活动围绕班级的问题展开，针对问题寻求解决方案，强调幼儿基于自我需求，在真实情境中运用已有经验进行深度探究和学习。

（1）基础性课程：占比 70% 。

教师在基础性课程的实施中，关注幼儿生活和经验，关注预设和生成的关系，同时充分考虑课程平衡问题，增强基本目标和内容的落实度，促进幼儿全面发展；合理地、有机地整合五大领域的教育内容，渗透于幼儿的一日生活中。同时，合理规划利用幼儿园周边课程资源，形成家、园、社三方合力，为幼儿的学习和发展提供便利。

课程实施形式

以健康、语言、社会、科学、艺术五大领域为核心，以生活、运动、游戏、学习四大板块为幼儿园一日活动最基本的活动形态，强调活动的综合教育作用，以及不同活动之间的互动渗透、有机整合，关注幼儿自身的兴趣、经验和需要，使幼儿真正成为活动的主体。

生活：主要指生活自理、交往礼仪、自我保护、环境卫生、生活规则等方面的活动，旨在让幼儿在幼儿园生活情境中自主、自觉地发展各种生活自理能力，形成健康文明的生活习惯和交往行为，在共同生活中能够愉快、安全、健康地成长。我园生活活动主要采用集体、小组和个别的组织形式进行。

运动：主要指球类、器械类、体育游戏和户外锻炼等活动，旨在提高幼儿身体素质、动作协调能力和适应环境能力，为幼儿健康体质奠定基础。我园运动活动主要通过集体、个别、体育区域活动等组织形式进行。

学习：主要指讨论、阅读、倾听、制作、表演、实地参观、收集信息等活动，旨在激发幼儿去主动探索、积极体验，增强幼儿的认知能力，培养幼儿良好的学习品质，为后续学习打下基础。我园学习活动以集体、分组、区域活动等组织形式进行。

游戏：主要指幼儿自发、自主、自由的活动。游戏活动满足幼儿自主、自发性活动的需要，培养幼儿想象力、创造力和交往合作能力，促进幼儿情感、个性健康地发展。我园的游戏活动一般以区域活动形式开展。

其他活动也是生活美育课程的有机组成部分

在多姿多彩的生活中，幼儿无时无刻不在经历着生动有趣的变化。我们一直相信，儿童的自主自觉是童年最重要的品质。因此，在幼儿的生活或者幼儿园的各项事务中，我们尽可能创造更多体现自主自觉的环境和机会，让幼儿在其间自由、智慧地成长。

自主生活：从晨间餐点到午餐午点，从盥洗到入寝，我们均提倡幼儿“做自己的管理者”。为方便开展相关活动，我们改善了原有的设施设备，以便更好地满足课程的需要。以自助午餐为例，针对班级空间狭小、无法放置常设餐桌的情况，我们设计了伸缩式的自主餐台。平时将餐台放置在区角中使用，用餐时通过拉伸就成了方便幼儿取食的餐桌。

自主劳动：包括种植和清扫活动。追寻“全收获”理念的自主劳动活动，旨在引发幼儿在养护过程中学习观察、记录和思考，发现植物成长的秘密，感受劳作的乐趣，体验田园生活，进而感受生命成长的意义，感悟生命的奇迹。

自主徒步：在考察园内外各种环境资源的基础上，幼儿自主设计不同的徒步路线。依据不同的徒步距离及意图，形成了园内徒步、小区徒步、社区徒步及远足等徒步形式，其目的在于强健幼儿体质、锻炼幼儿意志、增长幼儿知识、陶冶幼儿情操，凸显课程的“真”。

表 2　基础性课程表

	主题	主题活动名称	时间安排
上学期	主题一：成长空间	小班：我来了 中班：嗨，你好 大班：特别的我	3 周
	主题二：遇见国潮	小班：国宝有颜色 中班：国宝会说话 大班：国宝向未来	4 周
	主题三：大自然的纹理	小班：植物派对 中班：虫虫日记 大班：嗨，丰收啦	4 周

续表

	主题	主题活动名称	时间安排
上学期	主题四：疯狂野兽派	小班：偶然的遇见 中班：历史的定格 大班：想象的翅膀	4 周
	主题五：红红中国年	小班：寻“年味” 中班：沾“福”气 大班：玩年俗	4 周
下学期	主题六：爱的形状	小班：圆圆与甜甜 中班：我家很“牛” 大班：爱的小美好	4 周
	主题七：色彩捉迷藏	小班：花花草草集 中班：色彩杂货铺 大班：缤纷梦工厂	4 周
	主题八：有你真好	小班：认识你真开心 中班：听我说谢谢你 大班：对话大师做自己	4 周
	主题九：扯东扯西	小班：吃吃逛逛 中班：运河边边 大班：玩转经典	4 周
	主题十：欢乐制造营	小班：开心水世界 中班：奇趣万花筒 大班：再见，小时光	4 周

（2）特色活动：占比 30%。

特色活动内容以课程总目标为引领，结合基础性课程的每一个主题目标，设计开发具有园本美术特色的微主题活动，涵盖幼儿“乐学、趣玩、巧做”品质的培养。以多样、快乐的美术活动为主线，根据幼儿年龄特征和身心发展规律，以生动、形象、自由的内容和形式萌发幼儿感受美的需要，支持幼儿表现美的活动，激起幼儿创造美的探索欲，使幼儿获得丰富的审美经验，促进其多方面能力的发展，获得快乐的情感体验，促进其身心和谐的发展。

聚焦“一轴两翼”的合力驱动，尝试着力推进 “美术课程”的开展。“一轴”

以幼儿美育素养启蒙为纵轴，作为快乐美术的核心理念贯穿始终；“两翼”以“特色环境”和“特色活动”为横向支撑，支持创意周美术活动的落实。

表 3　特色活动表

主题	主题名称	创意周活动	活动形式
主题一	成长空间	一岁一礼	艺术节
主题二	遇见国潮	国潮“摊”开玩	集市
主题三	大自然的纹理	野在园里	帐篷露营
主题四	疯狂野兽派	怪有趣	音乐派对
主题五	红红中国年	赶集啦	庙会
主题六	爱的形状	美好贩卖机	公益义卖
主题七	色彩捉迷藏	给点颜色你看看	彩色酷跑
主题八	有你真好	城里城外	微画展
主题九	扯东扯西	运河畔·游下塘	游园会
主题十	欢乐制造营	我的“视”界，我们的世界	科技节

注：一般在基础性课程最后一周开展。

2. 美育活动实施——多元化架构。

为满足不同幼儿的游戏意愿，我们设计了多样化的室内外游戏活动，主要有ART 自主涂鸦馆[①]和主题游戏馆等模块。游戏模块在时空上相互交织，为幼儿提供更多自主选择的机会。

（1）ART 自主涂鸦馆。

在 ART 自主涂鸦馆活动中，将教室重新整合，设置了 12 个不同的美术工作室。孩子们行走于水墨作坊、千色派对、写生小栈之间，玩乐在造型天地、木玩部落、拼摆乐园之中，塑形于纸趣联盟、陶泥演义、图版印象之内。幼儿在环境的力量、色彩的幻想、材料的抽象中尽情释放创作的无限可能性。通过师幼对话，立足幼儿的行为，发现幼儿的需求，从材料提供、幼儿表征、支持性策略等方面鼓励幼儿用自己独特的方式描绘关于“周围世界”的听、闻、知、觉，更好地发挥美术活动在

① 即儿童艺术涂鸦空间，分设成若干个不同的美术工作室，是供幼儿进行自由美术创作的场所。以下简称“ART 涂鸦馆”。

幼儿成长过程中独具的教育价值。

在组织形式上，ART 自主涂鸦馆打破班级、年龄的界限，以大带小的混龄模式展开，于每周四上午进行一次活动。

（2）主题游戏馆。

主题游戏馆的设计基于儿童完整、均衡发展的理念，既包含了社会性情感层面的，又包含了科学探究认知层面的，还包含了动手操作、增进体能层面的。馆内有宝贝会所、滴滴车吧、嬉沙乐园、闲鱼小站、点点诊所、花花洗衣、奇奇玩社、酷酷小兵、丫丫美妆、童童健智、美美创意室、科学发现室、静静绘本馆、梦想之城等。

在组织形式上，主题游戏馆打破班级、年龄的界限，以大带小的混龄模式展开，于每周二上午进行一次活动。

3. 特色节（日）活动——对应式架构。

特色节（日）活动基于儿童兴趣和需求对应的四季、节日的园本节庆。节日内容丰富的设置成以周为单位开展活动，内容比较单一的设置成以日为单位开展活动。

具体实施形式：开心涂鸦日、年级游戏周和校园涂鸦节。

开心涂鸦日：以班级或小组为单位开展美术活动，旨在满足幼儿美术兴趣。以幼儿自主选择的涂鸦活动为主要形式，开展个性化的艺术主题活动。主要以集体学习活动和区域活动的形式开展。

年级游戏周：以一个主题或项目为内容开展为期 1–2 周的年级组或全园性主题活动，围绕这个主题开展一系列的学习、游戏、运动、生活等多种形式的综合主题活动。

校园涂鸦节：以一个或多个内容为主题，开展一年一届的涂鸦节活动，全园参与，综合设计系列活动，以及综合性的主题大活动，并保证各类活动形式和资源的全园共享和全园覆盖。如幼儿作品展等。

四、生活美育课程的评价

1. 课程的适宜性评估指标体系。

园本课程评价是对幼儿园园本课程的评估和反馈过程。以幼儿园教育理念和目标为依据设计课程适宜性评估指标体系，并以此优化课程内容和教学方法，提高教育质量，促进幼儿的成长和发展。

表 4　课程的适宜性评估指标体系

一级指标	二级指标	三级指标
课程目标	方向性	（1）有明确的课程目标，并与《纲要》《指南》目标的精神一致。 （2）目标突出幼儿素质教育的全面性发展。 （3）目标突出对创新精神和操作能力的培养。 （4）目标注重幼儿的个性培养。
	可行性	（1）有与课程目标相配套的教育内容。 （2）有课程实施的具体计划和方案。 （3）在课程实施中有检查、反馈、总结并形成制度。
课程内容	内容	（1）课程内容符合国情并体现本园特点。 （2）课程内容具有时代气息。 （3）课程内容贴近幼儿生活。
	课程	（1）课程的选择遵循科学性、趣味性、探索性原则。 （2）课程的编制具有可操作性、趣味性、探索性。 （3）课程自成体系，内容和结构完整。
实施过程	全体性	（1）对幼儿发展水平的主要分析指标。 （2）课程实施要求与内容符合大多数幼儿的发展水平。 （3）对个别发展差异明显的幼儿建立个案教育计划。 （4）注重分层指导，使每个幼儿都能得到发展。
	主体性	（1）为幼儿创设自主选择、互动的环境，为幼儿表现和创造提供机会。 （2）以平等、正面、鼓励的态度和幼儿共同活动，尊重幼儿的意见。 （3）教师启发幼儿能适度地自我欣赏和相互欣赏。
	时间空间	（1）有科学合理的一日生活作息制度。 （2）保证幼儿户外活动、自主活动、自由活动的时间。集体教学活动时间适宜。 （3）有可供课程实施的各种空间、区域设置和活动室。
	设施设备	（1）根据课程配置充足的教学具和操作材料。 （2）有与课程相配套的设施与设备。
课程实效	成果	（1）幼儿身心健康，发展良好。 （2）课程有理论依据，有实践过程，并经过专家权威论证。 （3）形成一套完整的课程方案。
	社会反映	（1）社会、家长对幼儿发展满意。 （2）保教质量得到教育行政部门与督导部门的认可。 （3）课程实践经验在区内有一定的影响。

2. 幼儿发展水平评价指引。

幼儿发展水平评价指引以《纲要》《指南》为依据，以健康、语言、社会、科学、艺术五大领域为一级指标，以各领域的关键经验指向为二级指标，旨在优化幼儿园教育，促进幼儿全面发展。园本评价方式分为过程性评价、形成性评价和终端性评价，目标评价、过程评价、成果评价、教师评价和家长评价等，通过日常观察记录、测查、操作、活动评价等方法和工具进行。评价结果经数据和案例分析后应用于优化园本课程设计、提升教师能力、改善教育环境和提高家长满意度。通过评价指引和持续改进，幼儿园园本课程能够更好地发挥作用，促进幼儿的全面成长和发展。

表5　幼儿园儿童发展评价指引（小班上学期）

一级指标	二级指标	三级指标	评价方式	描述性评价
健康（体育）	自理能力	会正确使用小勺，独立进餐；盥洗、入睡习惯良好。	日常观察	
	自我保护	在成人的指导和提醒下有初步的安全行为，情绪稳定。	日常观察	
	动作发展	会一个跟着一个走，姿势正确，自然协调；能手膝着地自然协调地爬。	测查	
语言	倾听理解	理解简单的指令，并按指令要求行动。	观察、谈话	
		理解简单的指令，并按指令要求行动。	观察、活动评价	
	表达交流	喜欢和同伴交流，能用简单句表达自己的想法。	谈话、观察	
		喜欢听故事、念儿歌。	谈话、活动评价	
	阅读欣赏	愿意参加文学活动，对文学作品感兴趣。	表演、谈话	
		看懂单幅画，能独立辨认图书中的人和物。	情景测验	
社会	社会认知	知道自己的性别、年龄、姓名、家庭成员和所在幼儿园。	谈话	
	人际交往	初步适应集体生活，喜欢老师和小朋友，知道同伴的名字。	日常观察	
	行为习惯	在成人的提醒下保持身体、桌面、地面的整洁。	日常观察	

续表

<table>
<tr><th>一级指标</th><th colspan="2">二级指标</th><th>三级指标</th><th>评价方式</th><th>描述性评价</th></tr>
<tr><td rowspan="7">科学
（数学）</td><td colspan="2" rowspan="3">科学探究</td><td>喜欢玩新奇好动的玩具，感知其特点与有趣。</td><td>日常观察</td><td rowspan="7"></td></tr>
<tr><td>能以触摸、闻、品尝等方式来体验事物。</td><td>活动评价</td></tr>
<tr><td>观察几种常见的动物，认识常见的水果，感知其明显的特征。</td><td>操作、活动评价</td></tr>
<tr><td colspan="2" rowspan="2">数量感知</td><td>感受4以内物体的数量，掌握一一对应关系。</td><td>谈话、操作</td></tr>
<tr><td>比较两个物体的大小、长短，会按大小、长短给4以内物体排序。</td><td>谈话、操作</td></tr>
<tr><td colspan="2">空间关系</td><td>认识圆形；能以自身为中心，区别上、下，前、后；知道白天、黑夜。</td><td>操作、情景测验</td></tr>
<tr><td colspan="4" style="display:none"></td></tr>
<tr><td rowspan="7">艺术</td><td rowspan="3">音乐</td><td>审美感受</td><td>能集中注意力倾听或观看喜欢的音乐舞蹈表演。</td><td>活动评价</td><td rowspan="7"></td></tr>
<tr><td>多元表现</td><td>会跟着音乐做简单的身体动作。</td><td>测查</td></tr>
<tr><td>想象创造</td><td>在韵律活动中，模仿熟悉的动物。</td><td>测查</td></tr>
<tr><td rowspan="4">美术</td><td>审美感受</td><td>愿意参加美术欣赏活动，对色彩鲜明的事物感兴趣。</td><td>日常观察</td></tr>
<tr><td rowspan="2">多元表现</td><td>会用画笔大胆涂鸦。</td><td>作品分析</td></tr>
<tr><td>会随意撕纸、粘贴，大胆玩泥。</td><td>实际操作</td></tr>
<tr><td>想象创造</td><td>绘画中有初步的想象，能简单添画。</td><td>作品分析</td></tr>
</table>

表6　幼儿园儿童发展评价指引（小班下学期）

<table>
<tr><th>一级指标</th><th>二级指标</th><th>三级指标</th><th>评价方式</th><th>描述性评价</th></tr>
<tr><td rowspan="4">健康
（体育）</td><td>自理能力</td><td>能分清自己和他人的物品，学会将物品收拾和保管在固定的地方。</td><td>日常观察</td><td rowspan="4"></td></tr>
<tr><td>自我保护</td><td>适应集体生活，保持愉快情绪，知道保护五官，注意个人卫生，不把手指放在嘴里。</td><td>日常观察</td></tr>
<tr><td rowspan="2">动作发展</td><td>学会几种简单的模仿动作，能绕障碍物走。</td><td>情景测验</td></tr>
<tr><td>能在指定范围内四散跑、追逐跑，动作灵活；喜欢玩球。</td><td>测查</td></tr>
</table>

续表

一级指标	二级指标	三级指标	评价方式	描述性评价
语言	倾听理解	乐意听别人讲话，能听懂别人讲话的意思。	观察、活动评价	
		能听懂并愿意用普通话交流。	日常观察	
	表达交流	在集体活动中知道对话要轮流进行，并能用简单句表达自己的愿望。	活动评价	
		能朗诵简短儿歌，在成人的帮助下讲述简短的故事，口齿清楚。	情景表演	
	阅读欣赏	能初步理解内容简单、特征鲜明的图片和情景，并愿意表达。	情景测验	
		对图书感兴趣，能安静地看书，会一页一页地翻书。	测查	
社会	社会认知	认识幼儿园周围环境及与自己相关的人的劳动内容。	谈话、情景测验	
	人际交往	会使用礼貌用语，尊敬师长。	观察、谈话	
	行为习惯	爱护生活用品和玩具，不争抢，会轻拿轻放，不随意损坏。	日常观察	
科学（数学）	科学探究	对周围较明显的事物产生好奇。	测查	
		乐意进行探究活动，喜欢玩沙、玩水，运用多种感官感知事物。	活动评价	
	科学探究	喜欢动植物，观察常见的花草树木和家禽，知道明显的特征。	测查	
	数量感知	能手口一致地点数5以内的实物，并说出总数。	谈话、操作	
		感知1和许多，能一一对应比较两组物体的数量，知道多、少、一样多。	谈话、操作	
	空间关系	在日常生活和游戏中，感知认识正方形、三角形；能以自身为中心，区别里、外。	操作、情景测验	
艺术　音乐	审美感受	愿意参加音乐游戏和舞蹈活动，乐意使用多通道参与体验、感受。	活动评价	
	多元表现	会唱简单、熟悉的歌曲，声音响亮、发音清楚。	测查	
	想象创造	随音乐做简单的模仿动作。	活动评价	

续表

一级指标		二级指标	三级指标	评价方式	描述性评价
艺术	美术	审美感受	喜欢欣赏色彩鲜艳、造型简单的物品和美术作品，能够集中注意力观察。	日常观察	
		多元表现	选择喜欢的颜色作画，愿意涂色并涂匀涂满。	作品分析	
			能用泥塑造简单的物体形象。	实际操作	
		想象创造	自由想象，会随意地进行绘画或撕贴、剪纸等活动。	作品分析	

表 7　幼儿园儿童发展评价指引（中班上学期）

一级指标	二级指标	三级指标	评价方式	描述性评价
健康（体育）	自理能力	愉快安静地进餐，会使用筷子，保持个人卫生。	日常观察	
	自我保护	关注身体各部位的保护方法，不怕生，愿意配合医生进行身体检查和治疗。	情景测验	
	动作发展	会听信号变速走和跑，能快跑；会立定跳远，原地起跳触物；会连续拍球。	测查	
语言	倾听理解	能集中注意力倾听别人讲话，不随意打断。	观察、谈话	
		初步理解他人或媒体所表达的基本信息。	活动评价	
	表达交流	能用普通话清楚连贯地与他人交谈；理解和运用所学新词。	观察、谈话	
		主动大方地在集体面前表达自己的需要、兴趣。	观察、谈话	
	阅读欣赏	喜欢欣赏不同题材的文学作品，主动积极地参加文学活动，感受文学作品语言的丰富和优美。	观察、活动评价	
		能理解文学作品的情节内容，能用语言、动作、表情等进行表达。	观察、情景测验	
社会	社会认知	了解家乡的名胜古迹和风土人情，有爱家乡的情感体验。	谈话、情景测验	
	人际交往	喜欢和同伴共同参加各类活动，并能友好地相处。	情景测验	
	行为习惯	自觉爱护、整理生活用品和玩具，在活动中遵守一定的规则。	日常观察	

续表

一级指标	二级指标		三级指标	评价方式	描述性评价
科学（数学）	科学探究		对周围事物有好奇心，乐于观察和提问。	观察、谈话	
			观察自然环境和自然现象（风、雨等）；认识几种常见蔬菜，知道它们的形态特征和营养价值。	谈话、活动评价	
			感知秋季和冬季的主要特征，了解季节与人们生活的关系。	谈话、情景测验	
	数量感知		认识 6 以内的数字，理解数的实际意义和数字与数量的关系。	谈话、操作	
			运用多种感官感知物体的特征，会按物体的两个特征进行分类。	谈话、操作	
	空间关系		在日常生活和游戏中，感知认识长方形、半圆形；有初步的时间概念，知道昨天、今天、明天。	谈话、操作	
艺术	音乐	审美感受	会听前奏、间奏，感受不同性质的歌曲和乐曲。	日常观察	
		多元表现	随音乐做简单的舞蹈动作，体验情绪情感。	活动评价	
		想象创造	学习仿编歌词，能替换短小歌曲中的名词、动词。	情景测验	
	美术	审美感受	感受生活中美好的事物，欣赏与自己学习、生活有关的美术作品。	日常观察	
		多元表现	能用各种点、线条和形状表现物体的基本结构和主要特征。	作品分析	
			会撕贴或用剪刀剪贴表现简单物象，用泥塑造物体主要特征。	实际操作	
		想象创造	能对玩具、材料、声音等产生联想，喜欢做做玩玩。	作品分析	

表 8　幼儿园儿童发展评价指引（中班下学期）

一级指标	二级指标	三级指标	评价方式	描述性评价
健康（体育）	自理能力	能有序地穿脱衣服，整理好放在固定地方。	观察、情景测验	
	自我保护	活泼大方，情绪良好，有初步的自我保护意识，知道避开危险和应付意外事故最基本的方法。	谈话、情景测验	
	动作发展	能助跑跨跳（跳距不少于 40 厘米），双脚交替跳；能熟练协调地钻过障碍物 (60 厘米高的物体）；会花样拍球。	测查	

续表

一级指标	二级指标	三级指标	评价方式	描述性评价
语言	倾听理解	能耐心地倾听别人讲话，理解其主要意思。	活动评价	
		能理解较复杂的指令，并正确、迅速地行动。	观察、情景测验	
	表达交流	能与同伴交流信息，并提出自己想问的问题。	观察、活动评价	
		能按一定顺序讲述实物、图片、情景的主要内容。	谈话、情景测验	
	阅读欣赏	能根据文学作品拓展想象，仿编或续编一个情节或一个内容。	情景测验	
		爱护图书，会按页码的顺序阅读单页多幅的图书，阅读姿势正确。	观察、情景测验	
社会	社会认知	了解不同职业人们的劳动，尊敬劳动人民，爱惜劳动成果。	谈话	
	人际交往	能有礼貌地主动招呼他人，愿与同伴合作。	观察、谈话	
	行为习惯	爱护玩具和用品，能共同使用和参与整理。	观察、谈话	
科学（数学）	科学探究	喜欢动手操作，能比较和发现生活中常见的科学现象。	观察、谈话	
		观察了解日常生活用品、交通工具等，知道它们的特征及用途。	谈话、活动评价	
		感知春季和夏季的主要特征，了解季节与人们生活的关系。	谈话	
	数量感知	认识数字7—10，理解数字代表的实际意义，能用数字表示物体的数量。	谈话、操作	
		学习按数量的差异及一定规律进行排序。	谈话、操作	
	空间关系	在日常生活和游戏中，感知认识椭圆形；能以某一物体为中心，辨别上下、前后。	操作、情景测验	
艺术　音乐	审美感受	感知音乐中明显的音高、速度的变化，感受二拍子、三拍子节拍的特点。	活动评价	
	多元表现	用自然的声音较有表情地歌唱，能随不同的音乐拍打节奏。	情景测验	
	想象创造	将新编的歌词替换到歌曲中，有一定的想象力和创编能力。	活动评价	

续表

一级指标		二级指标	三级指标	评价方式	描述性评价
艺术	美术	审美感受	能与同伴欣赏、交流自己和他人的美术作品。	观察、活动评价	
		多元表现	用多种颜色和绘画工具作画，会简单布局；会折叠简单的物体形象。	作品分析	
		想象创造	乐意想象，会选择多种工具和材料进行美术创造活动，表现主要的形象特征。	作品分析	

表 9　幼儿园儿童发展评价指引（大班上学期）

一级指标	二级指标	三级指标	评价方式	描述性评价
健康（体育）	自理能力	会根据身体的冷、热感受主动穿脱衣服；能自己整理床铺。	日常观察	
	自我保护	知道几种常用的特殊电话号码，了解紧急情况下的救助方法；能控制不良情绪。	情景测验	
	动作发展	会肩上投掷轻物，投准镖靶（投掷距离约 3 米，镖靶直径不小于 60 厘米）。	测查	
		能在平衡木上变换手臂动作走（平衡木宽 15 厘米，高 40 厘米）；会跳短绳。	测查	
语言	倾听理解	能专心地倾听别人讲话，并能主动应答。	活动评价	
		能持续一段时间集中注意力， 理解他人讲话内容，获取基本信息。	活动评价	
	表达交流	能用恰当的语言表达自己的所见所闻和事情经过。	谈话、情景测验	
		正确使用学过的词汇和较复杂的句子。	谈话、测查	
	阅读欣赏	喜爱欣赏不同题材、不同风格的文学作品，在文学活动中积极感受，积累艺术语言，并尝试在适当场合运用。	观察、谈话	
		能根据文学作品提供的线索，仿编或续编情节和内容。	观察、情景测验	
社会	社会认知	认识生活中常见的标志，愿意按标志的提示行动。	测查	
		认识国旗、国徽，会唱国歌，为自己是中国人而感到自豪。	测查	

续表

<table>
<tr><th colspan="2">一级指标</th><th>二级指标</th><th>三级指标</th><th>评价方式</th><th>描述性评价</th></tr>
<tr><td colspan="2" rowspan="2">社会</td><td>人际交往</td><td>愿意与人交往，懂得互相谦让，学会轮流与分享，能关心帮助他人。</td><td>日常观察</td><td rowspan="2"></td></tr>
<tr><td>行为习惯</td><td>在公共场合注意不大声喧哗，不妨碍他人，有一定的规则意识和任务意识。</td><td>日常观察</td></tr>
<tr><td colspan="2" rowspan="7">科学（数学）</td><td rowspan="3">科学探究</td><td>探究身边的科学，了解生活中常见的科技产品及在人们生活中的应用。</td><td>观察、谈话</td><td rowspan="2"></td></tr>
<tr><td>感知秋季和冬季的特征；乐于观察，比较发现人类、动植物与环境的关系。</td><td>测查</td></tr>
<tr><td>乐于动手动脑，学做科学小实验，会用简单符号或图画作记录。</td><td>活动评价</td><td rowspan="5"></td></tr>
<tr><td rowspan="2">数量感知</td><td>运用生活经验理解 10 以内的单、双数及相邻数，会进行倒数。</td><td>测查</td></tr>
<tr><td>会用不同的方法分解（或组成）5 以内物体，会 5 以内的加减。</td><td>测查</td></tr>
<tr><td>空间关系</td><td>学习用自然物测量物体，会比较粗细、轻重、厚薄等；认识时钟，会看整点、半点，知道一星期有七天。</td><td>测查</td></tr>
<tr><td rowspan="8">艺术</td><td rowspan="3">音乐</td><td>审美感受</td><td>感受不同类型的经典音乐，听辨明显的乐曲特点。</td><td>活动评价</td><td rowspan="8"></td></tr>
<tr><td>多元表现</td><td>随音乐的变化改变动作的力度、速度，用动作、表情自然地表达情感。</td><td>情景测验</td></tr>
<tr><td>想象创造</td><td>能够利用各种小乐器、自制玩具进行节奏活动。</td><td>活动评价</td></tr>
<tr><td rowspan="5">美术</td><td>审美感受</td><td>对美术作品、工艺品和建筑物等感兴趣，懂得感受美、欣赏美。</td><td>谈话</td></tr>
<tr><td rowspan="2">多元表现</td><td>运用丰富的色彩和线条构思，画出人物、动物的主要特征；注意深浅、冷暖色搭配。</td><td>作品分析</td></tr>
<tr><td>熟练地选择工具和材料，综合各种技能塑造结构较复杂的形象。</td><td>实际操作</td></tr>
<tr><td>想象创造</td><td>能按命题构思作画，大胆想象，画面主体突出，布局合理，构图有新意。</td><td>作品分析</td></tr>
</table>

表 10　幼儿园儿童发展评价指引（大班下学期）

一级指标	二级指标	三级指标	评价方式	描述性评价
健康（体育）	自理能力	有良好的生活卫生习惯，会归类整理、保管好自己的物品，有秩序感。	情景测验	
	自我保护	保护牙齿和眼睛，养成正确的刷牙方法和读写姿势；有一定的环境适应能力。	情景测验	
	动作发展	能熟练地在垫上前滚翻、侧滚翻；能两臂侧平举，闭目起踵自转；会连续跳短绳。	检测	
语言	倾听理解	能辨别生活中不同的语音、语调所表达的含义。	谈话	
		能专注地倾听、理解成人的多重指令，并予以复述或行动。	情景测验	
	表达交流	会连贯地表达，用丰富的词汇清楚完整地讲述事情的前后经过。	谈话、情景测验	
		愿意与不太熟悉的人交谈，并会用多种方式提出问题和想法。	谈话、活动评价	
	阅读欣赏	能根据不同类型的文学作品续编和创编。	观察、情景测验	
		能专注地阅读图书，连贯地讲述主要内容，用词准确。	情景测验	
社会	社会认知	知道中国是一个多民族的国家，了解中国著名的风景名胜；了解中国主要的节日及风俗习惯。	谈话	
	人际交往	主动参与小组合作学习，能与同伴共同协商解决问题，愿意为同伴和集体服务。	日常观察	
	行为习惯	有一定的责任感，自己的事情自己做，能爱护、整理自己的学习用品。	日常观察	
科学（数学）	科学探究	了解一般的自然现象和天气变化规律，知道一年中四季的变化和交替。	谈话、活动评价	
		探索人体奥秘，了解生命与环境的关系，具有一定的环保意识、环保行为。	谈话、作品分析	
		主动探究，能合作完成科学小实验和小制作，并用适当的方式记录和交流。	活动评价	

续表

一级指标		二级指标	三级指标	评价方式	描述性评价
科学（数学）		数量感知	学会等分（二等分、四等分）或不等分一个整体，感知整体与部分的关系。	实际操作	
			会 10 以内的分、合和加减，能学编简单的应用题。	情景测验	
		空间关系	能用多种感官认识正方体、长方体、球体；能以自身为中心，区分左、右。	谈话、情景测验	
艺术	音乐	审美感受	感受、理解和欣赏有典型特点的音乐作品。	情景测验	
		多元表现	吐字清楚，能唱出歌曲中明显的力度和速度的变化，恰当表现歌曲的情感；会看指挥，用多种乐器进行合奏。	活动评价	
		想象创造	随音乐想象创编舞蹈动作，用自己喜欢的方式表现音乐。	情景测验	
艺术	美术	审美感受	欣赏作品的造型、色彩、构图，知道对称美、协调美，会多角度评价自己和他人的美术作品。	活动评价	
		多元表现	能大胆地进行意愿画，并根据主题表现一定的内容和情节。	作品分析	
			会拼贴或制作物体，表现简单的情节和形象，注意装饰美。	实际操作	
		想象创造	喜欢做做玩玩，能按照自己的意愿，创造性地布置环境，进行小制作。	实际操作	

活动实践篇

3周

主题一：成长空间

● 主题规划

一、设计意图

“成长”的意义是什么呢？是第一次翻身，是第一次开口说话，是第一次松开父母的双手后摇摇晃晃地行走……萌娃们带着父母的期盼与不舍，步入陌生的校园，开启三年的幼儿园时光。在这个奇妙的时光里，我们会遇到新朋友、新老师、新挑战、新欢喜。小手拿起画笔，蘸上一抹蓝色，像在表达离开爸爸妈妈的难过情绪；蘸上一抹黄色，记录下我们在涂鸦馆中探索不同游戏形式的欢乐瞬间；蘸上一抹白色，像是长大的我们探索世界、挑战自己的未知。就这样，在七彩的成长时光中，我们用“美”创造着一个与众不同的空间，成就更好的自己。

二、主题脉络

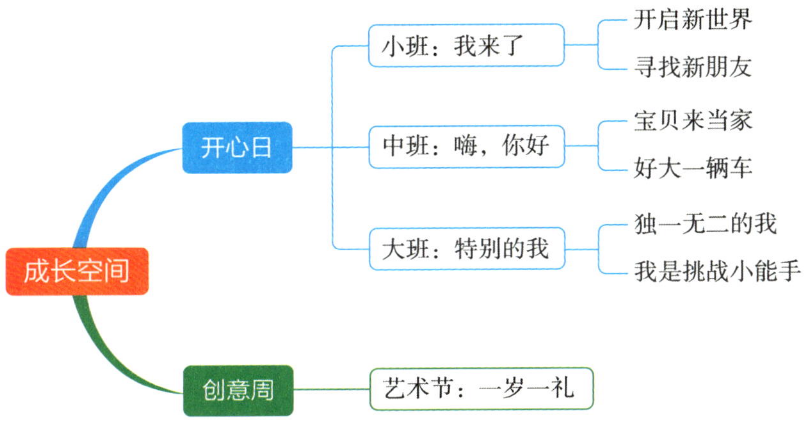

三、主题目标

目标内容	核心经验	对标《指南》关键经验
1. 能从不同维度深刻感知“成长”的不同意义；了解自己及同伴的成长变化，探究发现自己的才能；表达对新变化的思考，向往新学期的新生活，适应新环境，并能建立良好的同伴关系。	人际交往 社会适应	● 小班：喜欢上幼儿园，对群体活动有兴趣。 ● 中班：会运用介绍自己、交换玩具等简单技巧加入同伴游戏；感受规划的意义，并能基本遵守规则。 ● 大班：尊重为大家提供服务的人，珍惜他们的劳动成果；遇到困难能够坚持而不轻易求助。
2. 学习按物体的基本特征进行归类，提高观察力和概括力；感知时间在生活中的重要性，在探索时钟的游戏中与同伴合作，积极参与游戏。	科学探究 数学认知	● 小班：对不同的形状感兴趣；能感知和区分物体的大小、多少、高矮、长短等量方面的特点，并能用相应的词表示。 ● 中班：能感知和发现常见几何图形的基本特征，并能进行分类。 ● 大班：能通过观察、比较与分析，发现并描述不同种类物体的特征或某个事物前后的变化；能发现生活中许多问题都可以用数学的方法来解决，体验解决问题的乐趣。
3. 能对各类文学作品产生不同的情绪反应；感知不同故事中蕴藏的哲理，并愿意大方自然地与同伴分享自己的发现，表达自己的理解。	倾听与 表达	● 小班：能口齿清楚地说儿歌、童谣或复述简短的故事；能大方地与人打招呼。 ● 中班：能结合情境感受到不同语气、语调所表达的不同意思；愿意与他人交谈，喜欢谈论自己感兴趣的话题。 ● 大班：能结合情境理解一些表示因果、假设等关系的相对复杂的句子；能有序、连贯、清楚地讲述一件事情；能依据所处情境使用恰当的语言。
4. 善于思考，会用自己的办法帮助他人，促进自身能力的提升；养成做力所能及的事情的好习惯，体会到劳动的快乐。	身心状况 动作发展	● 小班：能在较热或较冷的户外环境中活动。 ● 中班：经常保持愉快的情绪，不高兴能较快缓解；能助跑跨跳过一定距离，或助跑跳过一定高度的物体；喜欢参加体育活动。 ● 大班：能在斜坡、荡桥和有一定间隔的物体上较平稳地行走；能躲避他人滚过来的球或扔过来的沙包；能主动参加体育活动。

续表

目标内容	核心经验	对标《指南》关键经验
5.乐于参与各项艺术活动，对班级环境创设感兴趣；在创作过程中，能用肢体动作、绘画等形式表达自己独到的见解与想法。	感受与欣赏 表现与创造	● 小班：能跟随熟悉的音乐做身体动作；能用简单的线条和色彩大体画出自己想画的人或事物。 ● 中班：能用自然的、音量适中的声音基本准确地唱歌；经常用绘画、捏泥、手工制作等多种方式表现自己的所见所想。 ● 大班：能用律动或简单的舞蹈动作表现自己的情绪或自然界的情景；能用多种工具、材料或不同的表现手法表达自己的感受和想象。

四、主题游戏馆活动方案

活动目标

1. 熟悉集体生活环境，逐步适应集体生活。知道不同游戏馆的名称，对每个游戏馆有初步的了解。

2. 能根据自己的兴趣选择主题游戏馆，大班的哥哥姐姐能带领好弟弟妹妹，主动照顾、关心中班和小班的小朋友。

3. 自由选择不同游戏馆中的角色，能配合馆长做好材料收归工作，爱护玩具和其他物品。

4. 在游戏过程中了解自己的成长，遇到问题愿意表达自己的需要和想法，必要时能配以手势动作。

5. 对游戏馆内感兴趣的事物能仔细观察，发现其明显特征，获取相应的科学经验。

具体安排

场馆名称	内容建议	玩法参考
宝贝会所	1. 宝贝游乐场 2. 一起过家家	1. 根据日常经验，结合所提供的材料，对宝贝进行陪伴与一日照料。 2. 提供相应角色卡，幼儿交流分享并自选合适的角色卡，同时挑选符合身份特征的材料进行装饰游戏。

续表

场馆名称	内容建议	玩法参考
滴滴车吧	骑行 2.0	根据日常经验，发现不同的车子有着不同的性能，尝试骑行难度升级的挑战。
嬉沙乐园	神奇的脚印	找到哥哥姐姐弟弟妹妹，用踩踏、跳跃的方式，探索各自脚印的大小、深浅。了解年龄越大，脚印越大。
闲鱼小站	1. 小小招聘会 2. 缤纷秀场	1. 通过招聘管理员，增加角色分工，如秩序维护员、摊位布置员。 2. 通过“背唐诗”“玩魔方”“唱歌”等表演才艺的方式来获得游戏币，兑换商品。
点点诊所	我长大啦	运用多种测量工具进行身高、体重的测量，并学着记录。
花花洗衣	趣味叠叠乐	学会翻正衣裤管和正确的叠衣裤步骤。
奇奇玩社	成长大乐透	根据“成长棋盘”的游戏规则，通过掷色子进行进阶式成长通关。
酷酷小兵	“新兵”训练营	有经验的“老兵”帮助“新兵”进行站队；能根据口令，进行队形变化。
丫丫美妆	百变鞋带	运用彩色鞋带进行搭配，尝试花式系鞋带。
童童健智	有趣的身体	随音乐《身体歌》《我的身体》进行即兴舞蹈，感受舞动的快乐。
美美创意	不一样的我	将自己在幼儿园的成长故事画入折页册，感受自己的成长变化。
哇哇博士	手指上的地图	利用不同的材料，寻找指纹的秘密。
梦想之城	教室改造计划	参观幼儿园和别班的教室，有计划地搭建窗户、树类积木、建筑类积木。

五、ART 涂鸦馆活动方案

活动目标

1. 熟悉各个涂鸦馆的方位以及名称，大班的哥哥姐姐能在“寻馆”“游馆”“玩馆”的过程中照顾小班、中班的弟弟妹妹。

2. 能运用语言表达出自己对不同形式的艺术作品的感受和想象，尝试运用折叠、剪、贴等技能表现简单的物体形象；体验创造的乐趣。

3. 愿意尝试运用绘画、泥塑、水墨等多种艺术形式表现不同阶段的“我”，大胆进行涂鸦。

4. 能够专心地参与每个馆的涂鸦游戏，自主选择每个馆中的不同区域；根据不同的工具材料创造性地进行创作，有模仿和参与的愿望。

5. 积极参与评价，感受不同年龄段的幼儿作品的不同之处，会正确评价自己与他人的作品，愿意学习他人的优点。

具体安排

场馆名称	内容建议	材料参考
纸趣联盟	1. 搞怪的我 2. 跳舞的人	1. 运用纸片、纸条等拼贴出一张张搞怪的表情。 2. 能用纸条拼贴、环绕等方式表现出舞动的形态。
写生小栈	1. 影子变变变 2. 大巨人来了	1. 尝试运用玩具、自然物、磁力玩具等拼拼搭搭，利用光的照射形成影子，并对其进行写生描画。 2. 利用光影的变化，在大白布上随意造型，伙伴间相互描绘影子并添画。
千色派对	1. 成长的颜色 2. 不一样的脸	将保鲜膜两端分别绑在两棵树上，幼儿分别站在保鲜膜两边，用不同颜色的颜料画对方的脸。
拼摆乐园	1. 拼出一个“你” 2. 真人一比一	1. 提供纸箱、纸板、黏土等材料，创设游戏情境，尝试运用多种手法建构纸箱，同时用人物形象装饰纸箱造型。 2. 两两合作，各自凹造型，互相写生。
绘本盒子	1. 情绪日记 2. 成长印记	1. 提供绘本、机关盒子、颜料、纸、笔。通过欣赏绘本《情绪小怪兽》，在盒子的各个面上用线条、颜色表达情绪。 2. 通过谈话、经验分享等方式，让幼儿说说自己成长中的片段，画下来并制作成连环画。
沙艺世界	1. 独一无二的我 2. 情绪小怪兽	1. 运用沙画灯的光影效果，绘制出与众不同的自己。 2. 利用多彩的太空沙来表现不同情绪下的自己。
图版印象	1. 我的自画像 2. 找个朋友，跳泥坑	1. 看着照片，在 KT 板①上刻出自己的样子，涂色后拓印。 2. 在白纸上堆积颜料，运用玩具积木或者小手在白纸上对颜料进行按压、拓印，合作创作出一个个彩色的泥坑并进行装饰添画。

① KT 板是一种高分子泡沫板，因其硬度高、易涂绘、可裁剪、轻便耐用等特点，是幼儿园常用的活动材料之一。

续表

场馆名称	内容建议	材料参考
水墨作坊	1. 不一样的我 2. 我的头发	初步感知水墨的独特性质，能尝试运用毛笔的中锋、侧锋以及浓墨、淡墨表现墨韵十足的自己。
微画空间	1. 特别的我（毕加索抽象画） 2. 波普风格的我	1. 尝试模仿毕加索的绘画风格进行“我”的创作，感受毕加索独特的绘画风格。 2. 运用波普风格进行不一样的自我创作。
陶泥演义	1. 泥娃秀 2. 有趣的脸	1. 提供紫砂泥，幼儿尝试在转盘上进行立体塑形，探索多色陶泥混合造型效果，能够合理地选择工具制作泥娃娃。 2. 提供镜子、黑色超轻黏土、金色丙烯颜料等，幼儿尝试根据自己镜子中的不同表情捏制人物形象，观察不同表情所产生的面部细节变化。
木玩部落	1. 成长勋章 2. 你好，幼儿园	1. 提供木圆盘、彩色丙烯笔，幼儿装饰，交换赠送。 2. 提供幼儿园图片、树枝条、彩色胶带，幼儿进行自由建构捆绑，制作大型立体造型。
造型天地	1. 爱的 100 层楼 2. 别样幼儿园	1. 提供纸箱、纸板、黏土等材料，创设游戏情境，尝试用多种手法建构造型，同时用黏土捏制人物形象丰富场景。 2. 尝试运用 3D 打印笔，发挥想象力，为幼儿园绘制新图纸。

六、生活指导

1. 幼儿坚持每天来园，能独立走进教室，初步适应集体生活，会使用“早”“好”“谢谢”“再见”等礼貌用语。

2. 教师、保育员亲切和蔼地接待每一位幼儿，关注每一位幼儿的情绪情感需求，给予及时、积极的帮助。

3. 明确值日生的任务，坚持轮流值日，帮助幼儿养成爱劳动的好习惯；逐步建立新学期的班级常规，如生活、游戏、户外活动等。

七、环境创设

1. 从不同年龄段的特点出发，运用气球、彩带、照片墙等布置成长之门，为幼儿创设温馨适宜的环境，让幼儿在宽松的氛围中迎接新学期的到来。

2. 充分利用幼儿园的环境资源，开展“大带小”活动、参观活动，让幼儿了解集体生活，感受幼儿园的温馨与快乐。

3. 时刻追随幼儿在生活中、游戏中的成长脚步，利用“成长船票”“升班仪式感”等班级环境空间展现幼儿的成长经验和游戏表征。

八、家长工作

1. 亲子共同收集幼儿从小到大的照片，为幼儿讲一讲成长过程中有趣的事情。

2. 鼓励家长积极参与班级的环境创设，共同收集材料，制作亲子手工作品，多方面体现环境的教育性、互动性。

3. 丰富关于幼儿独立生活能力和行为习惯培养的内容，引导家长重视幼儿独立生活能力、责任意识的培养。

● “开心日”活动

小班：我来了

【资源分析】

九月，伴随着新学期的开始，软萌的小宝贝离开爸爸妈妈温暖的怀抱，成为一名幼儿园的小朋友。当孩子们进入一个新的环境，一个温暖的抱抱可能会缓解他们内心的不安；大手牵起小手，探索幼儿园里每一个特别的角落，帮助幼儿找到心中最平和的那处宝藏空间。本月的主题活动用各种各样的游戏带领小班幼儿走进幼儿园这个新天地。在活动中，幼儿会和爸爸妈妈一起记录“二十一”天打卡计划。在沙坑里寻找宝贝，在宝贝会所感受“宝贝”的意义，在涂鸦馆感受不同美术创作所带来的新体验，去秘密花园赏花，找昆虫……相信幼儿在这样有爱有趣的学习与生活中一定能够很快地适应幼儿园的节奏，爱上幼儿园，爱上老师和小伙伴们。

【目标设计】

1. 通过认识新环境，与幼儿园的角角落落建立联结；在游戏情境中大胆发现自己在幼儿园里的“最爱”，在大环境中获得安全感与归属感。

2. 在主动参与活动的过程中与教师建立信任关系，获得安全感，逐步适应幼儿园的生活。

3. 借助绘本与情景游戏，勇敢认识新朋友，和新朋友打招呼，并能用恰当的方式向同伴表示自己的友好意愿。

4. 建立朋友意识，在教师的引导下关注朋友的表现。乐意与朋友亲近，共同游戏，体验一起游戏的乐趣。

5. 喜欢和朋友一起唱歌，衔接已有的生活经验，大胆用优美的歌声和适合的动作表达音乐的美。

6. 乐意参与美术涂鸦游戏，体验动手作画的乐趣。

【内容建议】

活动线索	活动名称	侧重领域	实施要点
开启新世界	★你好，幼儿园	语言	对比小动物幼儿园和小朋友幼儿园生活的不同，感受幼儿园是一个有趣的地方；愿意扮演绘本中的动物形象，在游戏情境中体验上幼儿园的快乐。
	★温暖的抱抱	社会	欣赏故事《温暖的抱抱》，体验故事人物的心情变化；了解拥抱的不同含义，知道什么时候可以用拥抱表达感情；愿意尝试与老师、同伴抱抱，体验拥抱的温暖。
	逛游幼儿园	艺术（音乐）	创设游乐园情境，幼儿倾听音乐，尝试用肢体动作表现幼儿园里不同活动内容的特征，在游戏情境中体验逛幼儿园的快乐。
	★有趣的我	艺术（美术）	尝试用撕贴、涂鸦等方法表现人物；感受趣味创作自画像的乐趣。
	点心时间到	科学（数学）	故事情境导入，展示不同形状的点心，初步感受图形的不同特征，并按照游戏规则将材料进行分类。

续表

活动线索	活动名称	侧重领域	实施要点
寻找新朋友	你好，你好	语言（绘本）	出示小熊玩偶，欣赏故事内容，边听边学说故事中重复的对白并进行角色表演；在表演中养成主动问好的好习惯。
	找呀找朋友	艺术（音乐）	学唱歌曲《朋友车》，尝试与朋友配合共同演唱；激发交朋友的情感，产生愉悦的情绪。
	朋友多	科学（数学）	通过观察物品数量的不同，体验许多可以分成一个一个，一个一个合起来就有许多；在进行游戏“朋友多”中，进一步感知“1”和“许多”的关系。
	★找个朋友抱一抱	艺术（美术）	在抱一抱的过程中，尝试用颜料进行手印画创作；感受颜色的丰富与美丽。
	朋友车出发啦	健康（体育）	出示安全标志，回忆“开车”经历，鼓励幼儿和同伴讨论如何安全地开朋友车；在游戏过程中，给安全的朋友车上贴上安全标志。

注：★标活动为精选活动，后有具体活动内容。

线索一：开启新世界

你好，幼儿园（语言）

目标指向

● 对比小动物幼儿园和小朋友幼儿园生活的不同，感受幼儿园是一个有趣的地方。

● 愿意扮演绘本中的动物形象，在游戏情境中体验上幼儿园的快乐。

活动准备

● 动物头饰若干。

● 绘本课件《你好，幼儿园》。

指导要点

1. 出示画面一，幼儿讨论：小动物上幼儿园是什么样子的？

2. 幼儿观看画面二、画面三，并仔细观察：小动物们在幼儿园里做了哪些事情？我们和小动物做的事情有什么不同？

3. 了解小动物们在幼儿园里发生的故事，想一想小朋友们在幼儿园会发生什么。

4. 邀请幼儿尝试表演绘本中的情节。

5. 鼓励幼儿说一说：在幼儿园里，我们还能做哪些事情？

活动建议

- 活动形式：集体活动。
- 建议一边带领幼儿阅读绘本故事，一边请幼儿模仿绘本中的行为。

温暖的抱抱（社会）

目标指向

- 体验故事人物的心情变化，感受爱的抱抱。
- 了解拥抱的不同含义，知道什么时候可以用拥抱表达感情。
- 愿意尝试与老师、同伴抱抱，体验拥抱的温暖。

活动准备

- 多媒体课件。

指导要点

1. 出示图片，认识新朋友，激发幼儿兴趣。

2. 欣赏故事，体验小猩猩的心情变化；请幼儿说说小猩猩看到了谁，他们在干什么，他们的心情怎么样。

3. 小结：好多小动物抱在一起，成了朋友，这是一个友好关爱的抱抱。

4. 幼儿尝试与自己的同伴抱抱，体验拥抱和被拥抱的感觉。

5. 体验和老师拥抱的感觉，并谈一谈抱抱是什么感觉，什么时候我们可以抱抱。

活动建议

- 活动形式：集体活动、小组活动。
- 提醒幼儿认真观察绘本中角色的表情，体会其中的含义。

有趣的我（美术）

目标指向

● 尝试用撕贴、涂鸦等方法表现人物。

● 感受趣味创作自画像的乐趣。

活动准备

● 不同形状的彩纸若干，蜡笔。

● 多媒体课件。

指导要点

1. 欣赏作品，感受自画像夸张、变形的风格。

提问：这幅画和我们平时看到的画有什么不一样？你有什么感觉？

2. 观察真实的脸与作品中的脸的区别，说说他人的特征。

3. 幼儿尝试用各种线条表现自己的面部特征，用夸张的方法为自己画一幅自画像。

活动建议

● 活动形式：小组活动。

● 可以给幼儿准备一些镜子，请幼儿一边观察自己一边画。

● 对特征不明显的幼儿，引导其做一做夸张的表情。

线索二：寻找新朋友

找个朋友抱一抱（美术）

目标指向

● 在抱一抱的过程中，尝试用颜料进行手印画创作。

● 感受颜色的丰富与美丽。

活动准备

● 红、黄、蓝、绿颜料若干。

● 幼儿和老师穿白色 T 恤。

● 音乐《找朋友》。

指导要点

1. 跟随歌曲《找朋友》，相互抱一抱。

2. 在抱一抱的过程中，感知、欣赏白 T 上留下的彩色手掌印。

3. 幼儿观察作品，猜猜彩色手印是怎么出现的。

4. 演示手印画的方法，提醒注意事项：手掌蘸取颜料后找一个朋友抱一抱，拥抱时双手手掌不乱动。

5. 幼儿找朋友抱一抱，拥抱时进行手掌印画。

6. 幼儿展示自己的 T 恤，并说一说自己的朋友是谁，比一比谁的朋友最多。

活动建议

● 活动形式：集体活动、小组活动。

● 活动前可欣赏一些不同色彩和花纹的印画，丰富幼儿的视觉经验和审美体验。

中班：嗨，你好

【资源分析】

夏末秋初，孩子们再次回到熟悉的幼儿园，和熟悉的小班生活相比，中班会有哪些不一样的呢？在新的学期里，我们将以“嗨，你好”为主线，围绕孩子们生活学习的环境和身边的人物两大维度进行主题教学。在以游戏为主的学习中，中班幼儿发现新事物的秘密，探索自我的认识，感受长大后的自己不同的变化；在幼儿园生活中发现、认识不同的“伙伴”，建立自我与社会的和谐关系。在大自然的探索中，发现“大车”的秘密；在不同的游戏中，当起了小班弟弟妹妹的“带头人”；在不同的区域里，协助老师当起了小小值日生……幼儿在不同的体验中得到循序渐进的成长，感受升班的意义。

【目标设计】

1. 能通过观察和讨论的方式，一起探讨中班与小班生活的差异。

2. 在一日生活中，善于关注身边的新事物，从中进行探索与发现。

3. 了解不一样的中班活动，感受这些活动带来的乐趣，喜欢丰富多彩的中班生活。

4. 大胆表达自己对于“我长大了”变化的思考，提高自主表达能力和社会交往能力。

5. 积极参与“值日生”的话题讨论，提升为自己和他人服务的主人翁意识。

6. 乐于参加美术涂鸦游戏，在创作过程中能发挥想象力。

【内容建议】

活动线索	活动名称	侧重领域	实施要点
宝贝来当家	我们的约定	社会	幼儿分组讨论“值日生应该做些什么”，了解值日生的职责，并根据讨论结果，制定值日生公约，激发幼儿为他人服务的意识。
	属于你我的号码牌	科学（数学）	故事导入，能从故事中了解一周有七天，并能知道星期一到星期日的排列顺序；幼儿分组讨论自己担任周几的值日生，并将自己的学号牌贴至相应的星期表上。
	值日生的烦恼	健康	观察图片，说说造成“烦恼”的原因；认识相关打扫工具并尝试如何正确地打扫教室；养成讲卫生、爱清洁的好习惯。

续表

活动线索	活动名称	侧重领域	实施要点
宝贝来当家	★千变万化的手	语言	共读绘本《千变万化的手》，理解故事内容，知道自己的小手很能干；喜欢自己的小手，养成良好的卫生习惯。
	劳动最光荣	艺术（音乐）	理解歌词内容，学习用强、弱不同声音进行合唱，体验同伴合作演唱的快乐；了解劳动的辛苦，产生对劳动者的尊重之情。
好大一辆车	这是什么车	社会	将教室布置成汽车城，跟随音乐进入相关场景，在欣赏车辆的过程中知道不同车辆的种类；在观察中了解不同车子的特征和用途。
	车子大集合	语言	幼儿分组自主阅读绘本，大胆用自己的语言表述相关故事内容，能通过自己设计的小汽车来创编故事。
好大一辆车	★汽车王国	数学	设置故事情境：汽车国王的邀请。通过不同车型，巩固和丰富对图形的认识，学习按图形的基本特征进行归类，提高对几何图形的观察力和概括力，感受几何图形在生活中的有用与有趣。
	★彩绘叭叭车	艺术（美术）	近距离观察各种各样的车，初步了解它们的外形结构，尝试用不同的材料进行大型彩绘；喜欢艺术创作活动，感受在车上作画的乐趣。
	★滴滴畅游记	健康（体育）	通过“今天我是小司机”“滴滴畅游记”等游戏形式探索呼啦圈一物多玩的玩法，能听指令做出相应动作；喜欢参与户外活动，体验体育游戏的乐趣。

线索一：宝贝来当家

千变万化的手（语言）

目标指向

- 理解故事内容，知道我们的小手很能干。
- 喜欢自己的小手，养成良好的卫生习惯。

活动准备

- 绘本课件。

指导要点

1. 手指游戏：小手变变变。
2. 逐页讲述，请幼儿说一说小手在干什么。
3. 幼儿观看绘本课件，做出对应的动作。
4. 幼儿讨论：除了故事里说到的，我们的小手还能干什么？
5. 思维拓展：小手这么能干，我们应该怎样保护它们呢？

活动建议

- 活动形式：集体活动、小组活动。
- 除了这些，小手还能干什么？幼儿可在表演区创编动作，猜一猜。
- 观察家人的手有哪些特点，画一画。

线索二：好大一辆车

汽车王国（数学）

目标指向

- 认识梯形，巩固对圆形、正方形、长方形、三角形的认识。
- 学习按图形的基本特征进行归类，提高对几何图形的观察力和概括力。
- 感受几何图形在生活中的有用与有趣。

活动准备

- 多媒体课件。
- 几何图形塑料片、纸片。

指导要点

1. 导入：播放汽车国王的邀请音频，激发幼儿参加活动的兴趣。
2. 复习正方形、长方形、三角形的知识：认真观察课件中不同的车辆，讲述车厢的形状和特征。
3. 展示新型探测车，发现不同车的形状的不同。
4. 幼儿合作用几何图形塑料片搭建汽车王国，并介绍自己的创意。
5. 说一说：你还在生活中哪些事物上看到过这些形状？分别有什么用途？

活动建议

- 活动形式：集体活动。
- 准备多一些相对应形状的物品，让幼儿可以更直观地感受其特征。

彩绘叭叭车（美术）

目标指向

- 近距离观察各种各样的车，初步了解它们的外形结构。
- 尝试用不同的材料进行大型彩绘。
- 喜欢艺术创作活动，感受在车上作画的乐趣。

活动准备

- 自行车、电瓶车、三轮车、汽车等。
- 颜料、刷子、画笔、滚筒。

指导要点

1. 情景游戏：幼儿参观车博会，欣赏不同的车的造型和结构。
2. 探索喜欢的绘画工具，讨论用什么工具进行彩绘、怎么装饰等。
3. 幼儿分组操作，自选喜欢的绘画工具和车辆进行彩绘。
4. 共同欣赏彩绘车，并给自己彩绘的车取名字。

活动建议

- 活动形式：小组活动。
- 提前将各种车子布置在场地上供幼儿欣赏、参观。

滴滴畅游记（体育）

目标指向

- 探索呼啦圈一物多玩的玩法。
- 能听指令做出相应动作。
- 喜欢参与户外活动，体验体育游戏的乐趣。

活动准备

- 幼儿有坐过各种车子的经验。
- 红、黄、绿不同颜色的圈若干。
- 音频《小汽车》。

指导要点

1. 热身运动：幼儿手持小圈列队进场，伴随音乐进行拉伸运动。

2. 探索呼啦圈一物多玩的玩法，幼儿自由结伴，使用转、套、跳等不同形式发现圈的不同玩法。

3. 游戏一：今天我是小司机。幼儿探索出将圈放胸前当方向盘开车的玩法，并结合儿歌的指令进行前进、倒退。

4. 游戏二：滴滴畅游记。幼儿驾驶小汽车，个别幼儿扮演交警拿着红、绿、黄颜色的圈作为红绿灯，配合儿歌“红灯停绿灯行，遇到黄灯我不急”进行游戏。

活动建议

- 活动形式：集体活动。
- 游戏结束可将塑料圈投放至区域中，便于幼儿在日常区域活动中继续游戏。

大班：特别的我

【资源分析】

成长的路上，每一秒钟都值得被珍藏，每一次相视而笑，每一次欢呼雀跃，都值得我们回味。九月，孩子们将开启一个全新的大班生活，这也是孩子们在幼儿园的最后一年，他会遇到哪些特别的故事呢？

升入大班后，幼儿表现出较为明显的个性特征，自我意识开始飞速发展，但是也非常需要正确认识自我，发现自己的特别之处，多方面评价自我。我们将重点围绕“特别的我”这一主题，从自我发现、自我寻找、自我解析和自我肯定四个方面入手，引导幼儿发现不一样的自己。幼儿将在认识自己的名字、外貌、喜好、特长等方面的过程中，敢于挑战自己，发现自己的特别之处，知道自己是区别于他人的独特个体；同时，发现他人的优点，尊重、接纳同伴，正确对待集体与自我的关系。

【目标设计】

1. 在多元化的活动下，能发现自己的闪光点，敢于大胆地表达、表现自己。

2. 积极参与对“勇敢”这个话题的思考和讨论，增强挑战意识，勇于突破自我。

3. 能用更长远的眼光看待自己，知道每一个自己都是独一无二的存在。

4. 在游戏中，发现时间的秘密，大方地和他人分享自己的发现。

5. 喜欢用写写画画的方式来记录自己想挑战的事，并在老师的帮助下大胆“挑战不可能”。

【内容建议】

活动线索	活动名称	侧重领域	实施要点
独一无二的我	★宝贝	社会	聊聊各种各样的“宝贝”，理解“宝贝”的广泛含义，体验“宝贝”带给自己的快乐和幸福；明白“每个人的宝贝都是不一样的”，珍惜现在拥有的“宝贝”。
	★独一无二的你	语言	欣赏绘本内容，理解每个人都是不同的，感受自我的独一无二；初步感知绘本中蕴含的哲理，尝试通过多种形式表达、表现。
	身体的秘密	科学（数学）	发现身体里藏着的有趣数字并大胆分享自己的发现；幼儿两人一组用测量工具对身体进行测量和探索，并进行简单的记录。
	★变、变、变	艺术（美术）	一起分享故事《城里最漂亮的巨人》，尝试用纸箱大胆想象、创作“巨人”，体验合作绘画与游戏的乐趣。
	我很棒	艺术（音乐）	欣赏歌曲并交流自己的体会和联想，从中感受和表现歌曲中活泼欢快的情绪；表演过程中能唱出歌曲中的顿挫和连贯乐句。

续表

活动线索	活动名称	侧重领域	实施要点
我是挑战小能手	挑战不可能	社会	通过“调查表”讲述在生活中“害怕、不敢尝试”的事；倾听故事中的“放弃”和“不可能”，知道面对困难时要勇敢；能大胆参与游戏，勇敢挑战“不可能”。
	勇气	语言（绘本）	倾听故事，并通过观察故事画面猜测故事情节，了解“勇气”的含义；结合生活经验，学会用“勇气是 ....”句式进行仿编，感受生活中“勇气”的多种形式。
	滴答滴答	科学（数学）	积极参与游戏，了解时钟的表面及时针、分针的结构，能辨认整点；感知时间和日常生活的关系。
	翻山越岭	健康（体育）	跟随音乐做热身运动；幼儿探索“如何跨越困难解救小白兔”，在探索中练习侧身翻转跳的动作；提高身体的灵活性和协调性；在游戏过程中感受与同伴合作的快乐。
	★闪亮勋章	艺术（美术）	欣赏不同种类的勋章，了解勋章的特点以及图案的含义；探索版画的制作过程，刻出不同的组合花纹。

线索一：独一无二的我

宝贝（社会）

目标指向

- 理解“宝贝”的广泛含义，体验“宝贝”带给自己的快乐和幸福。
- 尝试学习现场采访，明白“每个人的宝贝都是不一样的”。
- 鼓励幼儿大胆交流对“宝贝”的认识，珍惜现在拥有的“宝贝”。

活动准备

- 多媒体课件。
- 活动前完成调查表“心中的宝贝”。

指导要点

1. 聊聊“我的宝贝”，幼儿初步理解“宝贝”。

2. 聊聊“动物宝贝”，幼儿进一步读懂“宝贝”。

3. 聊聊“身边大人的宝贝”，幼儿深入诠释“宝贝”。

4. 提出采访要求，幼儿学习现场采访，感受每个人的“宝贝”都不一样。

5. 聊聊“老师的宝贝”，幼儿再次感悟“宝贝”。

活动建议

- 活动形式：集体活动。
- 各环节层层递进，让幼儿真正理解“宝贝”就在我们身边。

独一无二的你（语言）

目标指向

- 欣赏绘本内容，理解每个人都是不同的，感受自我的独一无二。
- 初步感知绘本中蕴含的哲理，尝试通过多种形式表达、表现。

活动准备

- 多媒体课件。

指导要点

1. 幼儿通过课件认识小鱼丹尼，分层理解故事内容。

2. 幼儿发现鱼儿们各自不同的特点：仔细观察，鱼儿在做什么？它是什么表情？

3. 幼儿继续观察画面，尝试寻找属于自己的路。

4. 继续欣赏画面，说说鱼儿们在欣赏艺术品时的状态。

5. 初步理解绘本故事中的小哲理：发现自己的特点和优点，也能发现别人的特点和优点。

活动建议

- 活动形式：集体活动、小组活动。
- 建议前期通过调查表形式，收集幼儿觉得自己最特别的地方。

变、变、变（美术）

目标指向

- 能大胆地在纸箱上画出形态各异的头、身体、脚，注意同色系的搭配。
- 大胆想象、创作，体验合作绘画与游戏的乐趣。

活动准备

- 绘本课件《城里最漂亮的巨人》。
- 9 个大小不一的纸箱。
- 红色系颜料、蓝色系颜料、绿色系颜料，勾线笔、排笔。

指导要点

1. 观察绘本封面，说说图片中有什么。
2. 欣赏故事内容，感受人物独特的造型变化。
3. 幼儿初步尝试在贴有颜色标记的箱子上进行“头”“身体”“脚”的创意绘画。
4. 幼儿自由分组创作，合作绘画。
5. 展示、欣赏：纸箱依次堆叠，请幼儿说说自己的设计。
6. 纸箱重组堆叠，发现各部分形象组合变化的乐趣。

活动建议

- 活动形式：小组活动。
- 鼓励幼儿大胆创新，用自己喜欢的方式进行创作。

线索二：我是挑战小能手

闪亮勋章（美术）

目标指向

- 欣赏不同种类的勋章，了解勋章的特点以及图案的含义。
- 探索版画的制作过程，刻出不同的组合花纹。

活动准备

- 多媒体课件，准备各种勋章及印章图案。
- 颜料、毛笔、橡皮泥、KT 版、吹塑纸、塑料小刻刀等。
- 收集各种玩具印章，如数字印章、动物图案印章等。

指导要点

1. 谈话导入。

   幼儿分组讨论：如何奖励勇敢的自己？
2. 了解礼物的多样，幼儿愿意尝试亲手制作礼物送给“挑战成功”的自己。
3. 观察各种勋章，初步了解勋章的特点。
4. 了解小刻刀的作用及使用方法，幼儿尝试刻出不同的勋章图案。
5. 幼儿选取材料分组制作，教师观察指导。
6. 展示勋章印画作品，幼儿相互交流。
7. 欣赏多种材料制作的印章，继续寻找印章的秘密。

活动建议

- 活动形式：小组活动。
- 可以用同种颜色印制不同图案，也可以用不同颜色印制同种图案。
- 家园共育：收集一些特殊的印章供幼儿欣赏。

● “创意周”活动

艺术节：一岁一礼

活动线索	活动名称	侧重领域	实施要点
一岁一礼	时光宝盒	社会	通过欣赏自己的照片和视频发现自己成长的变化，根据时间记录每年的收获并制作成时光宝盒。
	“爱”打卡	艺术（美术）	发现新教室里的新变化，并用相机记录新环境，绘制探索路线图。
	长大这件事	语言	通过欣赏绘本，了解长大是什么，知道长大后的变化，分享长大的经历。
	我的周岁礼	艺术（美术）	欣赏不同的礼物，自选材料为长大一岁的自己设计礼物，制作周岁礼。
	一岁一礼	综合	在游玩中体验制作小礼物的乐趣，并大胆和同伴交流自己制作的周岁礼物所代表的含义。

时光宝盒（社会）

目标指向

- 发现自己的成长与变化，进一步认识自己、了解自己。
- 敢于大胆地评价自己的优点和不足，正确看待自己。

活动准备

- 幼儿成长影像资料。

指导要点

1. 展示自己的照片和视频，大胆介绍影像内容。

2. 讨论照片上的自己和现在的自己有什么变化。

小结：知道随着时间的推移，我们都在长大。

3. 一起翻阅时间记录册，欣赏每一年的时间节点，介绍自己学了什么本领、得到什么收获。

4. 制作新的时光宝盒，把印象最深刻、最重要的事放入时光宝盒进行存档。

活动建议

- 活动形式：集体活动、小组分享。
- 提前准备好记录时光印记的纸或卡片。

“爱”打卡（美术）

目标指向

- 认识新教室、新环境，并为新环境制作大地图。
- 制作打卡点，大胆想象、设计打卡形式，制作路标。

活动准备

- 照相机，新环境的照片。
- 各种美术工具、美工材料。

指导要点

1. 谈话：新教室、新发现。
2. 自由选择探索区域的地图，结伴探索，并用相机记录新环境，绘制探索路线图。
3. 制作路标：自选打卡点进行装饰，将打卡点绘制在路线图上。
4. 分享绘制的路线图，寻找制作的打卡点，合影留念。

活动建议

- 活动形式：小组活动、集体活动等。
- 将最后绘制的路线图组合成大地图进行展示。

长大这件事（语言）

目标指向

- 能用完整的语言表述长大的经历，乐意与同伴进行交流。
- 在理解故事内容的基础上，理解什么是长大，体验成长的快乐。

活动准备

- 《长大这件事》绘本、故事课件等。
- 时光宝盒，时光影集。

指导要点

1. 谈话：我们长大了。

2. 自主阅读绘本故事，观察画面，了解故事内容，用自己的语言表达长大是什么。

3. 通过阅读知道成长的变化。

4. 分享时光宝盒和时光影集，分享长大的经历。

活动建议

- 活动形式：集体活动、亲子活动、区域活动等。
- 可以配合幼儿前期活动中的时光宝盒一起交流。

我的周岁礼（美术）

目标指向

- 根据自己的意愿进行构思、策划制作周岁礼。
- 乐意分享周岁礼作品并大胆表达自己的想法。

活动准备

- 各类生活材料、自然材料。
- 收集各种各样的卡片、纸袋等。

指导要点

1. 谈话：礼物。

欣赏各种各样的礼物，思考：给自己的礼物。

2. 交流分享，知道送礼物代表着心意、期待和祝福。

讨论：给长大一岁的自己设计礼物。

3. 自选材料，制作周岁礼。

4. 制作完毕后挑选喜欢的小卡片，在上面标注名字和日期。

活动建议

- 活动形式：集体活动、小组活动、区域活动等。

一岁一礼（综合）

目标指向

- 用多种形式表达自己对于长大的感受及对未来的愿望和祝福。
- 在游园艺术节活动中了解不同人的成长经历。
- 体验游戏的快乐，发现成长的美好。

活动准备

- 各个班级作品、展示台等。

指导要点

1. 我们长大啦。

结伴游玩，欣赏不同的周岁礼，在游玩中尝试制作小礼物。

2. “爱”的打卡。

跟随大地图找到打卡点，收集小标识，留下影像。

3. 我的成长礼。

根据实际情况进行不同展示：分享交流、放入时光宝盒等。

4. 相互祝福、分发礼物，合影记录成长的瞬间。

活动建议

- 活动形式：大型游园活动、混龄游戏等。
- 可以提前收集孩子们有纪念意义的小物件一起放入“时光宝盒”中，期待下一年的回忆。

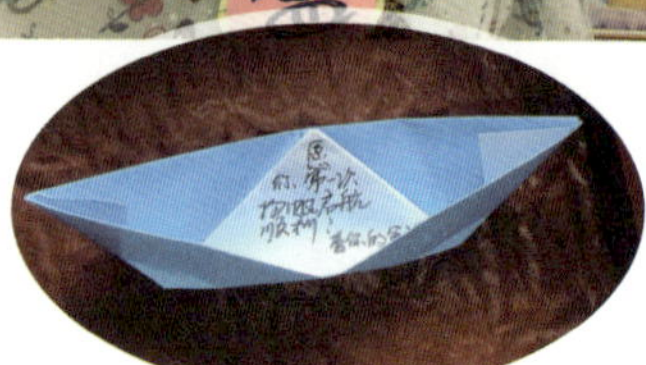

主题二：遇见国潮

● 主题规划

一、设计意图

“国潮”从字面上可分解为“国”与“潮”，它是中国文化与当下潮流相结合的代名词，在一定程度上代表了中国制造，是对中国文化的一种肯定和发扬，也是人们对于中国文化的认同感的不断加深。我园开展的“我的中国，我的骄傲”国庆节系列主题活动也为我们开展“国潮”这一主题提供了契机。作为“国潮文化”的一种载体，幼儿可以通过对“国宝”直观感知的方式来感受国潮文化的魅力。通过与国宝的对话，幼儿围绕“国宝有颜色”“国宝会说话”“国宝向未来”等话题展开主题活动，引导幼儿在主题活动中建立起强烈的民族自豪感，意识到中国的伟大，感受作为中国人的自豪。

二、主题脉络

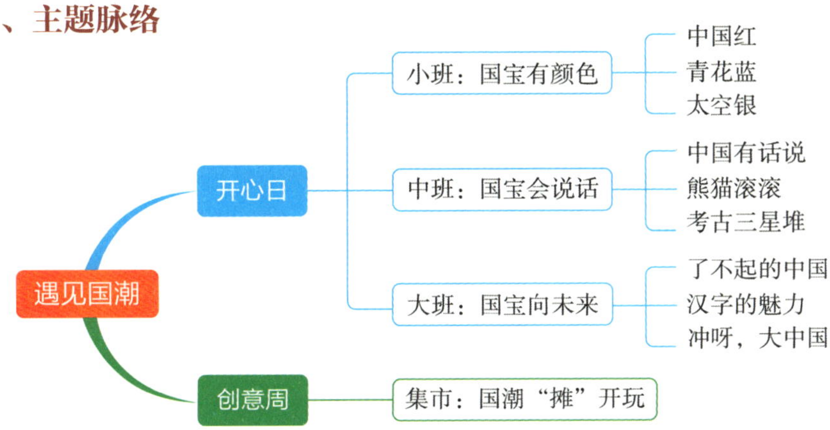

三、主题目标

目标内容	核心经验	对标《指南》关键经验
1. 能通过多种途径收集有关中国代表性文化的信息，大胆地与同伴交流自己的感受与想法，能用自己的方式表达自己对祖国的热爱。	倾听与表达 阅读与书写准备	• 小班：愿意表达自己的想法，口齿清楚地说；能听懂故事，并能根据画面说出图中有什么、发生了什么事等。 • 中班：能基本完整地讲述自己的所见所闻，讲述比较连贯；能根据画面大致说出故事的情节，体会作品所表达的情绪情感。 • 大班：能根据线索创编诗歌；对画面中的文字符号感兴趣，知道文字表示一定的意义。
2. 愿意并主动参加国潮相关的活动，通过与“国宝”对话发现、感受中国的强大，有初步的归属感。	社会适应	• 小班：对群体活动有兴趣，具有初步的归属感。 • 中班：能说出相关省、市、区名称，知道当地的有代表性的物产或景观；遵守基本规划。 • 大班：知道国家一些重大的成就，爱祖国，为自己是中国人感到自豪。
3. 乐意参加体育游戏，具有一定的平衡能力，利用多种活动，如跑、跳、翻滚、投掷等，发展动作的协调性和灵活性。 4. 知道自我保护的重要性，掌握基本的自我保护的方法，保护自己在游戏活动中的安全。	动作发展 生活习惯与生活能力	• 小班：喜欢参加体育活动；能沿地面直线走一段距离。 • 中班：喜欢参加体育活动，运动时能主动躲避危险；能单手前后投掷沙包。 • 大班：能主动参加体育活动，运动时注意安全，不给他人造成危险；游戏中能快跑且能躲避。
5. 了解四大发明与现代科技的关系，尝试做简单的计划与记录，通过动手操作发现生活中的科学现象，并与同伴交流分享。	科学探究数学认知	• 小班：对感兴趣的事物能仔细观察，发现其明显特征，用多种感官去探索物体。 • 中班：能感知物体量方面的特点；通过简单的调查收集信息，用图画或其他符号进行记录；对事物进行观察比较，能感知和发现动物的特点。 • 大班：能发现事物简单的排列规律；能用一定的方法验证自己的猜测，用符号记录。
6. 能愉快地参与幼儿园举办的各项国庆活动，围绕主题创造性地展开想象，用自己喜欢的方式去表现美、创造美。	感受与欣赏 表现与创造	• 小班：能用色彩大体画出自己想画的事物；经常涂涂画画并乐在其中。 • 中班：能运用绘画和黏土等表现自己观察到的想象的事物。 • 大班：愿意和别人分享自己喜爱的艺术作品和美感体验；积极参与艺术活动，能用多种材料、工具或不同的表现手法表达自己的感受和想象，与他人相互配合或独立表现。

四、主题游戏馆活动方案

活动目标

1. 能自主创设骑行打卡、挖掘现场等游戏情境，构想游戏情节，在角色体验和合作游戏中，感受祖国的山川秀美，幅员辽阔。

2. 通过收集整理、图案欣赏、操作体验的方式，感受“国宝”的独特魅力，对中国文化感兴趣，萌发对民族文化的认同感和归属感。

3. 能积极参与游戏的评价活动，通过回忆自己与同伴的游戏过程，大方地与同伴分享自己的游戏心得，积累游戏经验。

4. 在游戏馆中能有明确的角色意识，围绕能大胆运用语言与馆长、伙伴交流，增强游戏互动。

5. 进一步熟悉新学期的主题游戏馆内容、环境和新规则，能自主、愉快地独立参与游戏，认真参与“岗前培训”，和同伴一起摆放、收拾多种玩具、游戏材料。

具体安排

场馆名称	内容建议	玩法参考
宝贝会所	中华小当家	提供中国美食图片、彩色无纺布、毛根、小木棍等，尝试制作中国特色美食，设计摆盘并互动售卖。
滴滴车吧	出发，去打卡	创设打卡中国著名景点的情境，提供小印章、集点卡、景点标志牌、自行车、汽车等交通工具，幼儿根据自制路线进行打卡游戏。
嬉沙乐园	小小考古学家	提供挖沙工具、各类古迹的拼图碎片、收集的各种博物馆以及景点纪念品等，体验考古挖掘现场。
闲鱼小站	国货拍卖会	搜集各类国货小物件并设计展台，进行自主竞价拍卖游戏，购买自己喜欢的国货物品。
点点诊所	点点中医馆	提供诊脉流程图、捣药罐、研磨器、各类中草药等，了解中医望闻问切的诊疗方式，体验抓药、称药、捣药的中药制作流程。
花花洗衣	花花浣衣坊	提供示意图、皂角、木桶、捣衣杵、搓衣板等，尝试制作手工皂，体验传统洗衣的乐趣。

续表

场馆名称	内容建议	玩法参考
奇奇玩社	真相挖掘者	创设以中国传统文化为背景的游戏情境，幼儿自主创编故事情节，合作撰写剧本，找出真相。
酷酷小兵	沙盘演绎	提供沙盘、自制军旗及小兵、相关绘本，体验沙盘演绎游戏。
丫丫美妆	国服体验馆	提供幼儿收集的国风服饰、自制饰品或服装、照相机、国风背景图等，幼儿自主装扮国风造型并拍照留念。
童童健智	国货套套乐	提供套圈、幼儿收集的国货小物件，幼儿体验传统套圈游戏。
美美创意	国风饰品设计师	提供示意图、铝丝、鱼线、串珠、夹子、酒精胶、珍珠等，幼儿自主设计并制作国风饰品，如步摇。
哇哇博士	曹冲称“象”	提供天平、砝码以及各类物品，幼儿尝试称重实验并完成观察记录。
梦想之城	我眼中的中国建筑	提供清水积木、插塑玩具、国内特色建筑的图片等，搭建具有中国特色的建筑。

五、ART 涂鸦馆活动方案

活动目标

1. 通过观看视频、阅读绘本，观察身边的国潮元素，从造型和纹样之美了解中国传统工艺独特的艺术魅力，表现对祖国传统艺术的热爱之情。

2. 能创造性地运用简单的线条、色彩、综合材料等，充分发挥想象力和创造力，大胆地创作带有中国特色的艺术作品，体验艺术活动的乐趣。

3. 愿意与同伴欣赏、交流自己与同伴的作品，发现创意美术作品中构图、配色、造型等美感，感受中国传统艺术的博大精深。

4. 乐于尝试与同伴合作或独立运用多种工具、材料以及表现手法，表达自己的感受和想象，体验创造的乐趣。

5. 在涂鸦游戏中，大班哥哥姐姐能主动照顾、关心中班和小班的小朋友，注意到他们的情绪，了解他们的需要，并能给予力所能及的帮助。

具体安排

场馆名称	内容建议	材料参考
纸趣联盟	1. “纸”此青绿 2. 墨竹山水 3. 七彩琉璃灯	1. 提供皱纹纸、餐巾纸、颜料，幼儿尝试渲染、褶皱等手法，创作“立”起来的纸艺“山河”。 2. 提供铜版纸、酒精、马克笔添加液等，幼儿晕染、撕贴，创作层层叠叠的山水画卷。 3. 提供玻璃纸、水壶、PVC[①]片等，幼儿通过剪裁、喷洒，将五彩玻璃纸装饰在立体 PVC 造型上。
写生小栈	1. 亮相啦 2. 园林写生	1. 提供京剧头饰、服装、视频、笔、纸等，幼儿进行自主装扮，模仿视频中的京剧动作，寻找“小画师”完成人物小写生。 2. 提供各种写生工具，幼儿观察幼儿园内的园林特征，尝试园林写生。
千色派对	1. 敦煌壁画 2. 水拓团扇	1. 提供各色颜料、笔刷、调色盘、视频等，幼儿欣赏敦煌壁画的传统艺术之美，并尝试墙面涂鸦。 2. 提供水拓材料、搅拌棒、刮刀、团扇等，幼儿尝试在水中自主创意图案，拓于团扇上。
拼摆乐园	1. 国风杯垫 2. 龙的传人 3. 蓝·印象	1. 提供马赛克、酒精胶、杯垫等物品，幼儿通过观察有特色的中国纹样，尝试设计拼摆有中国传统纹饰的杯垫。 2. 提供黏土、亚克力相框、马赛克等，幼儿尝试在相框上用黏土表现“龙”的姿态，并用红色的马赛克做装饰。 3. 提供蓝印花布、蓝色国风扇子、蓝色纽扣等幼儿自主收集的有“中国蓝”痕迹的小物件，尝试根据材料的质地、花纹、颜色进行分类、合作拼摆。
绘本盒子	1. 异兽博物馆 2. “绘”山海	1. 观看动画片、绘本，了解山海经中的神兽外形特点，用黏土制作“神兽”放入展示盒，用雪梨纸揉成山海形状做成背景。 2. 选择山海经中自己喜欢的故事、人物，进行绘画，随后剪下轮廓拼贴在有洞洞的卡纸上，制作成立体的隧道盒子书。
沙艺世界	1. 七彩丹霞 2. 丝绸之路	1. 提供丹霞地貌图片、彩色细沙、长柄小勺、透明容器等，幼儿尝试用层叠灌沙的方式表现丹霞地貌特征。 2. 提供自制沙画灯箱、丝绸之路纪录片等，幼儿观察丝绸之路沿途的风情，并尝试在沙画箱上创作。
图版印象	1. 青花瓷盘 2. 偶遇甲骨文	1. 观察青花瓷图片，用黏土设计青花瓷纹并粘在纸盘上，待黏土风干后进行拓印。 2. 在 KT 板上，临摹甲骨文，并尝试设计新的文字，进行拓印。

① PVC 是一种多功能塑料材料，有软硬之分，表面光洁且不易变形，防水耐腐蚀，是幼儿园常见的一种装饰材料。

续表

场馆名称	内容建议	材料参考
水墨作坊	1. 唐・仕女 2. 妙笔中国蓝 3. 奇趣文字	1. 提供圆形宣纸、小张宣纸、小号书画软笔（勾线）、国彩、墨汁、水、镜面纸、彩色仕女图，幼儿观察唐代仕女图，根据其主要特征，勾线、描绘细节，可以独立完成作品，也可撕贴于镜面纸上进行呈现。 2. 提供自制宣纸书签、纸盘、金墨、水彩笔、勾线软笔；蓝晒底板、白色颜料、金墨、小号勾线毛笔、范例若干、彩色纹样图等。幼儿观察纹样细节，运用勾线软笔进行描绘、设计青花瓷盘与中国蓝书签。 3. 提供 KT 板、塑料小刻刀，不同“戏”字图片；硬纸板加蓝色宣纸底板；白墨、金墨、小号毛笔、彩色闪粉等，幼儿边观察边刻印或书写，发现文字演变过程中的不同效果。
微画空间	1. 穹顶之美 2. 清明上河图	1. 提供 PVC 片、马克笔、敦煌藻井图等，幼儿欣赏敦煌藻井的纹样之美并尝试创作。 2. 提供纸板、长卷、笔、剪刀等，欣赏《清明上河图》，并尝试用生活材料创造出汴京河上的城市风貌。
陶泥演义	1. 古老的城市 2. 老宅门上的“门铃” 3. 石兽	提供图示、各种泥塑工具、围栏、紫砂泥，幼儿通过观察图片，发现中式建筑的外形特征，聚焦有中国特色的建筑装饰部件，尝试独立或合作建构古代城市。
木玩部落	玲珑发簪 花颜步摇 粲然木梳	1. 提供羽毛、杂木、松果、果壳、干花、木枝、石头、彩木、胶枪、古代发簪图示等，幼儿用自然物粘在发簪上进行创意装饰。 2. 提供木片、颜料、画笔、流苏、麻绳、发钗配件，幼儿大胆畅想，在圆木片上画上色彩、纹样，将木片与发叉、流苏组合为步摇。 3. 提供木梳、颜料等，结合古代彩绘配色，在木梳上进行创意彩绘。
造型天地	莫高窟九层楼	提供 PVC 水管、彩纸、毛线、魔法玉米等游戏材料，幼儿通过观察图片，发现石窟造型特点，能合作搭建，表现石窟雄伟的特点。同时提供各种辅材，如铝线、毛根、纸条等，幼儿大胆进行装饰。

六、生活指导

1. 幼儿观察同伴升旗动作，能够听清国歌声按着节奏进行升旗，教师提醒幼儿升起时眼睛看着国旗，严肃不嬉笑。

2. 教师提醒幼儿与同伴游戏时能大胆表达与交流，轮流按顺序游戏，不经别人允许不插手别人的游戏。

3. 教师引导幼儿在午餐结束后，将自己的餐具放到规定的位置，将桌面整理干净。

七、环境创设

1. 布置与主题相关的环境。教师、家长、幼儿共同收集有关祖国的图片和照片等，布置“四大发明”“少数民族”“中国知识我知道”调查表等专栏。

2. 在“阅读区”提供寓言故事书籍，保留并增加“字宝宝乐园”的内容，张贴百家姓文字让幼儿找找自己的姓氏，了解汉字的演变历史；

3. 张贴青花瓷、水墨画、京剧脸谱和现代科技等图片，展示中国传统文化，发现国家的发展变化。

八、家长工作

1. 家长有意识地通过看电视、上网等形式，让幼儿欣赏、了解祖国各民族的服饰特征、习俗、文化。

2. 家长和幼儿共同收集祖国自然风光图片或书籍，首都天安门的照片、图片和录像片，与幼儿一起欣赏，并回答幼儿的问题，扩展幼儿对中国过去和现在的了解，萌发热爱祖国的情感。

3. 具备剪纸、绘画（中国画）、制作传统美食等特长的家长，可来园现场展示，或参加家长助教活动。

● “开心日”活动

小班：国宝有颜色

【资源分析】

有一种颜色叫中国红，五星红旗、红灯笼展现了中国色彩的热闹与奔放；有一种颜色叫中国蓝，青花瓷、蓝印花布展现了中国色彩的温润与典雅；有一种颜色叫中国银，发射成功的“神舟号”“天宫号”“长征号”带着我们在中国“智”造的太空银河系里重逢。在这里，孩子们玩转中国色彩。主题中我们以“国宝有颜色”为切入点，围绕“中国红”“青花蓝”“太空银”三条主线开展系列活动，和孩子们一起通过寻找、调查“我知道的国色”及生活中的中国颜色，感知中国颜色的丰富多样，初步了解、感受不同中国颜色代表的中国文化，为自己身为中国人而感到自豪。

【目标设计】

1. 初步了解国庆节的热闹，感受红色在中国传统文化中的意义，愿意口齿清楚地说儿歌并大方地在同伴面前表达自己的想法。

2. 通过观看、欣赏、交流、收集等喜闻乐见和能够理解的方式，感知中国传统文化的源远流长和祖国航天科技的先进与发达，萌发民族文化自豪感和民族自信心。

3. 喜欢参与玩色游戏，尝试用团、贴、刷的方式进行创作，用颜色诉说中国韵味，感受中国特有的色彩，体验创作的快乐。

4. 乐意与同伴一起参加游戏，探索协同蹲起、拐弯等基本动作，能双手侧平举下蹲、脚尖走，锻炼臂部、腿部力量，发展身体平衡与协调能力。

5. 通过观察、寻找、尝试等多种渠道，了解和体会中国色彩与人们生活的关系，发现其明显特征并能大胆地与同伴分享自己的发现，感受探究游戏的乐趣。

【内容建议】

活动线索	活动名称	侧重领域	实施要点
中国红	热闹的国庆节	社会	通过观看照片、视频，理解国庆节的含义，感受国庆节的节日氛围。
	向国旗敬礼	科学	播放国歌，观察国旗，感知和发现其形状、图案、颜色等明显特征，萌发探究欲望。
	舞动中国龙	健康	观看舞龙视频，模仿、学习舞动的基本动作，对中华民族的传统文化感兴趣。
	祖国祖国生日好	语言	搜集幼儿节日照片，描述节日特点，理解并清楚朗诵儿歌。
	★点亮中国红	艺术（美术）	尝试自主探索纸盒造型，观察讨论什么样的颜色是中国红，尝试使用刷子给纸盒上色，进行中国地图立体造型，感受中国红的韵味。
青花蓝	邂逅扎染	社会	欣赏青花扎染成品，观察描述作品颜色、花纹等方面的特征，观看了解扎染的基本工艺，感受中国传统民间工艺的美。
	★斑“蓝”时光	科学	收集不同形状的树叶，观察并感知蓝晒工艺的过程，发现描述作品特点；萌发对传统工艺的探究兴趣。
	青花秀	艺术（音乐）	搜集欣赏青花纹样物品，描述感受青花特征，随着音乐旋律进行青花表演秀，体验走秀的乐趣。
	青花拼图接力赛	健康	尝试分组近距离传物接力的方式运输青花马赛克，完成接力拼图游戏。
	★“布”期而遇	艺术（美术）	认识工具，观察感知制作方法，初步尝试通过皮筋用圆形扎染的方式进行扎染，体验扎染的乐趣。
太空银	夸夸我们的宇航员	语言	阅读绘本、观看视频，观察描述宇航员的特点与生活，清楚表达自己对宇航员的喜爱崇拜之情。
	神舟飞船升太空	社会	通过观看视频和同伴交流，感知太空的奥秘，欣赏和认识宇宙飞船以及人造卫星，体验自己作为一名中国人的自豪。

续表

活动线索	活动名称	侧重领域	实施要点
太空银	走进空间站	科学	收集空间站照片、视频，观察发现形状、大小等基本特征与作用，感知空间站的秘密；尝试通过拼图游戏的方式，进一步提高对太空站的兴趣，萌发对太空科学知识的热爱。
	★小小飞行员	健康（体育）	自主探索飞行（高低飞、垫脚飞、绕障碍飞等）方式，进行走、跑、跳、双手侧平举的游戏，根据不同的游戏指令游戏，体验户外游戏的乐趣。
	★“坑坑洼洼”之星球重建	艺术（美术）	情境导入，观看讨论重建星球需要的材料，使用挤压瓶分组操作并装饰，感受色彩的变化，体验玩色创意的乐趣。

线索一：中国红

点亮中国红（美术）

目标指向

- 加深对中国地图的认识，知道中国地图是一只“公鸡”的形状。
- 学会正确使用刷子，初步尝试合作拼摆造型“大公鸡”。
- 感受中国红蕴含的意义，萌发热爱祖国的情感。

活动准备

- 刷子、颜料、纸盒等。
- 中国地图全景图。

指导要点

1. 猜谜：中国地图。
2. 观察中国地图拼图，了解拼图的玩法。
3. 探索材料——方块纸盒，尝试用多个纸盒拼出各种造型。
4. 尝试用方块纸盒合作搭建“大公鸡”造型。
5. 观察红色，了解中国红的意义。讨论：这是什么颜色？你们听说过中国红吗？

什么样的红是中国红？为什么叫中国红呢？

6. 幼儿操作：正确使用刷子在纸盒上来回涂色，为每个纸盒刷上中国红。

7. 待颜料晾干后师幼合作，共同组合造型成一幅中国地图。

8. 与共同完成的“中国红”合照留念。

活动建议

● 活动形式：小组活动。

● 建议准备好护衣、手套等，防止颜料沾染衣物。

线索二：青花蓝

斑“蓝”时光（科学）

目标指向

● 观察并感知蓝晒工艺的特点，初步获得有关光影成像的经验。

● 能仔细观察蓝晒作品的特征，并愿意用自己的话说一说。

● 感受古老成像法的工艺，萌发对传统工艺的探究欲望。

活动准备

● 视频：蓝晒制作过程。

● 蓝晒作品、幼儿收集各种不同形状的树叶、花等物品、PVC 亚克力板。

指导要点

1. 欣赏照片，引发话题：太阳也可以打印照片，这是一个古老而有趣的冲印方法，产生对蓝晒作画的兴趣。

2. 观看蓝晒图片或录像，初步了解蓝晒的制作过程。

3. 了解制作光影蓝晒：滴入染料→用海绵刷涂抹到蓝晒纸上→用透明盖片盖住并固定→在阳光充足处暴晒→漂洗。说一说自己的发现，初步了解每个步骤的作用。

4. 动手操作、探索，感知蓝晒工艺的特点。

5. 仔细观察作品，说一说蓝晒作品的特点。

活动建议

- 活动形式：小组活动。
- 建议教师与幼儿共同尝试制作蓝晒。

“布”期而遇（美术）

目标指向

- 初步尝试使用皮筋将布料扎紧，用圆形扎染的方式给衣服染色，锻炼手部小肌肉力量。
- 乐于参加扎染活动，体验扎染的乐趣，感受民间传统工艺的美。

活动准备

- 扎染工具、白色布料、护衣。
- 扎染图片，实物作品。
- 对扎染的过程、方法已有初步了解。

指导要点

1. 欣赏扎染作品，说一说这是什么。

2. 观察白色布料和扎染工具，产生参与活动的兴趣，共同制作扎染作品。

（1）认识扎染工具，例如滴管、皮筋、染料等。

（2）观看扎染制作过程视频，了解基本纹

样的制作方法：布料浸湿拧干后，从中间抓起一小揪，沿同一个方向边旋转边把布料团成一个大球，用皮筋扎紧。

（3）染色。

3. 幼儿分组自由操作，教师巡回指导。

4. 作品展示：开展一场扎染秀。

活动建议

- 活动形式：小组活动。
- 建议可以准备一个展台供幼儿摆放扎染作品。

线索三：太空银

小小飞行员（体育）

目标指向

- 练习走、跑、跳、双手侧平举基本动作，提高身体运动能力。
- 能根据不同的游戏指令表现出相应的动作，提高身体动作的协调能力。
- 乐于参加体育游戏，体验户外游戏带来的乐趣。

活动准备

- 大椅子、小椅子、平衡木、沙包、弹性皮筋等。
- 一段轻快的音乐。

指导要点

1. 热身运动：飞行员。引发话题“如何做一名飞行员”。

2. 空旷场地，自主探索飞行员可能出现的体态，例如飞高飞低、脚尖踮起后起飞、绕过高山（平衡木）、穿过大气层（飞机自转）等动作。师幼共同“试飞”，熟悉各种飞行动作，并在飞行过程中及时听指挥避免碰撞。

3. 分组进行飞行员游戏。播放音乐，小小飞行员准备起飞。结束飞行后运送物资：每个幼儿提着物资（沙包）通过小桥进行运输。

4. 放松运动：放松肢体，飞行员们跟随音乐有序离场。

活动建议

- 活动形式：小组活动。
- 向幼儿简单介绍宇宙飞船、人类探月和宇航员的知识。

“坑坑洼洼”之星球重建（美术）

目标指向

- 熟练掌握使用挤压瓶的方法，锻炼手部力量。
- 在帮助外星人重建星球的过程中，感受色彩的变化，体验玩色的乐趣。
- 积极主动参加活动，学习与人合作，大胆地进行创意创作。

活动准备

- 坑坑洼洼的星球表面、挤压瓶、颜料、土、挖勺、小拎筐、亮片、彩色小旗。

指导要点

1. 情境导入：收到神秘求救来电。引发话题“发生了什么事”。

2. 观看视频：在浩瀚的宇宙里有无数的星球，其中的塞尔维亚星球上住着一群可爱的外星人。他们在星球上过着快乐幸福的生活，可是有一天，意外降临了，星球爆炸，外星人向小朋友们发出求救信号。

3. 讨论：重建星球需要准备哪些？（如需要泥土、大米，需要好看的花草来装饰等）

4. 分组操作，教师巡回观察、适时指导。

5. 作品完成，将小旗插在自

己的领地上做标记并撒上小闪片作为装饰。

6. 与重建星球合影，把照片传给塞尔威亚的外星朋友们看看，看他们有什么话要对我们说。

活动建议

● 活动形式：小组活动。

中班：国宝会说话

【资源分析】

在孩子们的眼里，万物皆有灵！冰冷的三星堆、古人的信物杜虎符、最勤勉的长信宫灯和胖乎乎圆滚滚的大熊猫，在孩子们的眼里仿佛都会说话。瞧！大熊猫张着大大的嘴巴，好像在说“我饿了”……国宝和孩子们正在展开一场别开生面的对话。

本主题“国宝会说话”围绕“中国有话说”“熊猫滚滚”“考古三星堆”三条主线出发，旨在通过多种途径探索国宝们的秘密，感受中国历史文化的源远流长，用考古学家、小主播、解说员等体验方式充分加深对国宝的认识，萌发保护珍稀动物的情感。

【目标设计】

1. 通过用调查表的方式，对不同种类国宝进行观察和比较，发现其相同与不同，并用图画或者其他符号记录自己的发现。

2. 愿意并喜欢与同伴交谈、讨论关于国宝的话题，能基本完整地讲述自己的所见所闻。

3. 收集有关国宝熊猫的图片，知道大熊猫是我国特有的珍稀动物，萌发保护珍稀动物的情感。

4. 能够积极主动地参与体育游戏，进行翻滚、投掷等活动，发展动作的协调性和灵活性。

5. 乐意参加美术游戏，能自主选择喜欢的主题内容，运用多种材料和同伴一起进行大胆的艺术创作，体验合作游戏的愉悦。

【内容建议】

活动线索	活动名称	侧重领域	实施要点
中国有话说	我骄傲，我是中国娃	语言	欣赏儿歌，描述中国人的外貌特征、中国著名的景点与科技发明，尝试用比较连贯清晰的语言、积极饱满的情绪讲述和表演儿歌。
	蛋糕分一分	科学（数学）	故事导入，知道二等分的定义，尝试用图画或其他符号形式记录二等分的方法，操作验证、感知部分和整体的关系。
	★小脚丫游中国	社会	收集旅游照片，描述介绍照片相关的城市名称、地方特色等，尝试在中国地图上找到对应的位置进行指认，有初步的归属感。
	快乐的小勇士	健康（体育）	探索玩沙包的方法，分享总结经验，尝试控制投掷物运动的方向和距离，掌握投掷的基本动作。
	★只此青绿	艺术（美术）	图片欣赏，感知山水画内容、色彩（青、绿）、山峰轮廓形态等特点，尝试通过剪的方式制作山峰，根据山水画的布局特点进行组合与展示，感受山水画的自然之美。
熊猫滚滚	大熊猫，圆滚滚	语言	欣赏、观察绘本封面，描述熊猫的特征与动作，尝试看图讲述绘本内容，学说拟声词，感受绘本丰富的想象力。
	我们这样保护你	社会	通过欣赏图片、观看视频、同伴分享等，讨论了解人类保护动物的方法与成果，形成保护环境、爱护动物的意识。
	可爱大熊猫	科学	通过参观动物园、查询资料、观察比较等方法，讨论感知大熊猫的外形特征，了解其生活习性；知道大熊猫是我国的国宝，对国宝大熊猫有强烈的好奇心与探究欲。
	翻滚吧，大熊猫	健康（体育）	团身自由滚动，学习掌握正确的前滚翻动作，体验挑战成功的喜悦与快乐，保护自己在游戏中的安全。
	★熊猫在哪里	艺术（美术）	探索泡泡留痕的方法，尝试根据泡泡形状特点借形想象，添画模仿大熊猫的动作，对艺术创作感兴趣。

续表

活动线索	活动名称	侧重领域	实施要点
考古三星堆	如果国宝会说话	社会	通过观看纪录片、欣赏图片，知道青铜人头像（圆顶、平顶、金面等）特点，有民族自豪感。
	★小小考古学家	科学	制作调查表，观察比较青铜人像的异同，尝试通过绘画或符号记录发现，初步了解考古的含义，喜爱探究活动。
	寻龙三星堆	语言	绘本欣赏，尝试理解绘本内容，描述观察发现
	百变青铜像	健康（体育）	模仿、设计青铜大立人动作，听口令尝试在规定时间内做出造型并保持，走跑交替，提升规则意识。
	★遇见“星星”的你	艺术（美术）	观看视频，发现描述青铜人像眼睛很大、有圆顶和平顶等夸张的艺术特色，尝试根据三星堆人脸设计图黏土立体造型，体验大胆想象的乐趣。

线索一：中国有话说

小脚丫游中国（社会）

目标指向

● 知道中国地大物博，了解各个地方的风景名胜。

● 愿意根据图片与同伴分享自己去过的地方的名称、地方特色、名胜古迹等，并尝试在中国地图上找到对应的位置进行指认。

● 通过分享、交流的形式，了解中国丰富的物产、多元的文化，有初步的归属感。

活动准备

● 收集幼儿旅游照片、中国地图。

● 家长帮助幼儿回忆、梳理、整理照片背后的故事。

指导要点

1. 欣赏教师旅游照片，初步了解当地的主要景点和具有特色的风俗，产生兴趣。

2. 分享自己外出旅游的照片及其背后的故事。（重点表述清楚：照片里的城市名称、地方名称、有何特色等）

3. 在地图上标记对应城市的地理位置，并在中国地图上进行指认。

4. 游览过相同地方的幼儿对提到的城市渗透补充相关内容，教师也可结合幼儿的介绍补充讲述。

5. 根据收集照片、同伴讲述内容和中国地图，发现中国各地的地方差异，进一步增强民族自豪感，加深对祖国的热爱之情。

活动建议

● 活动形式：小组活动。

● 建议教师倾听幼儿讲述的内容并记录，配合幼儿旅游照片做成一本旅行日志，方便幼儿反复欣赏与了解。

● 游戏“我是小小邮递员”，进一步加深幼儿对各个城市的记忆。

只此青绿（美术）

目标指向

● 感受画中山水的布局特点，知道山峰的轮廓形态。

● 尝试用小剪刀沿着轮廓线剪下山峰，并根据山水画的布局特点进行组合。

● 对青绿有初步的体验，体会山水画的自然之美。

活动准备

● 透明片、剪刀、勾线笔、蜂巢板底座、桃源仙境图。

● 幼儿欣赏过水墨这一美术形式，对山水风景有初步的审美体验。

指导要点

1. 欣赏风景图片，聊一聊：古时候的人们用画笔记录下美丽的山水风光。

2. 欣赏明代画家仇英的作品《桃源仙境图》。

（1）感知画面内容，如山峰、树林、亭子、小路，以及在游玩的人等。

（2）感知画面中山峰的轮廓形态，如：高、低、大、小，连起来像一条弯弯的曲线。山峰的排列与布局。

（3）感知画面的色彩，青、绿。

3. 认识材料，幼儿尝试操作，教师指导。

勾线笔画出山峰弯弯曲曲的轮廓，用剪刀沿着轮廓线剪下，错落地插在展示板上。

4. 借助灯光进行作品展示。

活动建议

- 活动形式：集体活动。
- 建议教师远近照射作品，引导幼儿感受光源与影子之间的关系。

线索二：熊猫滚滚

熊猫在哪里（美术）

目标指向

- 观察了解熊猫的不同形态，尝试用吸管吹泡泡、印泡泡的方法表现熊猫。
- 根据泡泡的整体形状进行借形想象，添画出不同姿势的熊猫形象。
- 喜欢参与各种形式的美术游戏，对艺术创作感兴趣。

活动准备

- 牛皮纸、白色水粉颜料、吸管、泡泡液、黑色勾线笔。
- 各种姿势的大熊猫图片或大熊猫视频。
- 儿童护衣。

指导要点

1. 魔术导入：吹泡泡。

2. 探索留下痕迹的方法，用吸管蘸取白色泡泡液，在牛皮纸上吹泡泡，留下白色泡泡印迹。

3. 欣赏观察各种姿势的大熊猫图片或视频，尝试模仿大熊猫的动作。

4. 寻找泡泡中的大熊猫，用黑色勾线笔画出黑黑的眼睛、耳朵和四肢。

5. 欣赏自己的作品《国宝图》，与同伴分享自己找到的各种姿势的熊猫。

活动建议

● 活动形式：小组活动。

● 建议幼儿在日常活动中开始了解大熊猫的各种有趣姿势，比如观看关于大熊猫的直播、纪录片、图片等，方便幼儿从泡泡中找到大熊猫。

线索三：考古三星堆

小小考古学家（科学）

目标指向

● 知道三星堆遗址在四川，是一个藏有许多古代宝贝的考古地。

● 尝试用调查表的方式，对不同种类国宝进行观察和比较，发现其相同与不同，并用图画或者其他符号记录自己的发现。

● 乐于探索、发现、分享，喜爱探究活动，愿意与同伴分享交流自己的见解。

活动准备

● 幼儿前期已对自己感兴趣的三星堆文物做过简单调查。

● 不同文物对比调查表（范例）、“小小考古学家”调查表。

考古学家：　　　　　　　　　　　　调查时间：

	青铜大立像	青铜神树	陶三足
相同			
不同			

● 布置考古成果交流会现场。

指导要点

1. 说一说：三星堆是什么地方？

2. 与同伴分享自己感兴趣的三星堆出土文物，比如，青铜人像也分好几种；青铜大立人身高 2.6 米；青铜神树上有 9 只青铜鸟。

3. 根据同伴的介绍，总结三星堆文物的异同，并用简单的绘画记录。

4. 这些都是考古学家的发现。

讨论：这些都是考古学家的发现，什么是考古学家？（了解考古学家是专门从事挖掘古迹、古生物化石等一些与古代历史文化或是地层有关工作的人士，是运用考古学知识进行研究的专家）

5. 观看考古学家工作的视频。

讨论：考古现场是什么样子的？我们可以在幼儿园考古吗？需要的工具又有哪些呢？

6. 分小组活动，完成“小小考古学家”调查表，做好实地考古的前期准备。

活动建议

● 活动形式：小组活动。

● 家长帮助幼儿了解三星堆文物的详细信息，完成文物调查表。

● 根据幼儿的设想，创设考古环境，进行实地考古体验。

遇见“星星”的你（美术）

目标指向

- 欣赏发现三星堆青铜人像造型独特而夸张的艺术特色。
- 尝试用夸张的表情和动作，趣味性地表现青铜人像的日常生活。
- 体验大胆想象的乐趣，提升审美能力。

活动准备

- 自制课件。（参考视频《如果国宝会说话》第一季第十六集《三星堆青铜人像》）
- 黑色勾线笔。
- 褐色手揉纸。

指导要点

1. 观看视频《三星堆青铜人像》，讲述青铜人像的特别之处，比如：眼睛很大，嘴角向下，有圆顶，有平顶等。
2. 观察三星堆人像的照片，说一说：我眼中的青铜人像。
3. 大胆想象青铜人像的日常生活，并用脸部动作展现。
4. 尝试绘画三星堆人的脸部特征，注意夸张的表情和动作。
5. 作品展示，尝试根据青铜人像表情大胆想象，讲述青铜人像的趣事。

活动建议

- 活动形式：集体活动。
- 建议幼儿合作进行长卷画的创作，注意相互谦让，可以商量合作着画。

大班：国宝向未来

【资源分析】

有一种感动，叫“中国红”；有一种骄傲，叫“五星红旗”；有一种深情，叫“我爱你，中国”。孩子们通过调查，了解到我们国家源远流长的历史文化，从古代的四大发明到现代的火箭卫星，它有着取之不尽的丰富宝藏，一个又一个的人间奇迹！无人能比的四大发明、探索宇宙奥秘的神舟六号，这些都在孩子们的头脑中留下了痕迹。

《指南》中指出：要让幼儿知道中国是一个多民族的大家庭，知道中国有很多成就，要爱自己的祖国，为自己是中国人感到骄傲。以此，在本主题课程中，我们运用幼儿喜闻乐见和能够理解的方式，从《国宝向未来》切入，设计了“了不起的中国”“汉字的魅力”“冲呀，大中国”三条线索，运用多种形式进行探索、发现，了解多民族的习俗化，亲身感悟中国古老的传统文化和现代科技的快速发展，体验中国的了不起和作为中国人的自豪。

【目标设计】

1. 愿意与他人讨论关于祖国的话题，对象形文字、会意字感兴趣，能够完整清晰地表达自己对国宝的认识，并愿意和同伴分享与国宝相关的话题。

2. 能感受到国家的发展变化，知道国家一些重大成就，为自己是中国人感到自豪，萌发热爱祖国的情感。

3. 能通过观察、比较与分析等方法验证自己的猜测，体验与同伴合作探索的乐趣。

4. 能初步掌握绕障碍跑和快速跑的方法，发展身体动作的协调性和灵敏性，体验竞赛游戏的乐趣。

5. 在熟悉旋律的基础上，尝试唱准连音与休止符，并学唱京韵唱腔，感受京剧的特点和魅力。

6. 通过画、捏、拼、贴等形式大胆地进行创意创作，表达对中国传统文化和现代科技发展的审美感受。

【内容建议】

活动线索	活动名称	侧重领域	实施要点
了不起的中国	我们的祖国真大	语言	观察中国地图，通过欣赏诗歌，理解祖国的“真大”，尝试用甜美、自豪的声音朗诵、创编诗歌。
	祖国知识挑战赛	科学（数学）	收集国旗、兵马俑、京剧脸谱等具有中国特色的图片，通过游戏的形式按照事物特征（颜色、大小等）进行分类排序，操作记录结果。
	夺旗比赛	健康（体育）	自主探索绕障碍跑的方法，尝试掌握“s”型跑过障碍，听口令与同伴合作竞赛游戏，体验竞赛游戏的乐趣。
	国旗红红的哩	艺术（音乐）	欣赏感受歌曲的旋律、节奏，通过接唱、齐唱等形式演唱歌曲，学唱连音和休止符，体验歌唱活动的快乐。
	★青花斑子	艺术（美术）	欣赏走秀视频，观察比较、描述走秀作品。以青花为基调特点，尝试使用线描的技法小组合作设计制作服装，感受青花瓷纹样在服装上的独特美感。
汉字的魅力	★让字变好玩	艺术（美术）	搜集欣赏画家作品，感受了解汉字演变的过程，尝试根据汉字的形象大胆联想创作，AR 互动，让字动起来。
	有趣的汉字	语言	游戏讨论汉字的作用，观察描述象形字像画的特点，尝试根据图画、象形字初步认读相应的汉字，对文字符号感兴趣。
	戏说脸谱	艺术（音乐）	倾听音乐，感受乐曲京韵唱腔，尝试通过表情、动作、唱腔表现人物形象，学唱歌曲。
	★撕名牌	健康（体育）	通过你追我赶的游戏了解玩法，幼儿自主布置游戏场地，通过与同伴合作撕他人名牌的方式体验追逐游戏的乐趣。
	四大发明	科学	收集四大发明图片与实物，根据情景推测、判断、感知了解四大发明的产生、作用与贡献，感受中国科技的迅速发展。

续表

活动线索	活动名称	侧重领域	实施要点
冲呀，大中国	★发现号	艺术（美术）	观看视频，讨论神舟飞船，大胆运用综合材料创作飞船，同伴合作布置“空间站”，进行作品展示。
	了不起的中国速度	社会	通过视频观看、讨论交流中国在各领域的成就，感受国家的快速发展与变化，萌发对祖国的热爱之情。
	★蛟龙号的秘密	科学	讨论了解什么是沉浮，观察物体，用符号记录、描述猜想和验证的结果，并尝试通过操作探索改变沉浮现状的方法，提升探究经验。
	逃跑吧，火箭	健康（体育）	幼儿自主进行肩上挥臂投火箭，并尝试分组合作“行进跳与投掷”进行竞赛游戏。
	小小快递员	健康（体育）	通过多次游戏探索推车技巧，尝试与同伴合作将“快递”送到相应地点，完成竞赛游戏。

线索一：了不起的中国

青花斑子（美术）

目标指向

- 尝试小组合作设计大胆、夸张的服装造型，展现青花纹样服饰的特色。
- 会用线描的方式装饰作品，感受青花纹样在服装上的独特美感。
- 能主动参与服装作品的制作，初步感知中国特色文化在生活中的运用。

活动准备

- 欣赏青花物品，对青花花纹有一定的认识。
- 电子白板、纸盘碎片、白色皱纹纸、模特、蓝色勾线笔。
- 服装走秀视频或课件。

指导要点

1. 观看服装走秀视频。

聊一聊：视频里在做什么？关于服装秀你还知道什么？

2. 欣赏郭培的服装秀作品，发现走秀作品与平时服装的不同，轮廓是大胆、夸张的。在“一千零二夜”服装系列中，感受以青花服饰为基调的走秀的特点。感受秀场以青花为基调的素雅。

3. 欣赏青花纸盘残片，了解创作要求：设计大胆、夸张的衣服轮廓，并用丰富的线描装饰来完成作品。

4. 通过青花瓷盘的装饰、组合拼贴、皱纹纸缠绕、剪等方式分组合作完成青花服饰，用连贯清楚的语言大胆地向大家介绍自己小组的设计理念。

活动建议

- 活动形式：小组活动。
- 建议准备一些青花瓷盘半成品，让幼儿根据需要自选创作。

线索二：汉字的魅力

让字变好玩儿（美术）

目标指向

- 欣赏大师的作品，知道汉字能通过变形、添画等方式变成一种图像。
- 能够根据汉字的形象大胆联想，灵活运用中国画的作画工具和方法，表现生动有趣的画面。
- 能大胆表达对作品的感受，体验让汉字变形的乐趣。

活动准备

● 多媒体课件：画家古干的介绍和作品，自制汉字变形视频。

● 生宣纸、毛笔、墨汁、国画颜料、颜料盘、水。

指导要点

1. 观看图片，说一说：你在什么地方见过汉字？

2. 欣赏画家古干和他的作品，感受古干爷爷的汉字的特点和趣味性；初步了解汉字的演变过程。

3. 观看自制视频，展示字的变形，了解把字变形需要四个步骤：第一步，看看汉字像什么。第二步，加上几笔变一变。第三步，画上颜色更漂亮。第四步，添些背景更好玩。

4. 幼儿创作，鼓励会写字的幼儿直接画，教师帮助不会写字的幼儿写出喜欢的汉字。

活动建议

● 活动形式：集体活动、区域活动等。

● 建议幼儿前期练习写出自己的姓或者简单的汉字，为书写做好准备。

撕名牌（体育）

目标指向

● 能迅速抓到对方、找到对方的名牌且快速撕下，在游戏中发展快速反应和躲闪的能力，提高身体动作的灵敏性。

● 能遵守游戏规则，感受撕名牌游戏的快乐，体验追逐游戏的乐趣。

活动准备

● 欢快音乐、森林王国去探险的情境。

● 名牌、锥筒、轮胎、人字梯、滚筒、大型滑梯组合等。

● 安全教育。

指导要点

1. 情景导入：森林王国去探险，引出游戏主题“撕名牌”。

2. 热身准备：游戏“你追我赶”，分成两组进行两轮游戏。

第一轮：第一组在前（与第二组相距 1 米），第二组沿跑道直线追赶并抓住跑在前方的幼儿，并且告知幼儿只可以追自己面前的幼儿，若前方幼儿逃至指定安全区则不可以再抓。两组交换追赶。

第二轮：增加游戏难度，跑道设置锥桶，用跑 S 弯的方式轮流追赶一次。

3. 熟悉游戏规则及安全事项：在规定范围内游戏，被撕掉名牌的幼儿暂时结束游戏，与老师在等待区等待下一轮的游戏，不可以再撕名牌。

4. 撕名牌游戏，根据“森林王国去探险”的情境，使用轮胎、人字梯等辅助材料自主布置场地，开始撕名牌游戏，注意游戏中的安全，撕掉他人名牌者获胜。

5. 放松活动，有序收归材料，排队回教室。

活动建议

● 活动形式：集体游戏。

● 户外游戏时可组织幼儿玩“你追我赶”的游戏，增加幼儿的游戏经验。

线索三：冲呀，大中国

发现号（美术）

目标指向

- 能够大胆运用各种综合材料，用自己的方式创造出自己想象中的飞船。
- 通过“天宫”和“神舟”的成功事迹，激发幼儿的爱国情感和民族自豪感。
- 乐意积极参加讨论，发挥想象力，在合作中体验成功的快乐。

活动准备

- 太空背景板、小木棍、光盘若干、黏土、锡纸、保丽龙球。
- 视频《天宫课堂》。

指导要点

1. 观看视频《天宫课堂》，认识神舟十三号飞行员。

老师：你见过飞船吗？他们乘坐的飞船叫什么？飞船是什么样子的？有什么功能？

2. 观察“发现号”飞船玩具，看一看、说一说自己眼中的飞船（外形及飞船上的小零件）。

讨论：如何设计一个新型飞船？你会怎么设计？

3. 选择合适的材料制作飞船，制作完成后布置到“空间站”。

4. 向大家介绍自己的飞船有什么奇特功能。

活动建议

- 活动形式：小组活动。
- 观看《天宫课堂》，引起幼儿对太空的兴趣。

蛟龙号的秘密（科学）

目标指向

● 在探索活动中知道哪些东西放水里会沉，哪些会浮，并能用“↑”“↓”记录结果，表示上浮和下沉。

● 丰富有关物体沉浮的经验，探索改变物体沉浮状况的不同方法。

● 能专心倾听别人讲话，并能大胆地用有序连贯的语言清楚讲述自己的操作过程与结果。

活动准备

● 各种能沉、浮的物品（硬币、棋子、玻璃珠、橡皮泥、小石头、小木块、筷子、乒乓球、树叶、泡沫球、雪花片等）。

● 盆子 5 个、透明盆 1 个、记录表若干、笔、小毛巾等。

指导要点

1. 聊一聊：物品宝宝去游泳。

讨论：什么是沉浮？知道在水底的现象叫“沉”，在水面的叫“浮”，可以用符号表示。

2. 观察多种物品，猜想沉浮结果，并用符号“↑”“↓”记录。实验后记录结果，相互交流猜想与实验结果是否一致。

3. 讨论：如何使浮起来的物品沉下去，沉下去的物品浮起来。幼儿操作，能尝试不同的材料和方法，提升有关浮沉的经验。

4. 了解潜水艇多种沉浮形式，用矿泉水瓶自制潜水艇实验，探索如何让瓶子沉在水底、浮在水面以及处于半创意周：讨论当人们在水中时，如何让自己不下沉到水底。

活动建议

● 活动形式：小组活动。

● 在生活中观察，还有哪些物体是利用沉浮的原理制成的。

●“创意周”活动

集市：国潮“摊”开玩

活动线索	活动名称	侧重领域	实施要点
国潮“摊”开玩	假如国宝会说话	社会	观看纪录片，观察文物“狸猫纹漆食盘”并发现其特点，通过各种形式的艺术活动打造与长江文化相关的文物，感受中华文化的博大精深
	私人月光	艺术（美术）	观察图片，讨论了解色彩的冷暖变化，自主探索材料进行月光装饰，体验色彩带来的不同情感。
国潮“摊”开玩	亲爱的古代朋友	语言	幼儿自主阅读，观察讨论不同朝代不同文物对人们的帮助，了解馆藏文物背后的故事，续编、分享故事，体验传统文化的趣味性。
	檐上瓦当	艺术（美术）	欣赏课件图片与视频，观察发现瓦当纹饰的特点与寓意，尝试运用制版的方式制作瓦当图腾，装饰纸袋。
	国潮“摊”开玩	综合	幼儿自主设计布置国潮集市，分组制作商品宣传单，自主制订购买计划，参与集市活动，感受集市活动的热闹气氛，感悟中华传统文化的魅力。

假如国宝会说话（社会）

目标指向

- 了解长江文明，感受中华文化的博大精深。
- 积极参与中国味道系列主题活动，萌发民族自豪感。

活动准备

- 纪录片《假如国宝会说话》（第二季第十九集）。
- 红色纸杯、纸盘、超轻黏土、书签形状卡纸、勾线笔。

指导要点

1. 观看纪录片：《假如国宝会说话》，观察文物“狸猫纹漆食盘”。

2. 了解各种国宝，从书中寻找资料增长见识。

开设“喵星人的幸福生活”“文博书签”“定制国宝美食”等活动。

3. 介绍活动区域。

（1）“喵星人的幸福生活”：使用各种材料制作“喵星人”。

（2）“文博书签”：把中国传统文化以书签的形式表现。

（3）“定制国宝美食”：用美术形式打造各种跟长江文化相关的文物。

4. 相互交流、分享活动经验。

活动建议

● 活动形式：混龄活动、小组活动等。

私人月光（美术）

目标指向

● 大胆想象，将不同形态的月亮用绘画形式进行表现。

● 在订制私人月光的过程中，感受色彩的冷暖变化，体验色彩带来的不同情感。

活动准备

● 深色星空背景图、PVC 膜、玻璃纸、珠珠灯等。

● 关于月亮的传统民间故事。

指导要点

1. 观察民间故事中各种各样的月亮图片，引发话题“月亮的含义”。

2. 讨论月色为什么有温暖的感觉，观察色彩的冷暖带来的情感变化。

3. 自主探索材料订制私人月光，利用如 PVC 膜塑、玻璃纸等材料进行创作。

4. 作品展示：介绍自己的新装置——私人月光。

活动建议

● 活动形式：小组活动。

● 建议可准备不同材质的能发光的材料供幼儿操作选择。

亲爱的古代朋友（语言）

目标指向

● 理解绘本内容，了解古人生活。

● 通过阅读知道一些文物知识及其背后的文化内涵。

活动准备

● 绘本《亲爱的古代朋友》。

● 幼儿对古代、古人等概念有初步了解。

指导要点

1. 谈话：古时候的人是怎么样生活的？

2. 自主阅读绘本：观察图片，了解阳燧、三彩俑、青铜冰鉴、济南刘家功夫针铺铜版、大驾卤簿图书等古代朋友，感受各个朝代的不同风貌。

3. 根据画面内容不同，分组讨论：看到了哪个古代朋友，他对人们的帮助。

4. 分享：讲一讲绘本里发生的趣事。

5. 绘本故事续编：古代可能还有哪些有趣的事物呢？

活动建议

● 活动形式：小组活动。

● 建议可以准备一些相关的照片、视频，丰富幼儿已有知识经验。

檐上瓦当（美术）

目标指向

● 了解古建筑瓦当的相关知识，感受雕塑遗物瓦当的巨大魅力。

● 知道瓦当上不同纹饰的名称和特征，并通过版画的艺术形式创作设计瓦当图案。

活动准备

● 课件《瓦当》。

● KT 板、刻笔、颜料、笔刷、纸袋等。

指导要点

1. 以瓦当图片导入活动，引出主题“什么是瓦当”。

2. 欣赏照片或视频，观察瓦当上不同的纹路，如卷云纹、羊角纹等，说一说这些纹饰有什么特征，有什么寓意。

3. 自由操作，用刻笔在 KT 板上设计自己的瓦当图腾，将其印在底板上。

4. 作品展示，相互交流、分享活动经验。

5. 延伸：了解浮雕，用黏土进行瓦当制作。

活动建议

● 活动形式：混龄活动。

国潮“摊”开玩（综合）

目标指向

● 尝试售卖自制工艺品，从中感受成功的快乐。

● 感受国潮元素之美和中国文化之美，为自己是中国人感到骄傲。

活动准备

● 自制国潮“货物”。

● 摆摊用的桌椅、桌布、桌面装饰品等。

● 价签展板。

● 货币（游戏币或人民币）。

指导要点

1. 设计摊位布置，做好摆摊准备。

2. 将各种艺术品放置相应摊位，制作商品宣传单。

3. 根据商品宣传单，制订购买计划。

4. 参与集市，自由“购买”。

5. 分享交流：买到了什么艺术品，说说艺术品的含义。

活动建议

● 活动形式：全园活动。

● 自由活动，过程中慢慢走、慢慢欣赏，注意安全。

4周

主题三：大自然的纹理

● 主题规划

一、设计意图

想到秋天，你会想到什么？金秋送爽、风吹麦浪、一叶知秋还是秋收冬藏……秋天是个独具特色的季节，它没有春的妩媚、夏的热烈和冬的凛冽，但每一抹金黄、每一片红叶、每一缕秋风、每一筐丰收都是大自然独特的纹理和印迹，都是幼儿与自然对话的可能。

本主题从“秋景、秋趣、秋情”三方面入手，紧紧围绕秋季的明显特征开展活动。我们会和幼儿一起走进自然，寻找和欣赏秋天季节变化带来的自然风光，观察和发现秋虫的奥秘，感知和体验大丰收带来的热闹和喜悦，收集秋天各种各样的美。这些美的积累与收获，都会成为幼儿创意活动中的灵感源泉。幼儿可以在想象、创作的过程中，利用大自然的材料进行艺术表现，肆意地挥洒秋天。

二、主题脉络

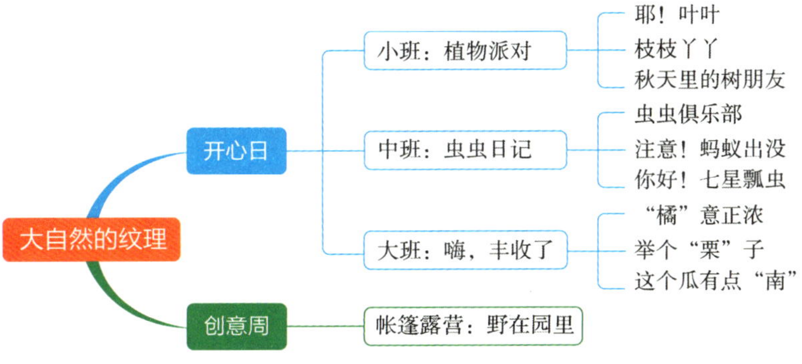

三、主题目标

目标内容	核心经验	对标《指南》关键经验
1. 感知秋季早晚温差变化，知道根据身体的冷热感受及时穿脱衣物。了解秋季的保健小知识，知道预防秋季传染病的小妙招；积极参加户外体育锻炼，在活动中提高身体力量及动作协调能力。	生活习惯 与生活能力	• 小班：喜欢参加体育活动，能身体平稳地双脚连续向前跳，分散跑时能躲避他人的碰撞。 • 中班：能以匍匐、膝盖悬空等多种方式转爬；能自己穿脱衣物、鞋袜、扣纽扣。 • 大班：能知道根据冷热增减衣物，能单手将沙包向前投掷 5 米左右。
2. 会通过欣赏文学作品来感受秋天，能够用优美的话描述秋天的自然景色。	倾听与表达 阅读与书写准备	• 小班：主动要求成人讲故事、读图书；会看画面，能根据画面说出图中有什么，发生了什么事等。 • 中班：能基本完整地讲述自己的所见所闻和经历的事情。喜欢把听过的故事或看过的图书讲给别人听。 • 大班：喜欢与他人一起谈论图书和故事的有关内容；讲述时能用常见的形容词、同义词等，语言比较生动。
3. 乐意观察秋天的枝、叶、果实、昆虫等，感知秋季气温、人们的活动、动植物生长的变化，尝试通过提问、收集资料、对比讨论、得出结论等方式共同学习和探索。	科学探究	• 小班：喜欢接触大自然，对周围的很多事物和现象感兴趣；能用多种感官和动作去探索物体，关注动作所产生的结果。 • 中班：对事物或现象进行观察比较，发现其相同与不同；能通过简单的调查收集信息；能感知和发现不同季节的特点收集信息，体验季节对动植物和人的影响。 • 大班：观察、比较与分析，发现并描述不同种类物体的特征与某个事物前后的变化；感知并了解季节变化的周期性，知道变化的顺序。
4. 在主动参与活动中感知和体会人与自然、人与人之间的和谐关系。在活动中表现一定的独立性，形成主动、互助、合作的态度与行为。	人际交往 社会适应	• 小班：愿意和小朋友一起游戏；对群体活动感兴趣，能根据自己的兴趣选择游戏或其他活动。 • 中班：愿意并主动参与群体活动，活动时愿意接受同伴的意见和建议。 • 大班：有高兴的或有趣的事愿意与大家分享；活动时能与同伴分工合作，遇到困难能一起克服；尊重为大家服务的人，珍惜他们的劳动成功。

续表

目标内容	核心经验	对标《指南》关键经验
5. 知道秋天是美丽、收获的季节，会用讲述、音乐、美术等多种形式，表现出自己对秋天的认识与情感。	感受欣赏 表现创造	● 小班：喜欢观看花草树木、日月星空等大自然美的事物，经常涂涂画画、粘粘贴贴并乐在其中，能用简单的线条和色彩大体画出自己想画的人或事物。 ● 中班：能够专心地观看自己喜欢的文艺演出或艺术作品，有模仿和参与的愿望；经常用绘画、捏泥、手工制作等多种方式表现自己的所见所想。 ● 大班：愿意和别人分享、交流自己喜爱的艺术作品和美感体验；艺术欣赏时常常用表情、动作、语言等方式表达自己的理解；能用多种工具、材料或不同的表现手法表达自己的感受和想象。
6. 能够运用多种自然材料，尝试印、染、撕、拼贴等多种手法表现秋季的特征，感受秋天别样的美。		

四、主题游戏馆活动方案

活动目标

1. 能主动和同伴互动、交流、对话，用交换游戏材料等简单的技巧加入同伴的游戏，愿意在集体面前分享自己游戏的经验。

2. 能用恰当的方式与人交往，活动中能大胆地表达自己的意见，知道别人的想法有时和自己不一样，能倾听和接受别人的意见，不能接受时会说明理由。

3. 以角色扮演的方式进行游戏，通过不同形式的活动，体验在秋天露营、骑行、晾晒的乐趣，感受秋天带来的惬意与舒适。

4. 能够利用秋天的自然物进行组合建构、艺术创作、科学探索等游戏，探究材料的多种玩法。

具体安排

场馆名称	内容建议	玩法参考
宝贝会所	部落联盟	幼儿自主设计露营计划，合作分工，布置场景，体验露营活动。
滴滴车吧	一起出发吧	幼儿自主集结车队，合作设计车队标志，规划“旅行路线”，出发“自驾游”。

续表

场馆名称	内容建议	玩法参考
嬉沙乐园	溪流探险	提供水、沙、锡纸、树枝、树叶、鹅卵石、小玩偶等材料，幼儿利用自然物创设溪流情境，开启小玩偶的探险之旅。
闲鱼小站	秋日市集	增加树叶、石头等低结构的材料，让孩子进行自然物手作创意，兑换闲置物品。
点点诊所	保健大课堂	幼儿自制秋季传染病的宣传图册或海报，并在小医院分发宣传，与其他游戏馆联动进行健康宣讲。
花花洗衣	晒了个“秋”	寻找光线充足的户外场地，选择合适的晾晒工具，在游戏的情境中合作体验晾晒带来的温暖和乐趣。
奇奇玩社	环保棋	幼儿自制环保游戏棋并合作游戏，根据骰子点数前进，并判断图中内容是否环保，环保则进，不环保则退。
酷酷小兵	丛林行军	尝试用自然物进行伪装，分组展开对抗游戏。
丫丫美妆	潘多拉宝盒	收集各种形状的盒子，利用自然物进行首饰盒的装饰。
童童健智	勇闯小树屋	幼儿收集树枝，自主设计游戏关卡，确定游戏规则，结合已有经验，进行“跳房子”游戏。
美美创意	美美帐篷节	幼儿利用收集的自然物装饰、彩绘帐篷进行合作游戏。
哇哇博士	水果电池	小灯泡两端铜片、锌片插入水果（柠檬、橘子、柚子、橙子）中，观察灯泡明暗与不同种类水果之间的关系并记录。
梦想之城	枝枝丫丫城	幼儿探索树枝保持平衡和稳定的办法，并尝试搭建枝枝丫丫城。

五、ART 涂鸦馆活动方案

活动目标

1. 欣赏秋天主题的照片、名画等，感受秋天的色彩之美，了解色彩的对比关系，提升对色彩的感受力和表现力。

2. 感受秋天各种自然物颜色、形态等特性，会用多种自然材料（树叶、花瓣）、工具和艺术手法围绕秋天主题展开想象，进行艺术表现。

3. 愿意以合作的形式完成秋天的艺术作品，尝试分工、协商，体验合作创意的乐趣。

4. 能与同伴欣赏、交流自己和他人的美术作品，会产生相应的联想和情绪反应。

具体安排

场馆名称	内容建议	材料参考
纸趣联盟	1. 森林小木屋 2. 花花草草纸	1. 通过手揉纸条的缠绕、组合进行秋日树屋的装饰，体现秋日温暖的景象。 2. 提供干花、干树叶、白乳胶、餐巾纸等，幼儿自制、晾晒花草纸。
写生小栈	1. 阳光下的“树影” 2. 秋日计“画”	1. 收集不同形状的树叶，幼儿自主选择并悬挂，临摹阳光下的树叶影子。 2. 提供画板、纸笔等，幼儿写生秋天的树林。
千色派对	1. 向日葵花田 2. 秋日调色盘	1. 提供竹梯、保鲜袋、颜料、白布等，幼儿自制颜料包，从高处甩下形成向日葵花田，并添画细节。 2. 幼儿自主选择果实、根、茎、叶等为染料，尝试使用扎染的基本手法，为织品上色。
拼摆乐园	1. 拼一拼，我的“秋” 2. 落叶小怪兽 3. “秋日限定”发布会	1. 提供树叶、各类坚果等自然物，幼儿自主设计纹样，尝试大型合作拼摆。 2. 提供树叶、小眼睛、笔等，幼儿自主选择形状各异的树叶，组合拼摆“落叶小怪兽”，并用辅材进行装饰、添画。 3. 提供树叶等自然物、麻绳、毛根、笔，以及珍珠、亮片等辅材，幼儿尝试利用各种辅材装饰自然物，将其串联成手链、项链等饰品并走秀。
绘本盒子	1. 秋日童话 2. 一片叶子的旅行	1. 提供鞋盒、树枝、落叶、树皮等低结构的材料。通过图片感受秋天的季节特征，尝试用低结构的材料在鞋盒中制作秋天的场景。 2. 提供绘本《一片叶子的旅行》、树叶、笔、纸等，幼儿仿编故事内容，并尝试将其自制成绘本风琴页。
沙艺世界	1. 秋日郊外 2. 沙“秋”	1. 提供 KT 板、白乳胶、彩砂等，幼儿通过图片感受秋天的树林，尝试用白乳胶在底板上勾勒树林的线条，撒上彩沙装饰颜色。 2. 采集树叶、石头、花朵、松果等自然材料，使用玩沙工具建造秋日微景观。

续表

场馆名称	内容建议	材料参考
图版印象	1. 小树叶的脚印 2. 蓝晒印象 3. 定格秋天	1. 提供凝胶板、颜料、滚筒、树叶，幼儿在凝胶板上涂刷底色，摆放小树叶，转印至纸上。 2. 提供蓝晒液、刷子、亚克力板、形状各异的树叶、帆布包、纸等，幼儿按比例调配蓝晒溶液并涂刷，摆放、组合树叶，压平并放置于自然光下晾晒。 3. 提供各种自然物、纸、色素、喷壶等，幼儿自主摆放自然物，继而喷洒色素，形成留白印迹。
水墨作坊	1. 莲印 2. 咕噜咕噜，是莲蓬呀	1. 提供墨、笔、宣纸等，幼儿利用莲蓬拓印并用笔尖添画细节。 2. 提供墨、洗洁精、吸管、毛笔、宣纸等，幼儿尝试用吹泡泡的方式表现莲蓬自然的形状与表面斑驳的机理，并尝试添画。
微画空间	1. 莫奈・稻田 2. 秋天的白桦林	1. 提供稻穗、颜料、笔刷、墙面及各种辅材等，幼儿欣赏莫奈绘画作品《稻田》，在墙面上进行彩绘，捆扎草垛、布置场景，尝试情景再现。 2. 提供吴冠中绘画作品《白桦》、颜料、笔刷、软玻璃等，欣赏大师作品并尝试创作。
陶泥演义	1. 秋叶泥碗 2. 浮雕向阳花 3. 秋日树林	1. 捏制造型各异的泥碗，提供各种落叶、花卉，利用拓印的方式在泥碗上拼摆印痕并装饰。 2. 在陶土上刻画向阳花，再用石膏粉倒水搅拌倒模并上色。 3. 通过喷洒、滴漏的方式，用泥浆在画布上随意创作，再配合使用泥块、树枝等进行拼摆装饰。
木玩部落	1. 捕梦网风铃 2. 秋天的小路 3. 森林部落格	1. 提供各种线、枝条、操作图，幼儿进行编织。 2. 提供树叶、木片、树枝等，幼儿自主设计、摆放秋天小路。 3. 提供树枝、各种自然物、麻绳等，幼儿自主设计、捆扎、装饰帐篷。
造型天地	稻田守护者	提供稻草、麻绳、竹竿、剪刀等，幼儿尝试利用稻草合作捆扎造型，创设稻草人、稻草屋的大型丰收场景。同时提供活动眼睛、树叶、黏土、毛根、麻布等辅材进行装饰。

六、生活指导

1. 天气渐冷，能够坚持按时入园，并能热情地和老师、同伴打招呼。

2. 注意保持手、脸、服装的整洁，并能够根据气温变化及时增减衣物。

3. 秋季气候干燥，注意护肤，洗脸擦嘴后涂宝宝霜，能够主动多饮水。

4. 洗手时注意要将袖子卷起来，指尖朝下洗手，不让水流进袖子里。衣服厚重卷不起来时，要学会主动找老师帮忙。

七、环境创设

1. 通过收集、展览、同伴交流等丰富多彩的活动来调动幼儿的所有感官，借助具体情景，通过直接感受来获得发现。将幼儿收集的松果、种子、叶子等进行展示，布置成秋天市集、自然博物馆和叶子展览会等，感受秋天动植物热闹繁忙的丰收场景。

2. 在区域环境设置中，布置秋天的果园及花园墙饰，展现秋天明显的季节特征。

3. 在自然角布置丰收的场景，比如晒秋、秋天的市集等，感受秋天收获时热闹、繁忙的氛围。

八、家长工作

1. 家长通过露营、采摘、户外散步等方式，带领幼儿到大自然中寻找秋天，观察秋天自然物的颜色、形状，并鼓励幼儿用语言表达，丰富相关词汇。

2. 和幼儿一起收集秋天的丰收、植物、动物的图片，开展亲子活动，和幼儿一起去拣一些落叶，制作树叶标本，或树叶拼贴画，拍摄秋天的景色，并进行展示。

3. 带领幼儿到户外观察秋天的景色，在花坛、树丛等地方观察瓢虫、蜗牛等秋虫的外形和习性。

●“开心日”活动

小班：植物派对

【资源分析】

“树叶怎么变黄了？”“小树枝怎么光秃秃的？”……秋天的到来给孩子们带来了探索的契机，带来了发现、表达的欲望和广阔的空间。叶子的变色秘密、树枝的弯弯绕绕、白桦林里的满目金黄都让孩子感叹秋天是美丽的，秋天是神奇的。秋天的动感与孩子跃动的心灵天然地契合。我们同孩子一起进入秋天的世界，去探究，去发现，去思考，去想象、去表现……

小班幼儿的经验更多来源于自己的生活。因此，我们以孩子生活中较明显、易观察的植物作为重点，开展主题活动《植物派对》。在这一主题中，孩子们将与秋叶“共舞”，和枝枝丫丫做游戏，走进秋天的树林，并由此感受、欣赏秋天的美，产生愿意亲近大自然的情感。

【目标设计】

1. 愿意亲近大自然，了解秋天的季节特征，知道秋天是一个美丽、丰收的季节。

2. 感受秋季动植物的变化，学会运用多种感官了解、探索自然变化的规律。

3. 欣赏与秋天有关的文学作品，能够用较恰当的词语、句子表达对秋天的感受。

4. 积极参与体育活动，能够听信号做动作，在奔跑、追逐游戏中注意不与同伴碰撞。

5. 初步学习歌表演，按歌词内容做相应动作，能感受和表现音乐的快慢。

6. 收集秋天的自然物，能大胆地用拼摆、拓印、添画等形式表现秋天美丽的景色。

【内容建议】

活动线索	活动名称	侧重领域	实施要点
耶～叶叶	会响的小路	语言	欣赏故事《会响的小路》，大胆想象并尝试表达小动物和风儿经过会响的小路的情景。
	落叶哪去了	社会	在大自然中捡拾各种颜色、形状的落叶，通过“变废为宝”的行动，进行落叶 diy。
	落叶大不同	科学	捡拾落叶，观察比较大小、颜色、质感等不同特征，尝试用语言、动作描述或扮演不同特征的树叶，感受在自然中游戏的乐趣。
	★风儿与树叶	健康	根据语言、节奏指令的变化，用或走或跑的动作表现落叶在风中飞舞的样子。
	★落叶跳舞	艺术（美术）	能够用装饰树叶的方法制作落叶娃娃，表现人物跳舞的姿态。
枝枝丫丫	树枝知多少	社会	通过调查、分享“树枝调查表”，了解不同树枝的不同特点，用自制的树枝小玩具开展游戏。
	★伸个不停的树枝	语言	初步了解《伸个不停的树枝》的主要情节，能够结合自己的经验进行想象与表达。
	★枝丫大比拼	科学	搜集不同的树枝，观察比较、长短（粗细）排序，描述比较结果，感知长短（粗细）的相对性。
	勇闯小树屋	健康（体育）	自主探索寻找不同的方法跳过“房子”，掌握双脚并拢跳、分开跳、跨跳的办法。
	★奇幻森林	艺术（美术）	观察、发现树枝的外形特点，能够用拼摆、粘贴的方式进行树枝创意造型。
秋天里的树朋友	各种各样的树	语言	欣赏各种各样的树，能用完整、流畅的语言讲述自己的发现，并给树妈妈制作标牌。
	常绿树和落叶树	科学	通过视频了解落叶树和常青树四季的变化，知道两者的不同，并到户外找一找常绿树和落叶树；收集落叶树叶和常绿树叶进行观察比较。
	树真好	社会	欣赏散文诗《树真好》，愿意分享树的好处，理解树与人们的关系。
	小松鼠运果子	健康（体育）	分组游戏，幼儿夹球跳过各种障碍物，并将球运送到终点，初步掌握两腿夹球并脚跳的能力。
	★秋天的白桦林	艺术（美术）	图片欣赏秋天的白桦林，重点关注树干、树纹的特征，并尝试用不同材料进行集体创作，表现秋天的白桦林。

线索一：耶！叶叶

风儿与树叶（体育）

目标指向

● 能够根据不同的信号，走跑交替做动作，表现秋叶飞舞飘落的情景。

● 愿意参与体育游戏，体验在游戏中奔跑、追逐的乐趣。

活动准备

● 风姐姐头饰一个、铃鼓 1 个、道具扫帚 1 把。

● 幼儿事先观察过风吹小树和树叶的情景。

● 音乐。

指导要点

1. 共同回忆：秋天的风吹来，大树妈妈会怎么样？小树叶呢？

2. 根据儿歌内容，自主创编动作模仿小树苗长大的样子。

儿歌：我是一棵小树苗，风一吹，雨一洒，慢慢慢慢长大了，变成一棵大树来。秋风吹来啰，秋风吹来啰。

3. 游戏“风儿与落叶”。

玩法一：根据不同的游戏指令，用不同的动作表现落叶在风中飞舞的样子。

玩法二：根据铃鼓的节奏变化，变换身体动作表现落叶飞舞。

4. 放松活动：一起做捡落叶的游戏放松身体。

活动建议

● 活动形式：小组活动。

● 注意活动量，能够及时休息，补充水分。

落叶跳舞（美术）

目标指向

● 感受绘本中造型丰富、形态各异的落叶娃娃的热烈与有趣。

● 能够用装饰树叶的方法表现人物跳舞的姿态，体验创作带来的快乐。

活动准备

- 各种秋天的树叶实物、落叶作品、吸管、棒冰棍、活动眼睛、毛球等。
- 绘本《落叶跳舞》，情境“秋叶美景”。

指导要点

1. 阅读绘本，欣赏落叶小人的不同形态、不同表情。

聊一聊：说说你最喜欢哪一幅，为什么？

2. 观察绘本中的落叶小人儿。

讨论：除了变成小人还变成了什么？

3. 仔细观察树叶，感受形状及色彩的不同。

讨论：你们觉得这片树叶像什么呢？

小结：秋天的树叶真美呀，有这么多漂亮的颜色，还有各种不同的形状呢。

4. 尝试创作落叶娃娃，尝试用各种材料粘贴落叶宝宝的四肢、眼睛、嘴巴。

5. 幼儿同伴交流，共同欣赏，感受落叶精灵的美和有趣。

活动建议

- 活动形式：小组活动。
- 幼儿有观察秋天落叶的经验，对颜色有初步感知。

线索二：枝枝丫丫

伸个不停的树枝（语言）

目标指向

- 仔细观察画面，能初步了解故事的主要情节。
- 结合自己的已有经验展开想象，创编新的故事情节并大胆讲述。

活动准备

- 课件《伸个不停的树枝》。
- 事先用轻泥做好的树枝若干、白色记号笔、蜡笔、A3 黑色卡纸，人手一份。

指导要点

1. 经验唤醒：回忆旅行的细节，回味在旅行中的愉悦情感。

讨论：在旅行中我们会遇到很多平时没见过的东西和事情。你去哪里旅行过？看到了什么？或者发生了什么有趣的事情？

2. 阅读绘本，对树枝旅行中的场景、人物、事件展开想象。

讨论：听你们说了这么多好玩的地方，有一棵树也很想去旅行，他伸出很长很长的树枝要去旅行啦！他会去哪里呢？

3. 欣赏“动物园里的树枝”“宇宙中的树枝”两幅图片，对画面进行故事性想象。尝试用完整的语言描述场景内容。

聊一聊：树枝伸到哪里去了？你从哪里看出来的？他遇到了谁？发生了什么事情？还有可能遇见什么，他们会在一起做什么？

4. 欣赏迪士尼、幼儿园、海底等不同场景的照片，拓展思路。

讨论：树枝还有可能会去哪里玩？发生什么事情？如果让你跟树枝一起去玩，你想到哪儿去旅行？

5. 尝试绘画树枝旅行的经历，并乐意用故事性的语言向他人介绍自己的作品。

活动建议

- 活动形式：小组活动。

枝丫大比拼（科学）

目标指向

- 掌握一端对齐的办法比较长短，能给 3 件同类物体比较长短。
- 愿意尝试描述比较结果，感知长短的相对性。

活动准备

- 搜集长短不同的树枝。

指导要点

1. 观察树枝。

讨论：这些树枝一样吗？有什么不一样？哪根是最长的？哪根最短呢？

2. 幼儿第一次自主尝试比较树枝的长短，并分享经验。

小结：要把两根支树枝靠在一起，下端对齐才能比较。

3. 幼儿第二次探索：比较三根树枝的长短。

小结：三根树枝比较时，仍然要把树枝靠在一起，下端对齐。物体的长短是相对的，比较的物体不同，长短也不相同。

4. 观察排队标记，尝试按长短排序。

（1）讨论：这是什么标记？这个标记是什么意思？想想哪支树枝排应该排在最前面，哪支排在最后面？

（2）幼儿自由探索。

5. 活动延伸：高矮排排队。回家尝试和爸爸妈妈一起，按照高低排排队。

活动建议

- 活动形式：小组活动。
- 活动前讨论：什么样的树枝适合比较长短？

奇幻森林（美术）

目标指向

- 感受自然物的美，愿意用身边的自然材料进行美术创意活动。
- 能够用拼摆、粘贴的方式进行树枝创意造型。

活动准备

● 树枝、超轻黏土、彩色毛根、水粉颜料、排笔、油画棒、彩纸、橡皮泥、剪刀、双面胶、透明胶。

● 轻音乐。

指导要点

1. 观察发现树枝外形与特点：这些树枝像什么？

2. 小结：这些树枝有粗有细，有长有短。有的像小人，有的像昆虫，形态各异。

3. 讨论：树枝可以怎么变化？进行哪些创意？

4. 欣赏作品《树枝大变身》，大胆想象。

5. 小结：原来树枝通过改变造型、拼贴、增加辅助材料以后，可以变成这么多具有创意的艺术品，我们也一起合作动手制作吧！

6. 播放轻音乐，幼儿分组自由创作树枝大变身艺术作品。

7. 作品欣赏与评价：你最喜欢哪个树枝变身的创意？为什么？

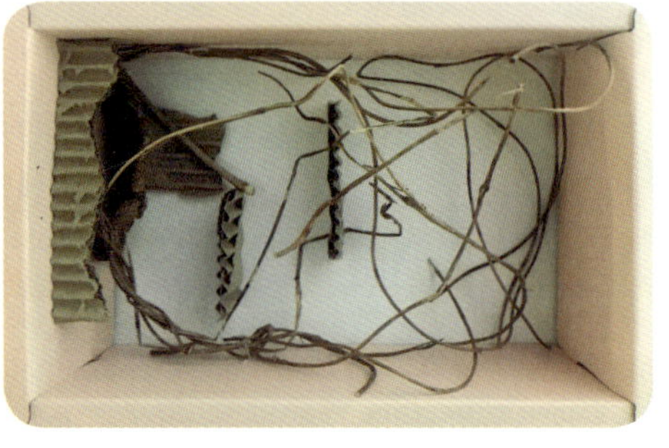

活动建议

● 活动形式：小组活动。

● 评价环节中，可以围绕树枝创意作品展开想象，讲述故事。

线索三：秋天里的树朋友

秋天的白桦林（美术）

目标指向

● 在观察、交流和比较的基础上，能用丰富的语言表达自己对秋天的白桦林的感觉。

● 尝试运用不同材料进行创作，感受不同的绘画方法。

● 乐意参加美术活动，体验集体创作的乐趣。

活动准备

● 幼儿认识白桦林，有画单棵树的经验。

● 白桦林课件、背景音乐。

● 硬纸板片、报纸、海绵、手揉纸（红、黄、橘、土黄）、画笔若干、颜料（白、土黄、褐、黑）。

指导要点

1. 讨论：白桦林是什么样子的？

2. 欣赏秋天的白桦林，说一说秋天的白桦林有什么不一样？

重点关注树干、树纹的特征。

3. 欣赏秋天白桦林的作品，讨论白桦林的表现方法。

提示重点：注意白桦树的纹理走向。

4. 幼儿分组随乐创作《秋天的白桦林》，教师巡回观察。

用硬板纸片在“树干”上刮画，报纸撕贴树干，海绵、报纸印画树干，画笔直接绘画，手揉纸揉搓树叶装饰背景。

5. 展示幼儿作品，相互欣赏和交流。

师幼共同布置立体空间白桦林，最后将收集的小落叶撒在林中地面上，共同欣赏，体验成功。

活动建议

● 活动形式：小组活动、集体创作形式。

● 每组材料按活动所需分次逐步提供。提醒幼儿操作时材料有序取放。

中班：虫虫日记

【资源分析】

秋天的幼儿园，热闹的小树林里“藏”着许多昆虫小伙伴。“这是什么虫子，它会飞吗？”“七星瓢虫是益虫还是害虫？”“小蚂蚁爬来爬去在干什么？”孩子们对秋天的昆虫充满了兴趣。这些丰富的昆虫资源，也为孩子们打开了探索自然奥秘、与虫虫亲密接触的大门。

在这一主题，孩子们将通过“虫虫俱乐部”“注意！蚂蚁出没”以及“你好！七星瓢虫”三周的活动，尝试运用多种感官，探究、发现各种昆虫的特征，感受昆虫与自然和人们的关系，了解、关注生活中的自然，认识身边的小动物，萌发热爱大自然的情感。

【目标设计】

1. 喜欢亲近秋天的昆虫，认识蚂蚁七星瓢虫、蚱蜢等常见的秋虫，了解其外形特征、生活习性及与人们的关系。

2. 喜欢阅读昆虫类图书，能与同伴交流自己发现的昆虫秘密。尝试用动作、语言表现秋虫的特征。

3. 愿意与同伴一起捕捉昆虫，积极参与饲养、照料昆虫活动，分享昆虫的食物、巢穴等信息，体验发现的乐趣，增进关爱小生命的情感。

4. 通过创意造型、线描画、演唱、打击乐等多种形式表现自己喜欢的生动有趣的秋虫，能借助图谱学念节奏并尝试用乐器打击节奏体验表征表现的乐趣。

5. 掌握手脚着地钻爬的动作要领。能灵敏、协调地钻和手脚着地屈膝爬。能较熟练地掌握侧滚翻的动作，在活动中提高腰腹肌力量及身体动作协调能力。

【内容建议】

活动线索	活动名称	侧重领域	实施要点
虫虫俱乐部	虫虫分享会	社会	欣赏法布尔《昆虫记》的故事视频，了解大自然里多种多样的昆虫，能用连贯清晰的语言分享自己寻找虫虫时的趣事。
	虫虫在哪里	科学	走进花园寻找昆虫，通过观察身体外形特征分辨昆虫，并能作简单的记录。
	★虫虫运动会	语言	欣赏《虫虫运动大会》故事，知道故事中几种昆虫的特殊能力，愿意大胆表达自己的猜测。
	虫虫历险记	健康（体育）	模仿昆虫手膝着地爬的动作完成闯关游戏，动作协调。
	★虫儿飞	艺术（音乐）	欣赏音乐《虫儿飞》，了解歌词含义，有感情地演唱。
注意！蚂蚁出没	★蚂蚁和西瓜	语言	欣赏同名绘本，学会观察画面，通过讨论的方式分段理解故事内容，能用连贯清晰的语言大胆讲述自己的想法。
	寻蚁记	科学	幼儿分组寻找蚂蚁，观察了解蚂蚁的生活习性。结合影像资料，交流寻找蚂蚁的经验并小结。
	★小身体，大力量	社会	观看视频，了解蚂蚁合作搬运的场景，同时结合“蚂蚁运果果”的游戏体验，感受团结合作力量大的道理。
	蚂蚁搬家	健康（体育）	在“蚂蚁搬家”的游戏情境中，模仿蚂蚁手脚并用向前爬的动作，搬运材料，发展身体的灵活性和协调性。
	★蚂蚁王国	艺术（美术）	欣赏蚁穴图片，想象蚂蚁在蚁穴中活动、生活的有趣场景，尝试使用不同的材料进行辅助作画，分组创意有趣漂亮的蚂蚁王国。
你好！七星瓢虫	★瓢虫的日记	语言	通过阅读同名故事了解瓢虫的生长过程及家族成员，知道日记的含义和作用，能用幽默的语言连贯描述瓢虫的成长日记。
	寻找七星瓢虫	科学（数学）	在“除害虫”的情境中，观察和比较七星瓢虫与其他瓢虫之间的相同与不同。能够用先目测一部分，然后数完全部的方式，进行 7 以内的数数，准确地在图中找出所有的七星瓢虫。

续表

活动线索	活动名称	侧重领域	实施要点
你好！七星瓢虫	★翻滚吧，虫虫	健康（体育）	在“虫虫运球”的游戏情境中，幼儿两人一组用手或腿夹住球一起向前滚，练习侧滚翻，锻炼腰腹肌力量，提高身体运动的协调性。
	探秘瓢虫	社会	通过观看视频，了解瓢虫的成长过程，知道根据瓢虫身上的圆点数量不同，可以区分谁是益虫，谁是害虫。结合瓢虫遇到危险时的做法，探寻自我保护的方法。
	★秋虫	艺术（美术）	观察瓢虫的外形特征，尝试运用多种材料相结合制作创意秋虫，并自主创设情景“秋虫之家”，感受合作游戏的快乐。

线索一：虫虫俱乐部

虫虫运动会（语言）

目标指向

- 知道故事中几种昆虫的特殊能力。
- 大胆表达自己的观点和推测。
- 欣赏和肯定自己的长处，增强自信心。

活动准备

- 认识故事里的几种昆虫（如磕头虫、蚱蜢、跳蚤、蜣螂、蝴蝶、蜜蜂等），了解其特点。
- 昆虫图片、视频。

指导要点

1. 讨论：你参加过运动会吗？都有些什么项目？

2. 欣赏图片，介绍参加昆虫运动会的运动员。

讨论：昆虫们也想开展运动会，运动员有谁？它们会参加什么项目呢？为什么？

3. 观看《虫虫运动会》视频。

讨论：蜣螂为什么烦恼？为了不参加比赛，它是怎么做的？妈妈知道后对它说了什么？结果发生了什么事？

4. 小结：每一种昆虫都有自己的特殊能力，我们每个人也都有自己的长处和优点，只要认真对待，尽力去完成，就一定有收获的。

5. 活动延伸：如果我们幼儿园举办运动会，你最想参加什么活动？

活动建议

- 活动形式：集体活动。
- 建议图书架增加昆虫类图书。

虫儿飞（音乐）

目标指向

- 乐于学习歌谣，感受歌曲优美，轻柔的旋律。
- 能够在理解歌曲内容的基础上有感情地唱歌。

活动准备

- 图卡、音乐《虫儿飞》。

指导要点

1. 欣赏音乐：有一个可爱的小动物藏在歌曲里，你们听一听，把它找出来吧？

2. 播放音乐《虫儿飞》。

讨论：这个可爱的小动物是谁？它做了什么事？

教师：听了这首歌你有什么样的感受？

3. 欣赏图片，尝试说出图片对应的歌词。

4. 总结：天黑了，虫儿来陪玫瑰了，它们两个相伴，再也不孤独了。

5. 播放歌曲，完整学唱。

6. 幼儿跟着歌曲边唱边舞。

活动建议

- 活动形式：集体活动。
- 建议美工区根据歌曲场景，提供相关材料进行创意。

线索二：注意！蚂蚁出没

蚂蚁和西瓜（语言）

目标指向

- 喜欢阅读绘本，了解画面的内容，享受阅读的快乐。
- 会观察，乐思考，能用连贯清晰的语言大胆讲述自己的想法。

活动准备

- 利用平时散步时间带孩子们寻找蚂蚁、观察蚂蚁。
- 绘本课件《蚂蚁和西瓜》。

指导要点

1. 聊一聊：在动物王国，你觉得谁的力气最大？

2. 欣赏蚂蚁图片：蚂蚁小小的身体，细胳膊细腿却能搬动比自己重几百倍的东西，即便是这样它们也会遇到难题，今天，蚂蚁王国就发生了一件大事。

3. 阅读绘本《蚂蚁和西瓜》，观察画面内容并讨论：蚂蚁在干什么？为什么？你是怎么知道的？

重点观察蚂蚁的动作，猜蚂蚁的想法。

4. 学一学、做一做蚂蚁在搬西瓜过程中滑稽可爱的动作，理解团结力量大的道理。

5. 讨论：如果你是小蚂蚁，在炎热的夏天发现这么大个西瓜，会怎样做？

活动建议

- 活动形式：集体活动。
- 建议区域游戏时幼儿绘编《蚂蚁和西瓜》新传或续集。

小身体，大力量（社会）

目标指向

- 乐意分享蚂蚁搬东西的调查结果，萌发合作意识。
- 游戏中尝试与同伴共同解决问题，体验合作的力量和快乐。

活动准备

- 事先进行蚂蚁大调查，重点观察蚂蚁搬东西。

● 皮球、纸板、箩筐。

● 蚂蚁搬东西的视频，轻音乐。

指导要点

1. 聊一聊：进行了蚂蚁大调查之后，现在你知道蚂蚁是怎么搬东西了吗？

2. 观看视频，了解蚂蚁在搬动大东西或者遇到沟、坡、障碍物时是怎么做的。

鼓励幼儿边说边做动作：有的推、有的举、有的抬、有的顶、有的背、有的抱、有的倒挂等。

3. 通过看和说，知道蚂蚁虽然身体很小，但他们能一起合作搬动比他们身体大很多的东西，遇到问题也会一起想办法，知道团结合作力量大的道理。

4. 通过游戏“蚂蚁运果果”体验合作的快乐和力量：幼儿三人一组，分两队，从起点用一块纸板运三个皮球至终点筐内。

5. 分享游戏照片，体验不同合作方式带来的快乐。

活动建议

● 活动形式：集体活动、小组游戏等。

● 阅读区投放绘本《蚂蚁搬西瓜》，让幼儿继续了解蚂蚁的生活和习性。

● 自然角增加蚂蚁观察箱，供幼儿细致观察蚂蚁的生活。

蚂蚁王国（美术）

目标指向

● 分组合作，创意作画，描绘有趣漂亮的蚂蚁王国。

● 愿意尝试使用不同的材料进行辅助作画。

活动准备

● 对蚂蚁的身体特征、种类、分工以及生活习性有所了解。

● 蚂蚁及蚂蚁巢穴图片。

● 彩色纸、铅画纸、黏土、勾线笔、固体胶。

指导要点

1. 讨论：早晨，在花园里，我看到几只蚂蚁抬着一只小虫子赶路，你们知道它们往哪里去吗？

2. 欣赏图片，感受蚂蚁家园的壮观。

结合生活经验，展开想象：蚂蚁家园里有什么？这些洞洞像什么？通道又像什么？想想这些蚂蚁可能在做什么事情？

3. 认识作画材料，讨论：如何运用这些材料画出有趣又漂亮的蚂蚁王国。

4. 幼儿分组，选择材料和工具，分工合作，大胆作画。

5. 欣赏展示作品，每组选一名代表进行讲述。

活动建议

- 活动形式：小组活动。
- 建议将幼儿作品贴在教室低处墙壁上，供幼儿随时添画。

线索三：你好！七星瓢虫

瓢虫的日记（语言）

目标指向

- 通过阅读故事了解瓢虫的生长过程及家族成员。
- 喜欢阅读，能用幽默的语言连贯地描述瓢虫的成长日记。

活动准备

- 绘本《瓢虫的日记》。
- 多媒体课件、视频。

指导要点

1. 猜谜：身体圆圆像面包，头上一对小触角，身上背着七颗星，会飞会爬真灵巧。

2. 聊一聊：你知道瓢虫小时候是什么样子的吗？它们吃什么？瓢虫长得都一

样吗？

3. 播放课件，了解瓢虫每天都记录了些什么。讲述瓢虫的身体变化，说说瓢虫家族都有谁？它们分别吃什么？瓢虫有什么烦恼？能实现吗？

4. 完整观看视频，感受瓢虫日记描述的趣味性。

5. 小组讨论：你想变成别人吗？为什么？你有什么好方法可以让自己变得更强大？

活动建议

- 活动形式：集体活动。
- 建议图书角增设瓢虫类图书、图片等资料，供幼儿自由选阅。

翻滚吧，虫虫（健康）

目标指向

- 练习侧滚翻，锻炼腰腹肌力量，提高身体运动的协调性。
- 培养合作能力，体验垫子上的运动乐趣。

活动准备

- 垫子、皮球。
- 轻音乐。

指导要点

1. 热身运动：绕垫跑，垫子上拉伸。

2. 探索侧身滚：小虫虫伸直腿，手臂用力向上伸，腹部用力向前滚。

幼儿依次鱼贯练习，探索腹部用力的方法。

3. 尝试两人一起滚动。说说遇到一些什么问题？怎样解决？

4. 游戏“虫虫运球”：幼儿分两队，每队两人一组，一起用手或腿夹住球一起向侧边滚，下垫后跑回起点，将球交予下一组，继续。

5. 音乐声中学虫儿飞，放松。

活动建议

- 活动形式：小组活动。
- 建议晨间活动时可安排侧身滚活动，锻炼幼儿腹部力量。

秋虫（美术）

目标指向

● 能够自主选取适当材料大胆表现出瓢虫的主要特征。

● 能够和同伴一起合作完成布置秋虫温暖舒适的家。

活动准备

● 保丽龙球、毛根、彩色小棒、颜料、毛笔、勾线笔、彩色皱纹纸、铅画纸等。

● 具备瓢虫的相关知识。

指导要点

1. 讨论：秋天，天气越来越冷，小瓢虫们很着急，它们着急什么呢？我们一起来给瓢虫们建造一个温暖舒适的家吧。

2. 认识、探索各种材料。

讨论：怎样运用这些材料快速给瓢虫造家？

3. 幼儿分组行动，大胆实施自己的创意。

4. 展示环节：请幼儿讲讲为什么这样做？效果怎样？

5. 幼儿自主陈列、创设情境“秋虫宝宝的家”。

活动建议

● 活动形式：小组活动。

● 建议将作品摆置到活动室的空余地方供幼儿随时丰富情节。

大班：嗨，丰收啦

【资源分析】

金黄的蜜橘、飘香的板栗、饱满的南瓜……瓜果飘香谷满仓，这是秋天里最美的画卷。对于大班孩子们来说，丰收不仅关乎春种秋收、春华秋实的时节规律，更关乎人与自然相互依存、和谐相处的情感关系。感受和理解“丰收”，能让他们对秋天这个收获的季节形成更全面的认识。

在这个主题里，孩子们将做大自然的宝贝，自主照顾班级自然角的农作物，观察农作物的生长过程，感受秋收冬藏的耕种规律。同时，深入探寻栗子、南瓜、蜜橘的秘密，了解植物一系列的生长变化，利用自然的材料，如果壳、水果等开展美工活动，在操作中发现自然物的美，体验创造的快乐。

【目标设计】

1. 知道秋天是一个丰收的季节，了解秋天成熟的果实、蔬菜、农作物的名称、外形特征及生长过程，体会人与自然、人与人之间的和谐关系。

2. 运用语言、歌唱、绘画等形式表达自己对秋季丰收景象的认识，从中发现大自然的美好。

3. 能主动参与力所能及的劳动和收获活动，知道劳作的辛苦，了解食物的来之不易，学会珍惜粮食，养成不挑食的好习惯。

4. 能够运用观察、比较、分类的办法开展探究活动，提升发现与解决问题的能力。

5. 感知并适应秋天的气候变化，及时增减衣物，积极参加户外体育锻炼，提高自身素质。愿意参加户外游玩活动，能单手将沙包向前投掷 5 米左右。

6. 艺术活动中能与他人相互配合，运用多种工具、材料或不同的表现手法表达对秋收的感受和想象，画面安排疏密有致。

【内容建议】

活动线索	活动名称	侧重领域	实施要点
“橘”意正浓	一个橘子有话说	语言	观察橘子内外部的特征，同时结合视频，了解橘皮的作用，用完整、连贯的语言总结自己的发现，并在集体面前大胆表述。
	★橘子	社会	欣赏故事《橘子》，理解故事内容，知道分享可以给大家带来更多的快乐。分组讨论“一个大橘子的分配计划”，进一步获得分享的方法。
	摘橘子比赛	健康（体育）	在“摘橘子”的游戏场景中，学会原地纵跳“摘橘子”，发展幼儿向上跳跃的能力。
	★是橘子吗	科学	幼儿在睁眼、闭眼两种不同的情境下，运用多种感官从颜色、形状、口感、触感、外观、打开方式等多个角度分辨橘子和橙子。
	★橘皮畅想曲	艺术（美术）	观察手中剥出来的橘子皮，展开借形想象，通过线描添画的手法展开橘皮畅想。
举个“栗”子	栗子味的秋天	语言	分享“栗子调查表”，了解栗子的形态特征、生长习性以及食用方法，能够以交流、讨论的形式，完整、大胆地表述自己的发现。
	打板栗	健康（体育）	在“打板栗”“去栗壳”的游戏的情境中，探索并掌握抛接球、拍接球的方法。
	★香香的板栗	社会	观察板栗美食的图片并结合已有的生活经验，了解板栗的各种制作办法和流程，在家长助教的带领下合作制作一种板栗美食，感受合作制作美食的成就感，体验劳动的辛苦与快乐。
	★毛栗子怎么开	科学	在多次尝试中，总结开板栗的各种方法，并能够用简单的图示记录；尝试使用开口器开板栗，体会工具带来的便利。
	★秋天的栗子树	艺术（美术）	观察图片，了解栗子树的主要特征，使用纸板、各种形状的海绵、牙签、颜料等多种材料合作创意栗子树。
这个瓜有点“南”	可爱的南瓜	语言	幼儿自由分组，结合视频资料，通过尝尝、看看、摸摸、切切等方式，了解南瓜的外部特征与内部结构，感知南瓜品种的丰富性，能够用完整、清晰的语言来大胆表达对南瓜的发现。

续表

活动线索	活动名称	侧重领域	实施要点
这个瓜有点“南”	奇形怪状的南瓜	科学	结合视频资料，通过观察、比较、记录、交流总结的形式，知道南瓜有南瓜叶、南瓜瓤、南瓜藤和南瓜子四个组成部分，了解每一个部分的特征及食用价值。
	★南瓜搬运工	健康	在“运南瓜”的游戏情境中，幼儿两人一组合作运瓜。学习双人合作侧步走，并利用辅助物品运球，发展动作的协调性、灵活性。
	★爱惜粮食	社会	通过观看视频资料，认识袁隆平爷爷，知道他提升了粮食产量，是“杂交水稻之父”，同时了解粮食的生长过程，感受农民伯伯劳动的辛苦，知道粮食来之不易。
	★把南瓜藏起来	艺术（美术）	在“老鼠偷南瓜”的情境中，幼儿尝试选择相近的颜色和装饰物，用自己喜欢的方式将南瓜“藏”起来，感受材料堆叠的层次美。

线索一：“橘”意正浓

橘子（社会）

目标指向

- 理解故事内容，懂得分享可以给大家带来更多的快乐。
- 养成与他人分享合作的社会品质及关心他人的情感。

活动准备

- 幼儿在家有与家人或同伴分享的经验。
- 纸、笔。
- 绘本《橘子》。

指导要点

1. 欣赏故事《橘子》，理解故事内容，知道分享可以给大家带来更多的快乐。

讨论：故事里都有谁？讲了一件什么事情？老奶奶为什么要变一个大大的橘子？为什么最后大家都感觉很快乐？

2. 迁移已有经验，分组讨论“一个大橘子的分配计划”，进一步获得分享的方法。

讨论：如果有一个大橘子，你会按照什么规则分？这样分有什么好处？

3. 讨论：日常生活中还有哪些时候需要我们分享？你愿意分享吗？分享的时候会有什么感觉？

4. 小结：生活中有很多需要我们分享的东西。分享东西不仅仅是给别人带来快乐，更能给自己带来快乐。

活动建议

- 活动形式：小组活动。
- 可以在区域里投放一些小朋友从家里带来的玩具，感受分享玩具的乐趣。

是橘子吗（科学）

目标指向

- 能够用对比、记录的方式探索橘子和橙子的不同。
- 通过操作体验，对科学探究活动感兴趣。

活动准备

- 橘子和橙子若干。
- 记录表、记号笔。

指导要点

1. 游戏：猜猜我是谁？

幼儿闭眼，通过摸、闻、尝等多种感官体验，猜一猜哪个是橘子，哪个是橙子，并清楚地表达出原因。

2. 睁开眼睛，分组探索，从多种感官再次分辨橘子和橙子。

（1）讨论：橘子和橙子哪些地方相同？哪些地方不同？切开来之后又有什么相同与不同之处？

（2）将自己的发现用记录表的形式记录下来。

3. 幼儿代表分享各组研究结果。

4. 师幼共同从颜色、形状、口感、触感、外观、打开方式等多个角度小结橘子与橙子的相同和不同之处。

5. 游戏：是橘子呀。

每组一名代表参与游戏，以最快的速度将“橘子”从水果堆中找出并放入箩筐。正确率最高且用时短者胜。组内积分最高的小组获胜。

活动建议

- 活动形式：小组活动。
- 挑选特征比较明显的橘子和橙子。

橘皮畅想曲（美术）

目标指向

- 能够根据橘子皮的独特形状展开想象，运用适合的材料与表现手法进行橘子皮创意。
- 知道美术展的基本陈列规则，能够按照作品的材料、手法不同，进行错落有致的摆放。
- 体验想象创意、合作布展的快乐。

活动准备

- 橘子。
- 剪刀、彩纸、记号笔、炫彩棒、素描纸等。

指导要点

1. 观察手中剥出来的橘子皮。

讨论：我剥的橘子皮像什么？

2. 幼儿自主创意，使用多种材料、采用不同的表现手法开展“橘子皮的创想”。

（1）幼儿分组讨论：橘子皮可以进行哪些创意活动？需要哪些材料呢？

（2）根据讨论结果，幼儿以小组形式展开想象，大胆创作。

3. 展览：橘皮畅想曲。

（1）幼儿观看各类画展的影像资料，并讨论：橘子皮作品的陈列需要注意什么呢？

（2）小结：作品可以根据所选材料的不同，分类进行张贴或摆放，摆放时注意高低、前后，错落有致。摆放张贴的位置要适合参观者观看。

4. 向伙伴介绍自己的作品，邀请其他班级的小朋友参观展览。

活动建议

- 活动形式：小组活动、餐后活动。
- 建议在活动中鼓励孩子大胆选取教室里的各种材料进行创作。

线索二：举个“栗”子

香香的板栗（社会）

目标指向

- 了解板栗的各种制作办法和流程，掌握一种烹饪板栗的方法。
- 感受合作制作美食的成就感，体验劳动的辛苦与快乐。

活动准备

- 板栗一大盆、切板、刀、煮锅、漏勺、大米、空气炸锅等。
- 家长助教 3 名。

指导要点

1. 观察板栗图片。

讨论：板栗是什么味道的？生活中你吃过什么样的板栗？是怎样做的？

2. 观察板栗的三种烹饪图片：烤板栗、煮板栗、红烧板栗，幼儿根据自己喜欢的烹饪方法自由分组。

3. 小组合作烹饪板栗美食。

（1）家长助教介绍板栗的烹饪方法，提醒幼儿注意烹饪工具的使用安全。

（2）幼儿清洗板栗，并配合家长助教做力所能及的烹饪工作。

（3）美食装盘并摆放餐具。

4. 每组的幼儿代表介绍自己组里制作的板栗美食，并分享简单的制作流程。

5. 板栗品尝会：幼儿轮流品尝不同的板栗美食，并说说自己觉得最好吃的是哪一种。

提示：栗子虽然很好吃，也很有营养，但吃生栗子不容易消化，吃熟栗子容易胀肚子，所以都不能多吃。

6. 延伸，感受劳动的快乐，讨论：买的板栗好吃还是自己做的好吃？为什么呢？

活动建议

- 活动形式：小组活动、家园合作。
- 注意幼儿在切煮时的安全问题。

毛栗子怎么开（科学）

目标指向

- 探索打开栗子的不同办法，并能用简单的标记记录结果。
- 学会开口器的使用办法，能够成功用开口器剥开栗子。

活动准备

- 栗子图片、若干栗子、开口器、餐盘、小筐、笔、记录表等。

指导要点

1. 观察栗子图片。

讨论：你喜欢吃吗？要怎么打开它？

2. 第一次尝试：幼儿用自己的方法进行开栗子，并将方法记录下来。

3. 分享自己的操作经验：你是用什么方法打开板栗的？用到了哪些工具？这些工具是怎么用的？你觉得什么方法打开板栗最快？

4. 第二次尝试“开板栗比赛”：幼儿选择最快的方式打开板栗，在 2 分钟时间内打开最多板栗的幼儿获胜。获胜的幼儿分享自己打开板栗的办法与工具。

5. 板栗品尝会：幼儿品尝自己打开的板栗，收拾活动材料。

活动建议

- 活动形式：区域游戏、小组活动。
- 在科学区投放“开板栗”的各种工具、材料、记录表，巩固幼儿的活动经验。

秋天的栗子树（美术）

目标指向

● 观察、了解栗子树的主要特征，能运用多种工具、材料表现事物特征。

● 愿意与同伴合作，体验共同创意的乐趣。

活动准备

● 栗子林照片、纸板、各种形状的海绵、牙签、颜料、大底纸等。

指导要点

1. 观察栗子树林的照片。

讨论：栗子树是什么样的？叶子有什么特点？栗子长在树上的什么位置？树上的栗子是什么颜色的？有什么特点？

2. 幼儿操作，创意作品《秋天的栗子树》。

（1）幼儿自由分组，根据提供的材料讨论栗子树的表现方式：树干准备用什么材料来表现？栗子的表现方式能否有所不同？作画的色彩用什么？

（2）幼儿自主选择材料进行创作

操作方法：幼儿小组合作创作栗子树。硬板纸刮一刮，刮出树干和树枝；形状海绵沾沾点点，印出树叶和栗子；小小牙签刮一刮，刮出小小尖尖刺。

3. 展示评价：一起装饰背景，呈现作品。

活动建议

● 活动形式：小组活动、区域活动。

● 创作作品时选用色彩比较强烈的颜色来搭配秋天。

线索三：这个瓜有点“南”

南瓜搬运工（体育）

目标指向

- 学习双人合作侧步走，并利用辅助物品运球，发展动作的协调性、灵活性。
- 与同伴共同完成运球任务，感受成功带来的快乐。

活动准备

- 皮球若干，木棒、纸板各 11 份，皮筋若干。
- 对皮球的性质比较了解，会拍球。
- 音乐。

指导要点

1. 热身运动：拍球秀。

拍球进场，做一些拍球、接球的动作。

2. 游戏：看谁走得快。

两人面对面拉手侧步，从起点走向终点。要求小手不能松开，速度快的一组获得胜利。

讨论：说说用不同方法走有什么不一样？怎么走才能又快又好？

3. 游戏：运南瓜。

南瓜地里的南瓜成熟了，我们要帮农民们运回仓库。要求两人合作共同运瓜。幼儿自选材料练习，运瓜过程中，如皮球掉地就算坏南瓜，要放在场地边上，重新开始。运到的幼儿手上套一根皮筋，相同时间内皮筋多者获胜。

（1）讨论：我们有木棒、纸板，两人要怎么样合作运瓜？

（2）幼儿自主合作游戏，在调整步伐节奏、方向及口令的过程中，寻找两人协调走的好方法。

4. 放松活动：听音乐放松四肢，收拾场地，结束活动。

活动建议

- 活动形式：小组活动。
- 材料的提供还可以更具多样性，比如纱巾、报纸等，激发幼儿更多的可能。

爱惜粮食（社会）

目标指向

● 了解粮食的生长过程，感受农民伯伯劳动的辛苦，知道粮食来之不易。

● 认识袁隆平爷爷，知道他提升了粮食产量，是“杂交水稻之父”。

● 树立爱惜粮食、节约粮食的意识。

活动准备

● 南瓜、米饭等粮食图片，袁隆平照片。

● 《我不浪费粮食》动画视频，种水稻图片，珍惜粮食图片。

指导要点

1. 观察南瓜图片。

讨论：这是什么？南瓜作为粮食的一种，可以填饱我们的肚子。你还知道哪些粮食？

2. 认识袁隆平爷爷，了解袁隆平爷爷为粮食增收作出的贡献。

讨论：这是谁？为了让人们都能够吃上、吃饱米饭，他都做了哪些事情呢？

小结：袁隆平爷爷研究出了“杂交水稻”，让水稻结出了很多籽粒，让人们都能够吃上、吃饱米饭。

3. 播放动画视频《我不浪费粮食》、种水稻图片，了解大米的来之不易，萌发爱惜粮食的情感。

讨论：种植水稻要做哪些事情呢？水稻成熟后是怎么变成大米的呢？看看图片上农民们正在做什么？他们是怎么插秧、打农药、收麦子的呢？

小结：水稻从种植到收割再到变成白花花的大米，农民们要花上一百多天进行辛苦劳动。大米来之不易，每一粒都是农民们用辛勤的汗水换来的，我们要爱惜粮食。

4. 了解珍惜粮食的方法，增强孩子们珍惜粮食的意识。

（1）2021 年 5 月 22 日，袁隆平爷爷永远地离开了我们。

讨论：我们要怎样珍惜他带给我们的幸福生活呢？

（2）出示浪费粮食的图片。

讨论：这些行为对不对？你会怎么做？

活动建议

● 活动形式：集体活动。

● 用餐环节巩固爱惜粮食的意识，鼓励幼儿不随意倒饭菜，珍惜食物。

把南瓜藏起来（美术）

目标指向

● 学习用沙和纸制作肌理效果，感受材料堆叠的层次美。

● 能选择相近的颜色和装饰物，把“南瓜”藏进画里，制造隐藏的画面感。

活动准备

● 白乳胶、纸巾、丝网、石英石沙、丙烯颜料、画笔、黏土、装饰亮片、珠子、南瓜画作等。

指导要点

1. 话题引入：一群老鼠想要偷“南瓜”，农夫想了一个好办法，把南瓜藏了起来，它们在哪呢？

2. 欣赏大师作品：找一找南瓜在哪？（原来是把它们藏进了沙里、纸里、网兜里。）

3. 认识、探索材料：沙、纸、白胶。

操作步骤：

（1）将作品贴在底板上。

（2）选择自己喜欢的方式“藏”南瓜。

（3）用颜料或黏土、装饰物掩盖环境（背景）。

4. 幼儿操作，观察思考。

（1）需要盖住整个“南瓜”吗？

一层一层往上盖，都要露出一点。

（2）南瓜“藏”在哪？

互相找找被藏起来的南瓜，感受材料堆叠的肌理感和层次美。

活动建议

● 活动形式：小组活动、区域活动等。

● 建议在活动中鼓励孩子大胆选取教室里的各种材料进行创作。

"创意周"活动

帐篷露营：野在园里

活动线索	活动名称	侧重领域	实施要点
野在园里	露营装备大分享	科学	分组讨论、记录“露营物品清单”，尝试根据清单整理物品，探索将物品整齐收纳的方法。
	秋·绘	艺术（美术）	以小组为单位，自由选择材料及装饰手法进行帐篷彩绘，感受集体进行露营准备的快乐。
	一起野吧	语言	结合生活经验，分享野餐经历，了解野餐准备的各项流程，合作制订野餐计划，寻找确定场地，绘制设计图和方案。
	帐篷 DIY	艺术（美术）	讨论、探索用自然物装饰帐篷的办法，积极收集所需的自然物，绘制设置图稿并装饰。
	“野”在园里	综合	“小摊主”三人自由组合，寻找园内合适的地方搭建、装饰帐篷，创设有趣的帐篷游戏，邀请小游客参加，小游客在游戏结束后投票选出“最受欢迎的帐篷”。

露营装备大分享（科学）

目标指向

● 知道露营需要准备的物品清单，尝试根据清单整理物品。

● 合理利用旅行箱的空间，提高自我服务能力。

● 鼓励幼儿积极参与游戏，体验游戏的快乐。

活动准备

● 旅行箱、露营必备物品、塑料袋、盒子、露营的照片等。

● 幼儿有和父母一起露营的经验，活动前事先了解露营所需要的基本材料。

指导要点

1. 分享露营照片。

讨论：你们和谁去过露营？露营一般在什么季节？会选择去哪些地方露营？

2. 分组讨论，表征记录“露营物品清单”。

讨论：露营需要准备些什么？

3. 介绍本组的“露营物品清单”。

4. 结合各组的清单，总结露营要准备的必需品。

5. 根据清单准备露营物品，探索有效整理物品的方法。

要求：用最快的速度把露营的物品都放进旅行箱；物品摆放整齐、卫生、取用方便。

6. 体验活动：去露营吧！

活动建议

● 活动形式：小组活动。

秋·绘（美术）

目标指向

● 运用色彩、线条、形状等元素大胆地进行帐篷彩绘。

● 感受秋天集体进行露营准备的快乐，期待和小伙伴的露营游戏。

活动准备

● 帐篷、颜料盒、各类自然物、麻绳、反穿衣、画笔、毛巾。

指导要点

1. 猜谜：撑在地上，遮风挡雨，以它为家，还能露营。（帐篷）
2. 欣赏各种有代表性的帐篷，重点观察手绘帐篷的形状、颜色、图案等。
3. 分组讨论：想用哪些材料装饰帐篷？怎么装饰？
4. 以小组为单位，根据讨论结果自由选择材料装饰帐篷。
5. 欣赏各组的帐篷，互相说说：你最喜欢哪一项，为什么？
6. 收归创作材料。

活动建议

● 活动形式：小组活动。

● 建议在户外选择较为宽敞的场地开展活动。

一起野吧（语言）

目标指向

● 了解野餐准备的各项流程，能够合作制订野餐计划。

● 愿意亲近自然，热爱与自然互动。

活动准备

● 户外野餐场景图片若干。

● 记号笔、纸等。

指导要点

1. 观看野餐的图片，说一说：图片中的野餐布置在什么地方？布置野餐需要些什么东西？

2. 结合生活经验，分享野餐经历。

3. 结合“野在园里”的创意周主题，展开讨论：幼儿园哪里适合野餐？怎么布置？有哪些游戏？

4. 自由分组，自主探讨野餐计划，寻找确定场地，绘制设计图和方案。

5. 分享自己的具体实施方案。

活动建议

● 活动形式：小组活动、游戏活动。

帐篷 DIY（美术）

目标指向

● 熟悉自然材料的特性，能按计划分类搜寻自然材料。

● 尝试积极探索和操作，体验手工制作中的创意乐趣。

活动准备

● 自然物装饰的帐篷图片、整理箱、帐篷场景、音乐。

指导要点

1. 围绕“野在园里”的活动计划，展开讨论：帐篷是什么样的？还能怎么装饰帐篷。

2. 欣赏自然物装饰的帐篷图片，说说用自然物装饰帐篷的办法。

小结：可以用串连、拼贴、草木染等多种方式将自然物与帐篷进行结合。

3. 自由分组，制订各组装饰分案。

讨论：用什么方式装饰帐篷？需要哪些自然物和工具？

4. 根据方案，寻找收集所需的自然物材料，并绘制设计图稿。

5. 分组装饰自己喜欢的帐篷。

6. 展示与评价：你最喜欢哪一顶帐篷？它是如何装饰的？用了哪些自然物？

活动建议

- 活动形式：小组活动。
- 制作中提醒幼儿注意工具和材料的使用安全。

“野”在园里（综合）

目标指向

- 能够选择合适的地方和同伴一起搭建帐篷、装饰帐篷。
- 和同伴快乐游戏，享受分享带来的快乐。

活动准备

- 事先了解一些关于帐篷的知识，和家长一起探索小帐篷的大作用；事先讨论帐篷里可以玩什么游戏。
- 帐篷、装饰材料、气球。
- 搭帐篷的视频。

指导要点

1. 谈话：你会搭帐篷吗？搭帐篷需要什么？搭在哪里合适？

2. 观看搭帐篷的视频，巩固怎样才能将帐篷搭得牢固、结实。

3. 邀请园长妈妈宣布“帐篷节”活动开始。

4.“野在园里”游戏规则：自选小摊主和小游客两种角色。小摊主 3 人自由组合，寻找园内合适的地方搭建、装饰帐篷；创设有趣的帐篷游戏邀请小游客参加；小游客在游戏结束后投票选出“最受欢迎的帐篷”。

5. 快乐时刻：按幼儿事先的讨论结果进行游戏和分享活动。

6. 活动结束，结合图片、视频说说自己的游戏体验。

活动建议

● 活动形式：小组活动。

● 建议提前做好充分准备，调动幼儿积极性。

4周

主题四：疯狂野兽派

主题规划

一、设计意图

小动物是自然界可爱的生灵，也是人们亲密的好伙伴。孩子与动物之间有着天然之缘，他们对此充满好奇，怀有兴趣，期待与之亲近。“疯狂野兽派”跟随幼儿的兴趣，引领幼儿大胆呈现生活经验，积极获取新的认知，让幼儿初步感受到人与动物、环境之间的关系。本主题活动按照不同年龄段分为三个子主题：小班主题“偶然的遇见”，以幼儿生活中遇见的小动物为线索，了解常见动物的基本特征和生活习性，大胆表现自己对小动物的感受与认识；中班主题“历史的定格”，以历史上已灭绝和濒临灭绝的动物为线索，引导幼儿关心、爱护动物，知道保护珍稀动物，有初步的生态环保意识；大班主题“想象的翅膀”，以想象中的生物为线索，引导幼儿观察异兽的造型，让幼儿在感受神奇的同时，打开想象力的大门。

二、主题脉络

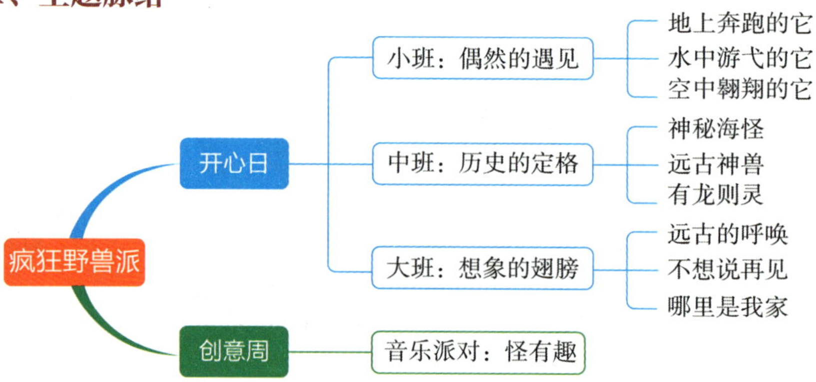

三、主题目标

目标内容	核心经验	对标《指南》关键经验
1. 愿意模仿小动物开展走、跑、跳、爬、平衡等运动，感受运动的乐趣。	动作发展	● 小班：能身体平稳地双脚连续向前跳；分散跑时能躲避他人的碰撞。 ● 中班：能在较窄的低矮物体上平稳地走一段距离；能以匍匐、膝盖悬空等多种方式钻爬。 ● 大班：能在斜坡、荡桥和有一定间隔的物体上较平稳地行走；能以手脚并用的方式安全地爬攀登架、网等。
2. 能用清楚的语言讲述与动物有关的故事和儿歌；愿意分享与动物有关的文学作品。能够根据生活经验进行感知、想象和表达。	倾听表达 阅读理解	● 小班：能口齿清楚地唱儿歌、童谣或复述简短的故事；会看画面，能根据画面说出图中有什么，发生了什么事等；喜欢用涂涂画画表达一定的意思。 ● 中班：能基本完整地讲述自己的所见所闻和经历的事情；喜欢把听过的故事或看过的图书讲给别人听；能根据连续图画提供的信息，大致说出故事的情节。 ● 大班：能有序、连贯、清楚地讲述一件事情；喜欢与他人一起谈论图书和故事的有关内容；能根据故事的部分情节或图书画画的线索猜想故事情节的发展，或续编、创编故事。
3. 观察了解动物的外形特征、生活习性、本领、繁殖及与人们生活的关系；愿意分享自己调查到的动物秘密，并能根据各种特征进行分类	科学探究 数学认知	● 小班：喜欢接触大自然，对周围的很多事物和现象感兴趣；认识常见的动植物，能注意并发现周围的动植物是多种多样的；初步了解和体会动植物和人们生活的关系。 ● 中班：喜欢接触新事物，经常问一些与新事物有关的问题；能通过简单的调查收集信息；能感知和发现动植物的生长变化及其基本条件。 ● 大班：在成人的帮助下能制订简单的调查计划并执行；能察觉到动植物的外形特征、习性与生存环境的适应关系；初步了解人们的生活与自然的密切关系，知道尊重和珍惜生命，保护环境。
4. 能与同伴一起探索动物世界，尝试解决探索过程中遇到的问题；知道动物是人类的朋友，愿意保护环境，节约资源。	人际交往 社会适应	● 小班：愿意和小朋友一起游戏；喜欢一些小任务，对群体活动有兴趣。 ● 中班：活动时愿意接受同伴的意见和建议；敢于尝试有一定难度的活动和任务；在提醒下，能节约粮食、水电等。 ● 大班：有问题愿意向别人请教；能主动发起活动或在活动中出主意、想办法；爱护身边的环境，注意节约资源。

续表

目标内容	核心经验	对标《指南》关键经验
5. 热爱大自然的动植物，在观察比较的基础上，根据动物的外形特点，用绘画、制作等方式进行创造性的表现。	感受欣赏 表现创造	● 小班：喜欢观看花草树木、日月星空等大自然中美的事物；经常涂涂画画、粘粘贴贴并乐在其中；能用简单的线条和色彩大体画出自己想画的人或事物。 ● 中班：在欣赏自然界和生活环境中美的事物时，关注其色彩、形态等特征；经常用绘画、捏泥、手工制作等多种方式表现自己的所见所想；能运用绘画、手工制作等方式表现自己观察到或想象的事物。 ● 大班：积极参与艺术活动，有自己比较喜欢的活动形式；能用多种工具、材料或不同的表现手法表达自己的感受和想象。

四、主题游戏馆活动方案

活动目标

● 能根据自己的兴趣选择游戏馆以及游戏馆中感兴趣的活动区域。

● 能正确使用礼貌用语，在游戏馆活动中会运用介绍自己、交换玩具等简单技巧与不同年龄段的孩子游戏，懂得谦让并学习与他人合作。

● 理解规则的意义，能与同伴协商制定游戏和活动规则，熟悉并遵守游戏馆的各项规则。

● 喜欢并能较长时间参与游戏馆活动，能经常动手动脑寻找问题的答案，在游戏活动中探索多种玩法。

具体安排

场馆名称	内容建议	玩法参考
宝贝会所	袋鼠妈妈的宝贝	提供布制育儿袋、袋鼠头饰、袋鼠玩偶，扮演袋鼠妈妈，模仿袋鼠育儿的过程。
滴滴车吧	汽车美容吧	学会擦洗汽车，利用动物贴纸帮汽车进行简单的美容装饰。
嬉沙乐园	沙漠探险	收集沙漠中的动植物模型，如骆驼、蜥蜴、蛇、仙人掌等，事先埋藏于沙坑中，幼儿分组比赛，看谁挖得多。
闲鱼小站	1. 动物派对 2. 野兽盲盒	1. 收集具有动物元素的服饰，幼儿穿上服装自主演绎、走秀，获得礼品兑换券。 2. 收集包装盒，幼儿自制动物盲盒，进行兑换。

续表

场馆名称	内容建议	玩法参考
点点诊所	动物救助站	开设兽医站，提供绷带、针管、药水、点滴等医疗器械，专门接待生病受伤的小动物。
花花洗衣	美女与野兽	幼儿合力创作同一件衣服或裤子，绘画关于大森林动物世界的元素，碰撞出不一样的创意设计。
奇奇玩社	丛林“棋”谈	提供斗兽棋、动物跳跳棋、牛角棋、蛇形棋等棋类游戏，幼儿根据游戏规则合作游戏。
酷酷小兵	解救小动物	提供竹梯、动物玩偶，模仿消防员救助小动物，爬上竹梯取下挂在墙壁、树枝上的动物玩偶。
丫丫美妆	动物狂欢节	提供鸡毛、彩带、彩纸、颜料、丝巾、头饰等材料，幼儿利用材料装扮自己，进行动物造型模仿秀。
童童健智	动物巡航	1. 桌游玩具《动物巡航》。 2. 玩家们帮助诺亚把动物和它们的箱子搬到方舟上。需要为每只动物找到与之匹配的行李箱，同时还要记住湿透的箱子在哪里。 3. 当所有的动物都在方舟上时，玩家们一起获胜。
美美创意	海洋总动员	提供颜料、铅画纸、画笔，鼓励幼儿合作创作海底世界长卷画。
哇哇博士	1. 会跳舞的小蛇 2. 消失的小动物	1. 将纸杯戳洞穿入吸管，毛根扭成小蛇状置于纸杯上方，对着吸管发出“呜”的声音。 2. 白纸上绘画彩色小动物，装入透明密封袋，密封袋上用黑色勾线笔勾画轮廓，竖直放入水中，从上观察。
梦想之城	小动物之家	提供动物图片、动物洞穴图片，用木质积木、纸卷芯等低结构材料，为大小不一的动物“造房子”。

五、ART 涂鸦馆活动方案

活动目标

1. 初步了解美术作品表现的方法，感受美术作品所表现的美，愿意和别人分享、交流自己对艺术作品的美感体验。

2. 认识更多美术材料和工具，掌握正确的使用方法，根据需要选择恰当的工具材料创造性地进行设想与制作。

3. 乐于与同伴合作绘画， 感受合作绘画的特殊效果，体验集体创作的乐趣。

4. 喜欢参加涂鸦馆活动，能感受到艺术创作带来的快乐。

具体安排

场馆名称	内容建议	材料参考
纸趣联盟	1. 奇趣动物城 2. “弯弯绕绕”变形记	将长长的纸条卷成长短不一的造型，通过弯弯绕绕设计出不一样的动物形态。
写生小栈	1. 层层叠叠动物园 2. 欢乐农场	1. 提供铅画纸、马克笔、塑封纸、纸盒等，引导幼儿在不同材质的纸上画动物，并把动物们一起叠放在纸盒内。 2. 提供黏土、草坪、松果、小树枝、小木头等，鼓励幼儿用搓揉捏的方式创作黏土农场动物。
千色派对	1. 跃然纸上 2. 一张野兽皮	1. 提供颜料、马克笔、勾线笔、笔刷等，引导幼儿将纸随意揉捏、在纸上刷出各种颜色，根据肌理，发挥想象画出各种动物。 2. 提供勾线笔、美纹纸、马克笔等，让幼儿在每个方格里描绘不同的野兽的皮毛、花纹。
拼摆乐园	1. 松鼠的游乐园 2. 小怪物派对 3. 毛茸茸的家	1. 提供木框、小树枝、黏土、毛球、松果等，鼓励幼儿运用黏土来表现小松鼠的造型以及不同动态，用树枝等表现松鼠的生活环境。 2. 提供美纹胶、毛根、活动眼珠、不规则 KT 板、瓦楞纸、海绵块、底板、酒精胶等，用各种材料拼摆出小怪物。 3. 提供蛋托、各色毛球。
绘本盒子	1. 小动物剧场 2. 动物故事会	1. 提供纸盒、筷子、背景卡、卡纸、剪刀、双面胶等，引导幼儿在卡纸上绘画故事，并将动物形象沿边剪下，贴在筷子上制作成表演道具，将筷子插入盒子上方的洞洞内，进行故事演绎与创编。 2. 提供空白故事骰子、水彩笔、纸、胶棒等，幼儿在故事骰子上绘画各种动物的形象或故事场景，画好后几个幼儿一起掷骰子讲故事。
沙艺世界	1. 沙画图腾 2. 小动物乐园	1. 提供沙画灯箱，幼儿模仿古代传统神兽图腾绘制沙画形象。 2. 提供太空沙、动物模型、小旗子、宝石、木片、小树模型等材料，供幼儿玩沙盘创作。
图版印象	1. 追踪小动物 2. 找找我在哪儿	1. 将动物、昆虫等玩具按在黏土上，待黏土风干后，进行反向拓印。观察小动物的足迹，运用滴胶进行创作，并且在黏土或者白纸上压印出来，分享交流这样的脚印属于什么小动物。 2. 展示图片，引导幼儿观察小动物的特征，用白色油画棒在白纸上画出小动物的形象，随后运用颜料刷色，利用油水分离的特性，将小动物的形象衬托出来。

续表

场馆名称	内容建议	材料参考
水墨作坊	1. 龟趣鱼戏 2. 国宝熊猫	1. 提供自然角的小动物、有关动物的视频，以及宣纸、吹塑纸、颜料、毛笔、棉签、颜料等，欣赏齐白石作品，幼儿尝试国画创作。 2. 提供熊猫视频、水墨作品图片、宣纸、吹塑纸、颜料、毛笔、棉签、颜料等，幼儿尝试画熊猫。
微画空间	1. 山海异兽 2. 韩美林国画动物	1. 提供《山海经》插画书，指导幼儿结合现实中的动物设计奇珍异兽。 2. 欣赏韩美林的国画动物，尝试用国画的方式画出自己喜欢的动物形象。
陶泥演义	1. 狩猎图 2. 怪兽来了	1. 提供泥浆，幼儿将双色泥浆倒入托盘后用吸管搅拌均匀，取底板轻轻拓印，待底板上的泥浆半干时，尝试进行想象添画。 2. 提供白色超轻黏土、马赛克、硬纸板、小海螺、小串珠、瓦楞纸条、水彩笔等，尝试发挥想象，在纸板上捏制不同的形象，可以是常见的小动物，也可以是“怪兽”的形象，并尝试用不同的材料进行装饰，丰富作品效果。
木玩部落	1. 奇怪的脸 2. 狮子舞蹈	1. 提供圆木片、丙烯笔、彩泥，幼儿根据印象中的动物形象在圆木片上装饰。 2. 提供介绍非洲动物的绘本、各种树枝、胶带、棉线等，幼儿根据图片中狮子的造型进行制作。
造型天地	1. 疯狂动物城 2. 动物派对	提供亚克力球、油漆笔、毛根、毛球、活动眼睛等材料，幼儿在游戏情境中创作动物形象，尝试装置亚克力球，并添画图案。

六、生活指导

1. 早晨按时入园，在老师的引导下能大声向老师问好。
2. 值日生照顾好自然角，给自然角的小动物喂食、给植物浇水等。
3. 按照七步洗手法洗手，知道饭前便后要洗手。

七、环境创设

1. 展示师幼共同收集的动物相关资料，并布置成动物专栏。
2. 在活动室内提供与动物相关的书籍，帮助幼儿解决在探寻过程中遇到的问题。

3. 在自然角中饲养一些常见的、易于照料的动物，让幼儿参与管理。

八、家长工作

1. 家长多向幼儿介绍动物方面的知识，观看《动物世界》等科普类节目，为幼儿间接认知动物提供条件。

2. 家长带幼儿去动物园玩，引导幼儿观察大大小小的动物，知道各种动物的名称，了解其主要特征、习性，知道爱护动物朋友。

3. 家长和幼儿一起阅读濒危动物的科普绘本以及一些神兽故事的插画书。

● “开心日”活动

小班：偶然的遇见

【资源分析】

喜欢小动物似乎是孩子的天性，这一点在小班幼儿的身上表现得尤为突出。小动物们时不时地出现在好听的故事里、有趣的儿歌里、好玩的游戏里，它们那生动有趣的形象深深地吸引了每一个孩子。可爱的猫狗、灵活的小鱼、飞翔的小鸟……这些有生命的小精灵给孩子们带来温暖与惊喜的同时，也让幼儿学会热爱生命、尊重生命，产生同情心和爱心。在这个主题里，我们按照小动物的生活环境设置了“地上奔跑的它”“水中游弋的它”“空中翱翔的它”三条线索。通过三周的活动，幼儿将了解常见动物的基本特征和生活习性，大胆表现自己对小动物的感受与认识。

【目标设计】

1. 愿意模仿小动物开展走、跑、跳、爬、平衡等运动，感受运动的乐趣。

2. 能参与观察，通过多种形式丰富认知，了解兔子、小鱼、小鸟等小动物的主要外形特征以及生活习性。

3. 喜欢听故事，学说故事中重复出现的角色对话。

4. 喜欢小动物，知道动物是人类的好朋友，我们要保护它们。

5. 熟悉音乐旋律，能根据音乐内容投入情境，快乐表演。

【内容建议】

活动线索	活动名称	侧重领域	实施要点
地上奔跑的它	小猪快跑	健康（体育）	观察模仿小猪的基本动作特征；在游戏中听清指令做出相应的动作，体验体育活动带来的快乐。
	小兔子乖乖	语言	观察故事画面，理解故事的内容，丰富相关词汇；学说相应的短句，与同伴合作表演故事。
	★我的狗狗朋友	社会	通过视频图片结合生活经验了解小狗的主要特征及其生活习性；观看狗狗帮助人的视频，知道小狗是人类的好朋友，学会关心爱护小狗。
	★好饿的小动物	科学（数学）	通过图片认识圆形、方形和三角形，知道各个形状的不同；通过“喂小动物吃饼干”游戏，将饼干的形状进行分类。
	小猫哪去了	艺术（音乐）	欣赏音乐《找小猫》，感知音乐的旋律、节奏的改变，学唱歌曲；在律动游戏“小猫哪去了”中，学习根据歌曲内容改变动作。
水中游弋的它	抓鱼咯	健康	通过律动“小鱼游”，模仿小鱼的动作；分组扮演小鱼与渔网开展游戏“网小鱼”，体验合作游戏的快乐。
	逃跑的小金鱼	语言	仔细观察画面，表述故事内容；联系实际生活，说一说自己和朋友之间的故事，知道有朋友是件快乐的事。
	小鱼你好呀	社会	观察小鱼实物，初步了解小鱼的主要外形特征与生活习性，学习照顾小鱼的方法；与同伴或爸爸妈妈合作饲养小鱼。
	★大大鱼和小小鱼	科学（数学）	观察比较画面中小鱼的大小、长短，描述比较结果；能按小鱼的大小、长短进行排序，愿意尝试不同的排序方法。
	小鱼游啊游	艺术（音乐）	听着音乐自由做小鱼游的动作，熟悉歌曲旋律；尝试用动作表现歌词，理解歌曲的内容，学习演唱歌曲。

续表

活动线索	活动名称	侧重领域	实施要点
空中翱翔的它	小鸟跳跳	健康（体育）	通过模仿小鸟从树上跳下捉虫的动作，尝试在25–30厘米的高处往下跳，双脚平稳地落地；尝试不同的游戏难度，体验体育游戏的乐趣
	两只小小鸟	语言	通过欣赏指偶表演理解儿歌的内容，尝试复述儿歌内容；自由结伴，利用新的角色指偶，参与故事仿编活动。
	★爱家的小鸟	社会	通过视频了解小鸟的生活环境以及与人类的关系；收集自然界的材料，如树枝、羽毛、树叶等，为小鸟做窝。
	鸟儿好朋友	科学	收集关于小鸟的图片、标本、模型、书籍等，布置成展览会；在展览欣赏中，感知鸟的多种多样，交流并分享鸟类的不同之处。
	★树林和小鸟	艺术（美术）	欣赏吴冠中的作品《小鸟天堂》，了解水墨画的表现特点；尝试用水墨的方法，大胆表现自己心中的树林和小鸟。

线索一：地上奔跑的它

我的狗狗朋友（社会）

目标指向

- 了解小狗的主要特征及其生活习性。
- 能用较连贯的语言表述自己的发现。
- 喜欢小狗，知道关心爱护小狗。

活动准备

- 不同小狗的图片。
- 小狗救人的视频。
- 小狗叫声的音频。

指导要点

1. 音频导入：听，这是哪种小动物的叫声？
2. 观察不同小狗的图片，认识小狗的特征。

3. 观看小狗帮助人类的视频，知道小狗的本领很大。

4. 讨论保护小狗的方法，知道要爱护帮助小狗。

讨论：狗狗是我们的好朋友，我们可以怎么帮助它们？

5. 活动延伸。

生活中和爸爸妈妈一起用行动去爱护小狗，知道小狗是我们的好朋友。

活动建议

● 活动形式：集体活动、小组活动、亲子活动。

● 家里有养宠物小狗的小朋友，可以请家长拍摄一些照片打印带来。

好饿的小动物（数学）

目标指向

● 认识圆形、方形和三角形，知道各个形状的不同。

● 能初步根据饼干的形状进行分类，并大胆地喂小动物吃饼干。

● 在游戏中体验数学活动带来的乐趣。

活动准备

● 方形、圆形、三角形图片。

● 饼干图形若干、3 个动物纸箱。

● 音乐《找朋友》。

指导要点

1. 图片导入，观察圆形、方形、三角形。

2. 请幼儿说说：它们长什么样子？（巩固图形特征）

3. 音乐游戏：找朋友。

幼儿根据衣服上的图形标记去找到和自己有相同标记的同伴。

4. 游戏：喂小动物吃饼干。

幼儿根据小动物嘴巴的形状来喂相对应形状的饼干。

活动建议

● 活动形式：集体活动、小组活动。

● “喂小动物吃饼干”环节中，可以通过不同形式的延伸活动，帮助他们巩固掌握。

线索二：水中游弋的它

大大鱼和小小鱼（数学）

目标指向

- 区分物体的大小、长短，并能按物体的大小、长短进行排序。
- 有一定的观察比较能力，愿意尝试不同的排序方法。

活动准备

- 图片：大小不同的鱼、长短不同的鱼。
- 大小排序卡片。

指导要点

1. 图片导入，引发话题：你看见小河里有什么？它们有什么不一样？
2. 幼儿观察图片，比较鱼的大小不同。
3. 排序游戏：鱼儿来排队。

幼儿根据鱼的大小、长短进行排列。

4. 教师总结幼儿的排序方法。（大到小、小到大、长到短、短到长）
5. 幼儿自主进行排序操作活动。
6. 评价活动。

展示幼儿的操作活动，鼓励幼儿尝试不同的排序方法。

活动建议

- 活动形式：集体活动、小组活动。
- 老师可以在益智区投放相关的排序卡片，鼓励幼儿尝试排序游戏。

线索三：空中翱翔的它

爱家的小鸟（社会）

目标指向

- 了解小鸟的生活环境以及与人们的密切关系。
- 知道要爱护小鸟，尝试为鸟儿做窝巢。

活动准备

● 鸟叫的音频、鸟类图片与视频。

● 树枝、羽毛、树叶、糨糊、双面胶等，半成品的鸟窝。

指导要点

1. 鸟叫音频导入，引发话题：这是什么声音？你认识哪些小鸟？

2. 观看视频，了解鸟的居住环境，鼓励幼儿与同伴分享知识经验。

3. 幼儿分组讨论鸟类和人们的关系。

4. 幼儿观察图片并讨论爱护鸟类的办法。

5. 用多种材料为鸟儿制作鸟窝，并将制作好的鸟窝摆放在幼儿园里的树上。

活动建议

● 活动形式：集体活动、小组活动。

● 可以准备一些关于鸟的纪录片，供幼儿在游戏和自由活动的时间观看，扩展幼儿的视野。

树林和小鸟（美术）

目标指向

● 欣赏名画作品，初步了解水墨画的表现特点。

● 尝试用水墨的方法，大胆表现自己心中的树林和小鸟。

活动准备

● 宣纸、墨、水、颜料、毛笔。

● 欢快的音乐。

● 吴冠中作品《小鸟天堂》。

指导要点

1. 幼儿自主欣赏吴冠中的作品《小鸟天堂》，体验水墨画的表现特点。

2. 对比欣赏画家的主要表现手法，知道淡墨和浓墨之间的区别。

3. 幼儿听音乐，模仿画中的树和小鸟的动态。

4. 观察树的不同造型，知道树的主要表现方法。

5. 展示幼儿作品，大家一起欣赏。

活动建议

- 活动形式：集体活动、小组活动。
- 将幼儿的作品布置在美工区，增强幼儿对美术活动的兴趣和信心。

中班：历史的定格

【资源分析】

幼儿天生对动物世界充满好奇，随着年龄的增长，他们对神奇而有趣的动物世界有了更深入的探索欲望。“恐龙为什么会灭绝？”“人类为什么要捕杀穿山甲？”“世界上有多少种珍稀动物？”……本主题以“保护动物”为切入点，通过“远古的呼唤”“不想说再见”“哪里是我家”三条线索展开活动，以幼儿好奇、关注的动物引入，在活动过程中关注到人、动物、环境之间的关系，了解珍稀动物受到伤害的原因，探讨了保护珍稀动物、保护自然环境的方法，产生关心动物的情感。并能把这种对动物的爱扩展到对自然、环境的爱，树立爱护动物，保护环境的意识，把营造一种和谐、平衡的生态环境作为目标和追求。

【目标设计】

1. 能主动、积极地收集有关动物的各种信息，感受动物的奇妙，初步了解人与动物、环境之间的关系。

2. 能模仿动物的动作，熟练掌握跳跃、钻爬等动作，尝试学习侧跳和向不同方向变换跳等多种跳跃形式。

3. 能愉快地阅读绘本故事，感受故事中动物们的情感，愿意介绍自己对故事的理解，大胆想象故事内容。

4. 学会关心、爱护动物，知道保护珍稀动物，有初步的生态环保意识。

5. 了解动物的基本特征，感受动物的形态美，会用多种创作方式的方法表现动物造型。

【内容建议】

活动线索	活动名称	侧重领域	实施要点
远古的呼唤	勇敢小恐龙	健康（体育）	练习用跨跳的方式越过不同高度的障碍物，熟练掌握跳跃动作；用多种跨跳方式穿越“大峡谷”游戏场地，体验跳跃的乐趣。
	★假如恐龙回来了	语言	自主阅读绘本故事，感受故事大致情节；结合故事图片，分段交流故事内容；结合自己已有的生活经验，大胆续编故事。
	大嗓门的恐龙	社会	通过故事内容，了解大声吵闹的危害，谈一谈吵闹与安静带来的身心感受；了解保护嗓子的方法，养成轻声讲话和安静聆听的良好习惯。
	恐龙消失了	科学	观察恐龙图片，尝试根据恐龙的头身比例、牙齿、肢体等特征，感受食草恐龙与食肉恐龙的区别。
	★恐龙大考古	艺术（美术）	欣赏恐龙化石图片，了解恐龙身体特征结构；尝试用黏土表现恐龙的动态姿势，体验动手和自主创作的乐趣。
不想说再见	小小穿山甲	健康（体育）	尝试单人玩、双人玩、分小组玩，探索各种“钻”的方法，尝试钻过不同大小的圈；分组进行钻圈竞赛，在规定的时间内，先钻到终点的队伍获胜。
	温柔的铠甲	语言	欣赏故事画面，交流故事情节，感受小穿山甲和妈妈之间的母子之情；了解野生动物的生存处境，知道要关心保护它们。
	★谁在悄悄告别	社会	欣赏绘本，认识地球上正在濒临灭绝的动物；了解动物濒临灭绝的原因，讨论如何用实际行动关心保护野生动物。
	动物历险记	科学	通过调查搜索，大胆交流自己的发现，知道动物保护自己的方法是多种多样的；并能在游戏中将动物和它的自保方式一一对应。
	★守护我的动物朋友	艺术（美术）	观察动物保护协会的海报，了解海报的特征（图画与口号）与作用；尝试用不同的作画方式与同伴共同制作保护动物的宣传海报，并展出。

续表

活动线索	活动名称	侧重领域	实施要点
哪里是我家	环保小卫士	健康	情境导入（重建被破坏的家园），利用已有的材料（平衡木、积木、塑胶板）建构不同的桥，尝试在桥梁上平衡行走；并通过“桥梁”将污染家园的“垃圾”运走。
	没有树木的森林	语言	欣赏绘本《没有树木的森林》，分段理解故事，了解森林被毁坏的后果；分组讨论，交流爱护森林的方法。
	★海洋清理站	社会	观察图片，说一说动物与环境之间的生态关系；结合自己的生活经验，交流保护环境的方法，一起为动物留下美好的家园。
	家园保卫战	科学	观察图片，了解目前海洋生物的生活环境；说一说海洋污染对海洋生物的影响，懂得保护海洋的重要性；大胆想象，设计一座功能强大的“海洋清理站”。
	蓝色的星球	艺术（音乐）	欣赏歌曲《画地球》，感受歌曲欢快美好的气氛；在熟悉歌词的基础上学唱歌曲，用合唱、轮唱、分组唱、个别唱等形式演唱歌曲并尝试创编歌词。

线索一：远古的呼唤

假如恐龙回来了（语言）

目标指向

- 观察故事画面中恐龙回来之后给人们生活带来的便利，感受有趣的故事情节。
- 结合自己已有的生活经验，大胆续编故事。

活动准备

- 课件《恐龙回来了》，故事书若干本。

指导要点

1. 激趣导入：假如恐龙回到了我们现在的生活中，你觉得会发生什么样的故事？
2. 幼儿自主阅读，初步欣赏故事内容。
3. 结合故事图片，分段学习故事。

幼儿有序观看故事内容，边看边回答：小贝的家人喜欢恐龙吗？小贝的妈妈、爸爸、叔叔、阿姨、爷爷分别想恐龙可以做些什么？

4. 分组讨论：如果恐龙真的来到地球，你想和恐龙一起做什么？

5. 每组选代表说说自己的想法，肯定幼儿的奇思妙想。

活动建议

- 活动形式：集体活动、小组活动。

恐龙大考古（美术）

目标指向

- 了解恐龙身体特征结构，尝试用黏土表现恐龙的动态姿势。
- 能大胆地进行创作活动，在操作中体验动手和自主创作的乐趣。

活动准备

- 恐龙化石图片。
- 白色黏土、工具、辅助材料若干。

指导要点

1. 欣赏恐龙化石图片，说说自己的想法。

2. 幼儿观察几种不同种类的恐龙化石，比较它们的差异，重点观察恐龙化石由哪几部分（头、身体、脚）组成，观察它们的牙齿、骨骼是什么形状的。

3. 认识创作材料、了解创作步骤。

用白色彩泥制作恐龙的骨骼，黑色刮画纸作为岩层背景，想象并刮画出恐龙的活动场景。

4. 幼儿动手创作，教师巡回指导，帮助有困难的幼儿完成作品。

5. 展示作品：可将作品展示在揉

皱的牛皮纸上，增添陈旧感。

6. 作品欣赏。

活动建议

- 活动形式：集体活动、小组活动。
- 预先收集一些有关恐龙化石的图片资料放在科学区让幼儿观察。

线索二：不想说再见

谁在悄悄告别（社会）

目标指向

- 认识大自然中的各种野生动物，知道有一部分野生动物正在离我们远去。
- 了解野生动物的生存处境，知道要关心保护好它们。
- 愿意和野生动物友好相处，能用实际行动关心保护野生动物。

活动准备

- 濒危动物的图片，各种动物受伤的图片或视频。
- 绘本《谁在悄悄和我们告别》。

指导要点

1. 谈话导入：你知道哪些野生动物？它们生活在哪里？

2. 观察图片：濒危动物的相关图片，了解野生动物的生活处境，萌发保护野生动物的情感。

3. 欣赏绘本《谁在悄悄和我们告别》：认识地球上正在濒临灭绝的动物。

4. 幼儿讨论：为什么要保护野生动物？

5. 怎样保护野生动物？请幼儿分享生活经验。

提示：拒绝一切皮毛制品；不吃野生动物；不捉不伤害动物等。

小结：所有动物都是我们的朋友，我们和动物相互依存，共同生活在这个美丽的地球上，谁也离不开谁，所以我们要和动物们友好相处，保护它们就是保护人类自己。

活动建议

- 活动形式：集体活动、小组活动。

守护我的动物朋友（美术）

目标指向

● 了解海报的作用，尝试用不同的方法制作保护动物的宣传海报。

● 能用多种材料丰富作品，大胆创新。

● 喜欢和同伴共同创作，体验合作的乐趣。

活动准备

● 多媒体课件。

● 各色颜料、勾线笔、纸张、油画棒、剪刀、胶水、双面胶、废旧材料。

指导要点

1. 谈话：你们喜欢小动物吗？看到小动物受到伤害，你们心里有什么感受？

2. 观察动物保护协会的海报，了解海报的特征（图画与口号）与作用。

3. 讨论：你想怎么设计海报？你喜欢用什么材料设计？

4. 根据讨论内容分组，幼儿自选感兴趣的小组，如撕贴组、色彩画组、线描组、拓印组等。

5. 幼儿操作，鼓励幼儿在完成基本的创作之后，能与同伴将作品组合成一张大海报。

6. 相互介绍，欣赏作品并将海报展示在校园里。

活动建议

● 活动形式：集体活动、小组活动。

● 共同收集更多保护动物方法的资料投放在科学区，让幼儿了解更多保护动物的知识。

线索三：哪里是我家

海洋清理站（社会）

目标指向

- 了解目前海洋生物的生活环境，知道海洋受到了污染。
- 能说出海洋污染对海洋生物的影响，并找到一些减少污染的方法。
- 懂得环境保护的重要意义，具有爱心和环保意识。

活动准备

- 课件《被污染的海洋》。
- 画纸、画笔。

指导要点

1. 情境导入：海洋清理站收到一封小鱼的来信，信上写着：亲爱的人类朋友，我是小鱼，我们生病了，因为人类不保护环境，把我们的海洋之家变得很脏。海洋里到处都是垃圾，请你们快帮帮我们。

2. 观看图片，了解海洋被污染的原因：垃圾倾倒、污水排放、石油污染、核泄漏等。

3. 讨论：如果你是海洋里的小动物，住在被污染的大海里，你有什么感觉？

4. 说一说：我们可以怎么样帮助小鱼？怎么样减少海洋污染？

5. 创意设计：如果请你来设计一座功能强大的海洋清理站，你会怎么设计呢？

6. 幼儿自由设计并介绍自己的作品。

活动建议

- 活动形式：集体活动、小组活动。
- 活动延伸：开展“最佳海洋垃圾站”评选活动。

大班：想象的翅膀

【资源分析】

在神话中，动物是不可或缺的主角，它们在故事里的形象千奇百怪，既可以是那些野生动物，也可是驯养动物，既可以有动物的头部、人类的身体，亦可以反其道而行。这些异兽形象源于自然和上古社会，是无数先辈创造并传承下来的，具有极其丰富的情感和感染力。鲁迅先生曾提到："儿童的精神生活与原人相似。"这些异兽的形象以及它们背后所描绘的神话世界，就像每个天真孩子的童年一样，充满稀奇古怪的想法、漫无边际的想象，让幼儿在感受神奇的同时，打开想象力的大门，当幼儿观察身边的动物时，也能产生丰富的联想，

【目标设计】

1. 知道在古今中外的文学作品中有许多奇怪生物，对各种奇兽有深入探究的兴趣和欲望。
2. 体验玩民间游戏的乐趣，提高肩部、腰部和腿部力量及身体灵活性。
3. 喜欢听民间神话故事，产生进一步了解民间神话故事的愿望。
4. 理解神话故事中的故事情节，喜欢故事中出现的异兽形象，感受其品质特点。
5. 能根据现实动物的造型特征，用不同的方法设计出形象各异的珍奇异兽。

【内容建议】

活动线索	活动名称	侧重领域	实施要点
神秘海怪	怪美味的海	健康	说一说自己知道或曾吃过的海产品，介绍它的味道；结合图片了解不同的海产品，指导海产品中独特的营养价值；与同伴合作制作海产品美食。
	鲛人的故事	语言	欣赏神话故事《鲛人的眼泪》，讨论故事情节：为什么鲛人的眼泪会变成珍珠；感受生活中"珍珠"的意义，并结合实际创编故事。
	救救"小海怪"	社会	观察生活中的水污染现象，了解水污染危害（重点了解人为污染）；知道水污染对动物造成的影响，知道保护水资源是每个人应有的社会责任。

续表

活动线索	活动名称	侧重领域	实施要点
神秘海怪	★勇闯海怪洞	科学（数学）	在“寻找海怪洞”的情景游戏中认识“上下左右”的方位标志；并通过“藏宝图”辨认方位，找到小海怪。
	★寻找海怪鱼	艺术（美术）	欣赏海底怪鱼的照片，着重观察怪鱼的外形特征；大胆想象，尝试用线描的方式画出自己想象中的怪鱼。
上古神兽	★后羿射神鸟	健康（体育）	在“后羿射日”的角色游戏中扮演后羿，尝试手眼协调控制弓弦和弓臂发力瞄准射箭；在“射神鸟”游戏中比一比谁射中的数量多，交流射箭技巧。
	九色神鹿	语言	通过共读与自主阅读的形式了解故事内容；通过分角色表演、猜测情节感受九色鹿帮助别人不求回报的美好品质。
	屋顶上的神兽	社会	实地观察古镇上老房子屋顶的屋脊兽，初步了解不同的屋脊兽所象征的含义以及屋脊兽的作用，感受古老的中国建筑中蕴含的文化内涵。
	我帮精卫来填海	科学	寻找合适的填海材料（能下沉），帮助精卫填海，探索不同物体的沉浮情况；分组进行实验并记录结果，将记录好的材料告诉精卫。
	★怪哉怪哉	艺术	通过图片欣赏观察“故宫”里的屋脊兽，感受其形态的特别；用漆画、刮画、影画等方式自由创作作品。
有龙则灵	双龙戏珠	健康	观察舞龙视频，知道舞龙需要团结协作；自由分组，手持自制舞龙道具练习协调走。
	东方神龙	语言	欣赏诗歌《龙的传人》，初步把握诗歌中排比的句式，能根据诗歌节奏和韵律进行念诵；通过图片巩固对诗歌内容的认识，为自己是中国人感到自豪。
	龙之传说	社会	收集关于龙的神话传说故事、龙的图片、有龙的图案的物品，在说一说，看一看中感受龙的美学力量，对自己是“龙的传人”感到自豪。
	寻找龙蛋	科学（数学）	根据路线图，为龙妈妈寻找龙蛋；尝试破解路线图中的数字密码，找到正确的位置。
	★画龙点睛	艺术（美术）	听一听龙的传说，了解龙的寓意，观察龙的外形特征；用不同的创意形式创作属于自己的中国龙。

线索一：神秘海怪

勇闯海怪洞（数学）

目标指向

- 乐于观察和探索示意图所表示的方位上下左右。
- 愿意尝试设计新的方位符号示意图。
- 能与小组同伴商讨方位符号示意图代表的方位，大胆说出自己的想法。

活动准备

- 多媒体课件，场地布置。
- 方位符号示意图，纸、笔。

指导要点

1. 情境导入：小海怪在海怪洞探险迷路了，我们要去救它们，地图在保险柜里了，需要根据 4 个符号密码指对方向才能打开保险柜拿到六张地图。

2. 寻找海怪洞：幼儿自由分组，根据藏宝图（示意图）寻找小海怪。

3. 幼儿分享交流各自小组的发现，了解藏宝图上各个符号代表的空间方位。

4. 幼儿互相交换地图，根据新的地图寻找海怪洞。

思考：如果小海怪在前面或者后面用什么符号表示呢?

5. 幼儿尝试设计新地图，可加入更多方位指示符号。

6. 观看课件了解方位指示符号在生活中的用途。

活动建议

- 活动形式：集体活动、小组活动。
- 给自然角、班级、区角制作方位符号。

寻找海怪鱼（美术）

目标指向

- 用自己的方式去寻找各种各样的深海怪鱼，乐于分享自己的发现。
- 大胆想象，尝试用线描的方式画出自己想象中的怪鱼。

活动准备

- 发放调查表，收集深海怪鱼的信息图片、名字。
- 活动课件。
- 图画纸、彩笔。

指导要点

1. 调查表交流：介绍自己收集的怪鱼信息。
2. 观看课件，欣赏海底世界的怪鱼，着重观察怪鱼的外形特征。
3. 鼓励幼儿大胆想象，说一说自己想象中的怪鱼是什么样子的。
4. 幼儿用线描的方式画出自己想象的怪鱼，并命名。
5. 分享自己的创意作品。

活动建议

- 活动形式：集体活动、小组活动。
- 建议在区角游戏中继续延伸活动，给幼儿更多创作和表达的空间。

线索二：上古神兽

后羿射神鸟（体育）

目标指向

- 锻炼手眼协调控制弓弦和弓臂发力瞄准射箭。
- 乐意去探索力度与弹性之间的尺度，并乐意把自己的感受和同伴交流。
- 体验互相学习玩弓箭射准的乐趣。

活动准备

- 幼儿已经阅读过绘本《后羿射日》，了解神话故事的情节。
- 儿童玩具弓箭若干，幼儿绘制的神鸟靶 10 个，后羿的头饰，轮胎、平衡木、梯子等。

指导要点

1. 热身游戏：后羿勇打猎。

2. 后羿勤练功：幼儿认识并熟悉吸盘小弓箭、神鸟靶子，探索射箭的最佳动作。

3. 后羿射神鸟：把十个靶子转过来呈现反面的神鸟，告诉幼儿要射掉九只神鸟才可以拯救百姓，幼儿尝试射神鸟。

4. 增加难度，幼儿用轮胎、平衡木、梯子等搭建障碍进行射箭游戏，看谁射中的神鸟多。

5. 后羿胜归来：带领幼儿做部位的放松运动。

活动建议

- 活动形式：集体活动、小组活动。
- 设置休息区，准备毛巾、水壶，供幼儿休息擦汗，及时补充水分。

怪哉怪哉（美术）

目标指向

- 欣赏观察“故宫”里的大怪兽——屋脊兽，进一步感受其形态的特别。
- 能自由选择漆画、刮画等多种形式进行创作。
- 欣赏画面色彩和纹理美，感受中国文化的博大精深。

活动准备

- 对故宫有一定的了解。
- 铅画纸、漆画颜料、松节油、丙烯颜料、毛笔、纸杯等。

指导要点

1. 情境游戏：御猫梨花说故宫里的屋脊兽们都跑出来啦！请大家帮忙找一找。

2. 创想屋脊兽：回顾自己认识的故宫屋脊兽，自由说说它们的名字，吻兽、角端、仙鹤等，大胆想象屋脊兽的形态变化。

3. 创意屋脊兽：介绍各个区的材料。

（1）漆画——潜在水里的“怪”。在水中进行创意绘画，然后用材料将潜在水里的屋脊兽找出来。

（2）刮画——藏在画里的“怪”。通过将颜料刮在画纸上，将藏在画里的“大怪兽”找出来。

（3）影画——躲在黑暗里的“怪”。需要将藏在布上的它们画出来，熄灯后它们才肯出现哦。

4. 幼儿自由创作，欣赏涂鸦作品，肯定幼儿的涂鸦过程。

5. 结束语：用古人的话说，今天的事真是“怪哉怪哉”，故宫里还会出现哪些怪事呢？让我们一起等待吧！

活动建议

- 活动形式：集体活动、小组活动。
- 建议布置屋脊兽的图片供幼儿欣赏。

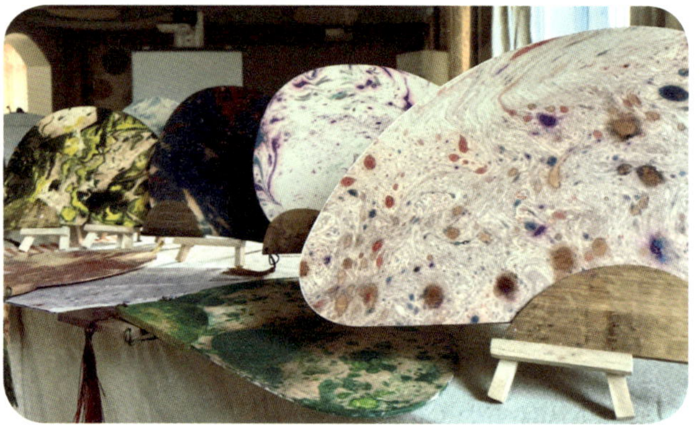

线索三：有龙则灵

画龙点睛（美术）

目标指向

- 了解有关中国龙的知识，知道龙的寓意。
- 能运用不同的方式创作出中国龙的形象。
- 热爱中华民族优秀文化遗产，体验动手创作的收获与乐趣。

活动准备

- 颜料、画笔、彩纸、剪刀、胶棒等。

指导要点

1. 故事导入：听一听龙的传说，了解龙的寓意。

2. 幼儿观察发现龙的造型、结构。

说一说：你最喜欢哪种形态的中国龙？

3. 幼儿根据自己的想象，画出自己设计的中国龙造型。

4. 作品展示：根据作品的创意、造型、色彩等方面信息进行评价。

活动建议

- 活动形式：集体活动、小组活动。

● “创意周”活动

音乐派对：怪有趣

活动线索	活动名称	侧重领域	实施要点
怪有趣	怪兽食堂	科学	调查动物的相关标识，了解动物喜欢的食物，能根据动物吃的食物进行分类配对。
	咆哮洞穴	艺术	倾听不同动物的叫声和音乐，感受音乐节奏；边听音乐边创作，用色块和线条表达对音乐的感受。
	魔音设计师	语言	通过讨论交流共同策划“魔音节”活动内容；根据策划内容分配活动任务。
	森林狂想曲	艺术	结合音乐内容，大胆用绘画颜料设计音乐节演出服装。
	怪有趣魔音节	综合	共同制订音乐节演出活动方案，根据方案内容进行演出活动的前期准备。

怪兽食堂（科学）

目标指向

- 了解不同的动物喜欢吃不同的食物。
- 能根据动物吃的食物进行分类。
- 喜爱和关心动物，喜欢探索大自然的奥秘。

活动准备

- 动物卡片，食物卡片。

指导要点

1. 谈话：你们最喜欢哪个小动物？它喜欢吃什么？

2. 聊一聊不同的动物都喜欢吃什么。（例如：熊猫喜欢吃竹子，兔子喜欢吃萝卜，山羊喜欢吃青草，狮子喜欢吃肉等）

3. 玩“你问我答”游戏。

4. 玩“为动物喂食”配对游戏。自主选择动物卡片，进行食物配对的游戏。

5. 相互检查给小动物喂的食物是否正确。

活动建议

- 活动形式：小组活动。
- 建议活动前家园共同收集自己喜爱的动物相关小知识、图片。

咆哮洞穴（艺术）

目标指向

- 能根据不同动物的叫声和相关音乐声，感受音乐的强弱和节奏。
- 尝试用线条和色块组合成画面来表达对乐曲的理解。
- 感受音乐与美术的自然融合，体验音乐画带来的乐趣。

活动准备

- 不同动物叫声的音频。
- 毛笔若干、各色丙烯颜料、铅画纸。

指导要点

1. 情境导入：森林里的动物朋友邀请我们去一个神秘的洞穴。

2. 安静倾听不同动物叫声的音乐：让我们一起仔细听听，都有哪些动物呢？

3. 用手指游戏表现音乐的节奏。

4. 再次尝试，选择与音乐相匹配的色彩，配合节奏用画笔在长卷上创作。

5. 与同伴相互欣赏作品。

活动建议

- 活动形式：小组活动。
- 将幼儿的长卷作品布置在动物主题的涂鸦墙上，增强幼儿的成功感。

魔音设计师（语言）

目标指向

- 能根据自己的兴趣，大胆策划魔音节活动。
- 尝试自主设计魔音节场地布置。
- 乐于参与大型活动的策划与布置，感受合作的乐趣。

活动准备

- 投票课件。
- 记录单、画笔。

指导要点

1. 内容策划。

（1）幼儿园要举办魔音节了，你想在魔音节上玩点什么呢？

（2）整理想法，制作成电子课件，投票选出最受欢迎的活动。

2. 场地策划。

（1）活动的内容决定好了，现在要根据内容来设计场地，讨论需要怎么布置场地。

（2）用绘画的方式画出场地安排，并说一说。

3. 物品准备。

（1）共同讨论举办魔音节需要的物品道具，根据讨论结果画出清单。

（2）根据清单内容分配任务。

活动建议

- 活动形式：集体活动、小组活动。
- 建议幼儿自制一些场地布置的道具。

森林狂想曲（艺术）

目标指向

- 结合音乐节奏的快慢变化，用绘画的方式表现对音乐的感受。
- 大胆运用不同工具进行艺术创作，制作魔音节演出服。

活动准备

- 多媒体课件。
- 水枪、绸带、滴管、毛刷、颜料、水、白色的棉质衣物等。
- 音乐《森林狂想曲》。

指导要点

1. 音乐游戏小小演奏家：感受音乐的节奏变化，用动作进行表现。

2. 跟随音乐《森林狂想曲》，选择自己喜欢的工具进行挥舞跳动，表现音乐节奏。

3. 森林派对：自由组合制作魔音节演出服。用手上的工具蘸取颜料，随着音乐节奏进行点滴、泼洒等，在白色衣物上留痕。

4. 音乐秀场：幼儿身穿演出服跟随音乐进行律动。

活动建议

- 活动形式：集体活动、小组活动。

“怪有趣”魔音节（综合）

目标指向

- 乐意参与活动的设计、道具的制作和收集等准备活动。
- 能够在集体中大胆地表现自己。
- 感受和同伴一起创意游戏的快乐。

活动准备

- 各类动物演出道具。
- 节奏感强的音乐。

指导要点

1. 共同商讨魔音节活动，制订计划，罗列需要准备的道具、服装和喜欢的音乐以及节目单等。

2. 按照计划进行准备和排练，使用前期制作的作品进行场地布置。

3. 跟随音乐开展音乐节活动。

活动建议

- 活动形式：集体活动、小组活动。
- 建议教师拍摄照片和视频与家长一起线上分享，有条件也可以邀请家长参加。

4周

主题五：红红中国年

主题规划

一、设计意图

伴随着新年的钟声，我们即将迎来红红火火的农历新年。张灯结彩、阖家团圆、走亲访友、互送祝福是我们成人眼中的过年。而孩子们面对的是多元文化所带来的精彩纷呈的世界，“中国年”的印象反而变得模糊了。

在这个主题里，我们将和孩子们一起营造浓浓的过年氛围，通过多种途径探寻“年”的有趣故事，追寻“年”的美好传说，体味“年”的民俗风情。让幼儿在感受中国传统文化的同时，积极发挥想象，用不同的方式大胆构想属于自己的过年方式，勇敢创作自己的新年印象，感受过新年的喜庆，体验成长的快乐。

二、主题脉络

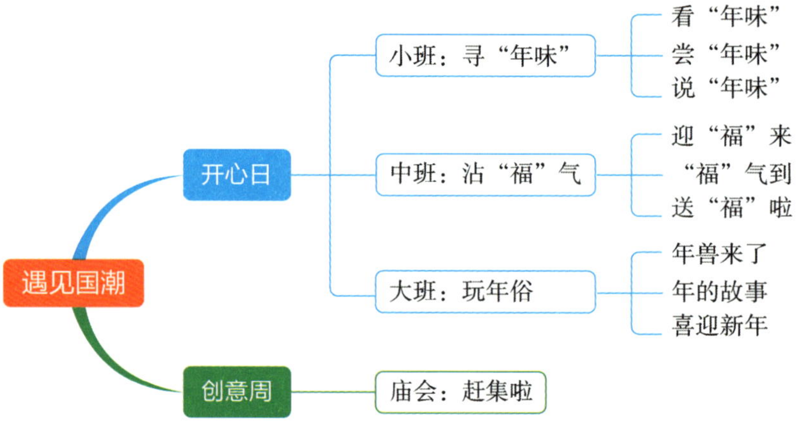

三、主题目标

目标内容	核心经验	对标《指南》关键经验
1. 喜欢阅读新年主题的绘本故事，乐意与周围的人进行语言交流；在群体活动中，能积极大胆地用自己的语言表达迎接新年的喜悦和对别人的祝福。	倾听与表达 阅读理解	• 小班：愿意在熟悉的人面前说话，能大方地与人打招呼；会看画面，能根据画面说出发生了什么事等。 • 中班：能基本完整地讲述自己的所见所闻和经历的事情；体会作品所表达的情绪情感。 • 大班：愿意与他人讨论问题；能有序、连贯、清楚地讲述一件事情；对看过的图书、听过的故事，能说出自己的看法。
2. 积极参与体育游戏，会熟练地跨跳、躲闪跑，在游戏中感受新年热烈的气氛及同伴间合作游戏带来的愉悦；知道新年里的安全小知识，会自我保护。	动作发展 生活能力	• 小班：能在较冷的户外环境中活动；能身体平稳地双脚连续向前跳。 • 中班：能助跑跨跳过一定高度的物体；能与他人玩追逐、躲闪跑的游戏。 • 大班：能躲避他人滚过来的球或扔过来的沙包；能自觉遵守基本的安全规则。
3. 乐于参与科学探究活动，并能用符号、绘画的形式记录自主探究的结果；在游戏、观察中发现事物的特征，感知时间和方位的变化。	科学探究 数学认知	• 小班：能用多种感官或动作去探索物体，关注动作所产生的结果；能感知和区分物体的大小、多少、高矮、长短等量方面的特点。 • 中班：能对事物或现象进行观察比较；能感知和发现简单的物理现象；能使用上下、前后、里外、中间、旁边等方位词描述物体的位置和运动方向。 • 大班：能发现事物简单的排列规律，并尝试创造新的排列规律；能用数字、图画、图表或其他符号记录。
4. 通过观察发现中国年独特的色彩、图案、纹样，了解其喜庆吉祥的寓意；能结合新年元素自主设计，表现新年热闹、幸福的情景。	感受与 欣赏 表现与 创造	• 小班：经常涂涂画画、粘粘贴贴并乐在其中；能跟随熟悉的音乐做身体动作。 • 中班：喜欢倾听各种好听的声音，感知声音的高低、长短、强弱等变化；能运用绘画、手工制作等表现自己观察到或想象的事物。 • 大班：乐于收集美的物品；能用多种工具、材料或不同的表现手法表达自己的感受和想象；艺术活动中能与他人相互配合，也能独立表现。
5. 知道新年是中国的传统节日，是家庭团圆的重要节日，体验新年给人们带来的欢乐；乐意给身边的人送去新年的关怀和祝福。	人际交往 社会适应	• 小班：喜欢承担一些小任务；愿意与熟悉的长辈一起活动；能感受到家庭生活的温暖。 • 中班：能注意到别人的情绪，并有关心、体贴的表现；能按自己的想法进行游戏或其他活动，敢于尝试有一定难度的活动和任务。 • 大班：能在活动中出主意、想办法，能认真负责地完成所接受的任务；能关注别人的情绪和需要，并能给予力所能及的帮助。

四、主题游戏馆活动方案

活动目标

1. 能够选择合适的材料创设新年的游戏情景，与同伴合作，自主设定游戏情节和内容，感受过年的热闹气氛。

2. 对年俗活动感兴趣，能积极参与各种与新年有关的游戏，能用清晰有条理的语言，向他人送出新年的祝福。

3. 能通过情景创设、角色扮演、美术创作等形式，表现中国新年的独特魅力，感受新年团圆、快乐的氛围。

4. 喜欢和同伴一起游戏，会关心照顾比自己能力弱的同伴，活动时能与同伴分工合作，友好相处，遇到困难能一起商量，寻找解决的方法。

5. 愿意接受同伴的意见和建议，对大家都喜欢的东西能轮流使用和分享，与同伴发生冲突时，能尝试自己协商解决或寻求他人的帮助。

具体安排

场馆名称	内容建议	玩法参考
宝贝会所	走亲访友过大年	选择合适的材料布置新年小屋，置办年夜饭，拍摄拜年祝福视频，感受过年的热闹氛围。
滴滴车吧	年货大派送	设计运送路线，选择合适的运送工具，根据任务卡将年货派送到指定目的地。
嬉沙乐园	新年沙雕展	创设过年的展览氛围，以大带小的形式合作设计、制作沙雕作品并展示。
闲鱼小站	幸运大转盘	结合新年元素自主设计、制作新年大礼包，通过转动“幸运大转盘”实现礼包的随机交换。
点点诊所	暖暖送健康	与其他游戏馆联动，医护人员携带小药箱帮助园内老师、幼儿体检并记录。
花花洗衣	我的新衣	参考中国传统服饰纹样，幼儿自主设计、并尝试用塑料针在粗麻布上进行刺绣、彩绘或立体裁剪。
奇奇玩社	卡牌对对碰	幼儿通过视频了解有趣的聚会卡牌小游戏，自主选择并合作游戏，体验新年聚会的快乐。
酷酷小兵	小兵过年啦	幼儿以军歌大比拼、军体操展示等方式开展年终汇报活动。

续表

场馆名称	内容建议	玩法参考
丫丫美妆	美美新年妆	提供年度爆款发型和美甲的参考图片，幼儿结合自己的喜好选择并体验，感受过年打扮自己、焕然一新的快乐。
童童健智	萌娃闹新春	创设民俗游戏大街的情境，幼儿以“逛庙会打卡”的形式，体验传统民俗游戏的快乐。
美美创意	年兽来了	提供多种材料，幼儿分组制作平面或立体的年兽造型。
哇哇博士	“噼里啪啦”烟花节	围绕“过年放烟花”的主题，利用压力、弹力、酸碱中和产生气体的原理，尝试用不同的方式放“烟花”。
梦想之城	新年大街	提供新年绘本、清水积木、乐高积木等以及各种辅材，合作设计并搭建新年街景。

五、ART涂鸦馆活动方案

活动目标

1. 欣赏新年的图片、视频等，感受身边浓浓的新年氛围，了解属于中国新年特有的色彩之美、纹样之美。

2. 喜欢参与新年民俗创意活动，如画年画、做福字贴、做花灯等，品味传统文化，感受年俗魅力。

3. 乐于向别人介绍自己所发现的新年，愿意和别人分享、交流自己搜集到的与新年有关的文创作品，感受其内涵的吉祥寓意。

4. 能与同伴合作进行艺术创作，围绕新年主题展开想象，尝试运用多种生活材料（纸袋、海报）和新年元素进行艺术创作，表达出自己对新年的感受。

5. 能大方地展示自己的作品，会从形式和内容等多角度评价自己和他人的美术作品。

具体安排

场馆名称	内容建议	材料参考
纸趣联盟	1. 与“兽”有曰 2. 与“花”有约	1. 运用不同种类的纸，在大型纸袋上进行年兽的创作，并将纸袋穿在身上与“年兽”共舞。 2. 幼儿通过欣赏窗花，了解其喜庆吉祥的寓意，在画画、剪剪、玩玩中体验剪纸的乐趣。

续表

场馆名称	内容建议	材料参考
写生小栈	1. 甜甜的糖画 2. 创意新年照	1. 提供糖画相关材料及制作视频，幼儿自主设计、制作、品尝糖画。 2. 以光影游戏的形式合作游戏，幼儿一人摆造型、一人临摹影子。
千色派对	1. 五彩烟花秀 2. 大漆文创展	1. 提供自制气球弹射器、颜料、KT 板等，幼儿利用弹射的原理喷洒颜料，玩“放烟花”的游戏。 2. 提供稀释好的大漆、水、搅拌棒、扇子、伞等，幼儿搅动大漆，在水中形成各种纹理，拓印于物品上，并进行摆台展示。
拼摆乐园	1. 福气拼拼乐 2. 华灯初上	1. 收集有“福”字的各类杂志、海报、纸袋等，幼儿以剪贴的形式制作“百福图”。 2. 提供马赛克、玻璃灯罩、酒精胶等，幼儿自主设计马赛克纹样，拼贴新年的花灯。
绘本盒子	1. 自制《十二生肖谁第一》故事盒子 2. 皮影戏	1. 提供绘本《十二生肖谁第一》。 2. 提供鞋盒、棒冰棍及各种辅材，幼儿仿编故事内容，并尝试将其自制绘本内容讲述出来，同时进行表演。 3. 提供自制皮影戏台，幼儿根据故事内容自主设计、制作皮影人物及相关情境，并进行排练演出。
沙艺世界	1. 挤福 2. 沙盘画《年兽大作战》	1. 提供白乳胶、自制挤沙瓶、红纸，幼儿用白乳胶在红纸上写福，并撒上彩沙装饰。 2. 提供自制沙盘，幼儿合作用彩沙绘制年兽，并进行沙盘活动。
图版印象	1. 年年有余 2. 福福和喜喜	1. 在纸板上刻画出不同鱼的造型以及鱼鳞上特别的国风花纹，刷上颜色进行拓印，制作新年锦鲤。 2. 认识了解不同的福字和喜字的样式，知道贴福贴喜的含义，通过 KT 板刻印制作独属于自己的新年福福和喜喜。
水墨作坊	1. 福气冲天 2. 中国龙 3. 门神	1. 尝试用刻画、拓印的方式，在宣纸上刻印“福”字，感受“福”字的结构之美，并能用鱼、莲等吉祥纹样进行装饰。 2. 将墨汁随意泼洒在纸上进行想象，添画出龙的造型细节。 3. 通过观察中国传统年画《门神》，发现门神的形象特点和动作形态，尝试用毛笔进行勾画，并大胆设计门神的新造型。
微画空间	1. 线描画《年画娃娃》 2. 撕贴《荷叶连连》 3. 立体造型《年年有鱼》	1. 提供各色手揉纸、镭射纸、铝丝等综合材料，以分组创作的形式进行游戏， 2. 利用线描、撕贴、立体造型等多种形式合作创意杨柳青主题年画。

续表

场馆名称	内容建议	材料参考
陶泥演义	1. 瑞兽迎新年 2. “福”牌 3. “泥”真牛	1. 参考瑞兽的图案，发现瑞兽的外形特征，尝试捏制瑞兽的形象。 2. 尝试用紫砂泥拍出“福”牌，并用马赛克、彩珠等进行装饰。 3. “泥”真牛 尝试用扔一扔、砸一砸的方法砸出泥巴的不同状态，大胆想象，借助简单的工具，表现出牛的不同形态，体验玩泥巴的乐趣。
木玩部落	1. 锦鲤来了 2. 木娃娃穿新衣	1. 提供木条、小石块、木工胶、树皮、渔网等材料，创意拼贴“鱼”的形状。 2. 提供木棒、毛线、毛根、皱纹纸、活动眼睛、酒精胶等材料，幼儿自主选择材料，给“木娃娃”设计装饰新年装扮。
造型天地	舞龙舞狮	提供纸箱、笔刷、颜料、木棍等材料，幼儿合作造型、装饰舞龙舞狮，同时结合视频进行合作表演，感受过年热闹的氛围。

六、生活指导

1. 知道冬天天气寒冷，学会保护自己的皮肤，懂得一些御寒保暖的方法。

2. 有良好的生活习惯，咳嗽、打喷嚏时不对着别人，知道遮挡口鼻。

3. 知道燃放烟花爆竹的安全常识，在感受新年年俗活动的同时，增强自我保护的能力。

七、环境创设

1. 师幼共同收集红红的灯笼、有趣的对联、精美的鞭炮、传统剪纸窗花等与新年有关的物品，创设新年主题场景，丰富过年的欢乐氛围。

2. 提供与年有关的绘本故事书，供幼儿自主选择阅读，了解中国关于年的传统习俗。

3. 收集各种年历（旧年的和新年的），感知一年已经过去了，在感受新年氛围的同时，体验自己成长的喜悦与自豪。

八、家长工作

1. 利用周末休息的时间，带幼儿去街上走一走、逛一逛，感受浓浓的新年氛围，用照片或视频记录发现的“年味”。

2. 协助幼儿查找、收集关于中国年俗的资料，带幼儿充分感受中国传统节日春节的文化氛围。

3. 引导幼儿观察身边迎新年的不同方式，鼓励幼儿用语言表达自己喜悦的心情。

●“开心日”活动

小班：寻“年味”

【资源分析】

新年翩翩而至，旧岁渐渐而逝，大街小巷的年味儿，越来越浓啦！都说年味儿年味儿，“年”会有哪些“味儿”呢？是装满福气的红包，是身上美美的新衣新裤，是街上红红的灯笼，是口袋里甜甜的糖果……在这个有“味道”的主题里，小班的孩子们将化身“年味小侦探”，一起看年味，找一找新年什么样，感知身边浓厚的新年氛围；一起尝年味，尝一尝过年才有的好味道，享受舌尖上的年味；一起说年味，说说甜甜的话，把新年的祝福送给大家。孩子们在找“年味儿”的同时，了解我国传统节日习俗，加深对春节的认识，感受中国传统文化之美，体会浓浓的中国年味。

【目标设计】

1. 用语音、视频等多种形式记录了丰富多彩的过年景象，体验与亲人、朋友一起置办年货、跨年、拜年的过程，感受浓浓的年味。

2. 能够大胆、口齿清楚地表达自己对年的理解，会用甜甜的话给身边的人送去新年的祝福。

3. 通过调查的方式，寻找身边的年味，尝试用简单的符号记录自己的发现。

4. 感知中国年的红红火火，能够尝试用涂涂画画、拼拼贴贴的艺术创作手法表现自己印象中的年。

5. 体验过新年的快乐氛围，了解在新年里要知道的安全小常识，增强自我保护的意识。

【内容建议】

活动线索	活动名称	侧重领域	实施要点
看“年味”	年味儿	语言	观看视频，回顾分享自己在以往春节里所遇见的年味儿。讨论都看到过哪些充满年味的事情？大胆表达自己在春节里最喜欢的“年味儿”是什么？
	“年味”小侦探	社会	承担“年味”小侦探任务，和父母、同伴一起出门收集、寻找年味，拍摄视频和照片，并主动与身边的人分享。
	★新年烟花雨	科学	通过实验操作，探究烟花雨产生的原因，发现油和水不相溶的现象，验证自己的猜想，体验到惊喜和满足。
	年货大采购	健康（体育）	幼儿观察贴在地面上的动作示意图，自主尝试，发现跨越障碍到达目的地的方法。
	★瑞雪兆丰年	艺术（美术）	看视频，探索发现用雪塑形的方法。尝试使用滴管和小喷壶，将颜料喷洒、滴漏到雪花造型上进行装饰。
尝“年味”	过年吃点啥	语言	看图片回忆并与同伴交流自己过年吃到的美食，说说自己了解到的这些年俗食物蕴含的美好意义。
	美食分享会	社会	与同伴分享自己带来的年俗食物，体验与同伴分享美食的快乐。
	★糖果分一分	科学（数学）	幼儿自取糖果，观察空盘子上的标记（圆形、正方形），尝试寻找分类的规则，自主分糖果。
	好吃的年糕	健康（体育）	分组尝试双脚夹住沙包往前跳，发现不用手拿，用双脚运送“年糕”的方法。
	包饺子	艺术（音乐）	用拍手的方式，找出音乐的节拍，并尝试听音乐的节奏创编包饺子的动作。

续表

活动线索	活动名称	侧重领域	实施要点
说“年味”	甜甜的祝福	语言	欣赏故事《新年送祝福》，回忆自己走亲访友时说过的吉祥话，与同伴分享交流。
	走！去拜年	社会	观看视频，知道一些基本的拜年礼节，自由组队去找幼儿园工作人员，送上自己甜甜的祝福。
	抢红包	健康（体育）	听清楚口令，反应迅速地灵活抢占红包椅，并尝试和同伴商讨更换新的游戏规则。
	新年叠叠高	科学	搜集不同大小的纸盒、积木，通过游戏发现从低到高的变化。
	★勺子先生的新年舞会	艺术	幼儿跟随音乐节奏，用勺子在白纸上的颜料堆中敲击出四溅的颜料色块，并尝试为色块添加眼睛。

线索一：看“年味”

新年烟花雨（科学）

目标指向

- 初步探究烟花雨产生的原因，发现油和水不相溶的现象。
- 通过动手操作，验证自己的猜想，体验到惊喜和满足。

活动准备

- 食用色素、杯子、清水、食用油、搅拌棒。
- 新年里放烟花的图片或视频。

指导要点

1. 观看视频：新年烟花。幼儿结合生活经验讲述自己过年时看到的烟花是什么样子的。

2. 幼儿观察操作材料及操作步骤图，猜想实验结果，在操作记录单上勾选自己猜测的结果。

3. 下烟花雨啦：幼儿自主实验并验证自己的猜测结果。

4. 幼儿介绍自己实验的结果，并和自己的猜测结果进行比较。

5. 展示并介绍自己的实验结果。

活动建议

● 活动形式：小组活动。

● 回家后，家长可陪伴幼儿再试试，如果将油和色素的混合物倒入白醋中，又会发生哪些有趣的现象。

瑞雪兆丰年（美术）

目标指向

● 能用团、揉、堆等方法对人造雪进行简单的塑形。

● 尝试运用滴管、喷壶大胆地上色。

● 乐意参与美术游戏，体验与同伴共同游戏的快乐。

活动准备

● 人造雪、桌布、滴管、喷水壶、颜料、颜料盒、桌子。

指导要点

1. 讨论：我看到的雪是什么样子的？我是怎么玩雪的？

2. 幼儿观看玩雪的小视频，探索造雪、玩雪的方法。

3. 冰雪世界的雪不光是白色的，有了滴管宝宝的帮忙，白白的雪还能变成彩色的。幼儿尝试使用滴管和小喷壶。

4. 讨论游戏的要求，幼儿自由探索、游戏，重点指导幼儿将人造雪塑形，再滴或喷颜料，并尝试合作塑形。

5. 一起欣赏自己创造的缤纷冰雪世界。

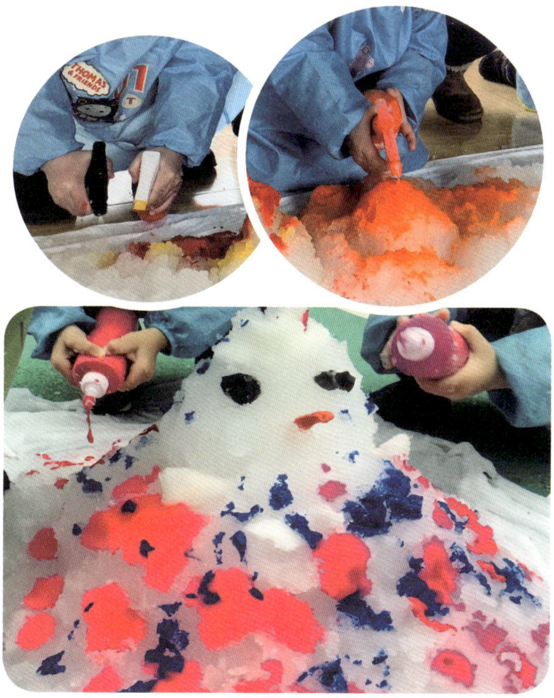

活动建议

● 活动形式：集体活动。

● 自然界中真正的雪应该是冰冷的，所以在调配人造雪时，水温需要低一点。

● 在塑形引导时可以加一些冰雕的图片展示，让小朋友们有一个空间上的造型基础，再加一些语言引导，让小朋友们能有更丰富的造型创意。

线索二：尝“年味”

糖果分一分（数学）

目标指向

● 能按形状、颜色、味道等特征对糖果进行分类，并能用自己的语言描述。

● 乐于参加分类操作游戏，体验数学游戏的快乐。

活动准备

● 不同形状、颜色和味道的糖果。

● 标有形状标记的分类盒。

指导要点

1. 神秘糖果袋。幼儿轮流从神秘纸袋里抽取出糖果，展示给大家看，并说一说糖果的形状、颜色，如红色的、圆圆的、方方的等。

2. 幼儿自由抓糖果，一只手抓一次，放在自己的小盘子里，数一数抓了几颗糖。数好糖果的幼儿跟小伙伴交流自己拿了几颗糖果。

3. 观察空盘子上的标记（圆形、正方形），尝试寻找分类的规则，自主分糖果。

4. 介绍自己给糖果分类的结果，并说一说自己是按照什么要求进行分类的。

活动建议

● 活动形式：小组活动。

● 可将糖果等材料投放到区域游戏中，引导幼儿在区域活动中进一步操作，探索更多糖果分一分的方法。

线索三：说“年味”

勺子先生的新年舞会（艺术）

目标指向

● 感受黄色与蓝色、红色在混合后发生的色彩变化，体验色彩活动带来的乐趣。

● 能跟随音乐节奏，完成“舞蹈精灵”的组合游戏。

活动准备

● 白色底纸，红、黄、蓝三种颜料，勺子人手一把，活动眼睛。

● 多媒体课件。

指导要点

1. 音乐游戏导入：新年舞会。

2. 幼儿跟随音乐节奏在白板上敲击，出现四溅的颜料色块，并尝试为色块添加眼睛。

3. 每人一把勺子，跟着音乐一起来跳踢踏舞，提醒：要发出“踢踏踢踏”的声音才是踢踏舞哦。

4. 幼儿自由探索、游戏，提示幼儿观察颜色的变化，并尝试给舞蹈精灵添上眼睛。

5. 展示作品，幼儿观察舞蹈精灵的色彩，初步感知颜色混合的变化。

活动建议

● 活动形式：小组活动。

● 幼儿操作使用的勺子可以改成各种形状、大小不一的勺子，这样敲击出来的色块也会有不同的效果，带来更多的趣味性。

中班：沾“福”气

【资源分析】

提起“福”字大家都会喜上眉梢，祈福、盼福、崇福、尚福的心情油然而生，春节贴“福”字更是中国民间由来已久的风俗，每到过年家家户户门口都会贴上福字，喜庆的“福”字寄托了人们对幸福生活的向往，对美好未来的祝愿。

在这个主题里，孩子们通过找福、迎福，了解“福”字中蕴藏的美好寓意，感受“福临万家”的年味；通过画福、拼福，和“福”字玩游戏，体验中国文化的独特魅力；通过送“福”，让“福”满幼儿园，把福气满满送给身边的人，感受互相祝福的快乐。孩子们可以在探索和发现的过程中，分享对中国“福”文化有初步的了解，在“福”的海洋中流连，用“福”字敲开新年的大门，用“福”字描绘新年的篇章。

【目标设计】

1. 收集各种带“福”字的物品，发现不同的福字样式，了解“福”字背后蕴含的美好含义，体验新年“福到”的节日气氛。

2. 通过画福字、送福气等活动，对周围的人表达新年的祝福，感受新年互送祝福的快乐，懂得关爱他人。

3. 了解春节贴福的来历，知道新年贴福字是我国民间流传已久的传统习俗，初步感受中国的传统文化。

4. 能根据“福”字的笔画特点进行想象、变形、添加、装饰，尝试通过拓印、剪贴的方式，合作制作百福图，感受中国传统艺术的独特魅力。

5. 乐于参与体育游戏，能够助跑跨跳过一定的距离，在追逐跑的游戏中能够动作协调灵活躲闪。

【内容建议】

活动线索	活动名称	侧重领域	实施要点
迎“福”来	新年到	语言	交流调查表，介绍自己搜集到的关于中国年的内容，知道中国人过年的传统习俗，感受新年到来的快乐。
	春福	社会	观看故事课件，尝试体会主人公的情绪变化。与同伴讨论帮助别人的方法，感受帮助别人带来的快乐。
	跨年啦	健康（体育）	观察同伴跳过时光之河的动作，尝试用助跑跨跳的方式进行游戏。
	福字拼拼乐	科学	观察自制福字拼图，发现不同画面特征明显的部分。与同伴分组合作，结合已有生活经验，商量快速拼图的方法并完成拼图游戏。
	★跳动中国年	艺术	倾听音乐，感受乐曲当中的旋律，尝试根据音乐的不同节奏，变化铝丝形状和点点的大小，进行立体造型。
“福”气到	★贴福字的来历	语言	结合已有经验讨论“福”字的含义，自主阅读绘本故事，进一步感知贴福字的来历。
	“福”字要不要倒着贴?	社会	自主分组进行辩论游戏，遵守游戏的规则，能够接纳不同观点，感受到与别人辩论的乐趣。
	找福啦	科学（数学）	在教室里找福卡，找到后在福卡上标识自己找到的福卡在哪里，能使用上下、前后、里外、中间、旁边等方位词，向同伴描述福卡的位置。
	贴福字	健康	幼儿自主布置场地障碍进行贴福字游戏，并尝试蒙眼与同伴两两合作，听口令走过障碍完成贴福游戏。
	★新年做红包，扫码送祝福	艺术（美术）	欣赏新年红包，发现红包上的艺术特色和中国元素。尝试自制红包，并贴上有魔法的祝福密码（活动前录制的祝福二维码）。
送“福”啦	福气糕	语言	自主阅读绘本《福气糕》，了解福气糕的来由，尝试模仿福气猫的语气，说说祝福语，并配上动作。
	送福到万家	社会	幼儿自制福字图片，分组去幼儿园各班、各活动室、办公室送福，体验互相送祝福的快乐。
	★藏起来的“福”	科学	用不同颜色的滤片观察图案，发现与滤片同色的图案会消失的秘密，尝试不同的滤色片组合进行观察，初步感知层叠图像的奥秘。
	抓福啦	健康	结伴探索抓福气游戏的玩法，能动作协调的跑动，灵活地躲避同伴的追逐。
	★百“福”纳吉	艺术（美术）	观察发现红包上有特色的图案，尝试用剪一剪、拼一拼、贴一贴的方法，创造性地利用废旧红包中的“福字”元素进行剪贴画创作。

线索一：迎“福”来

跳动中国年（艺术）

目标指向

- 感受中国五韵独特的音律美，并尝试根据旋律进行立体建构。
- 能根据音乐的不同节奏，变化铝丝形状和点点的大小，进行立体造型。
- 在布置舞台的过程中感受新年的喜庆氛围。

活动准备

- 透明盒子、丙烯笔、装饰球、铝线、剪刀、小筐若干。
- 多媒体课件。
- 幼儿有立体建构造型的经验。

指导要点

1. 谈话导入，筹备新年音乐会。

2. 幼儿倾听新年音乐会演奏的曲目，感受乐曲当中的旋律。

讨论：从音乐中你感受到了什么？可以怎样用材料来表现？

3. 幼儿自选材料分组进行立体结构，在操作中留意，线线有点尖尖的，要注意安全。

4. 舞台进行时，幼儿共同布置舞台，在乐曲声中和同伴讨论这段乐曲藏在舞台布置的哪一部分中。

活动建议

- 活动形式：小组活动。
- 活动延伸：新年音乐会。

线索二："福"气到

贴福字的来历（语言）

目标指向

- 能够自主阅读绘本故事，了解过年贴福字的民俗。
- 观察"福"字，发现中国传统文化中"福"字的象征意义。

活动准备

- 绘本《贴"福"字的来历》。
- 班级大门上贴上福字。
- 多媒体课件。

指导要点

1. 幼儿结合已有经验分享讲述自己什么时候，在哪里看到过"福"字。

2. 讨论：福字是什么意思？为什么要贴福字？初步了解福字所蕴含的吉祥寓意。欣赏民间将福字做成的各种图案。

3. 自主阅读绘本，进一步感知贴福字的来历。

（1）人们在哪里贴上福字？为什么要贴福字？了解贴福字是人们在表达摆脱穷困、追求幸福的愿望。

（2）有些地方福字倒着贴，这是为什么呢？了解将福字倒过来贴，表示"幸福已倒（到）""福气已倒（到）"。

4. 幼儿分组，尝试用吉祥的图案。如：用鱼、莲花等设计一个福字，并向同伴介绍自己设计的图案中所表达的意义。

活动建议

- 活动形式：集体活动、小组活动、区域活动。
- 活动延伸：找一找身边的福字贴，美工区中提供材料制作福字贴。
- 鼓励幼儿把祝福的吉祥话送给家人、朋友、帮助你的人。
- 建议家长陪伴幼儿观看影片《小门神》，进一步了解中国的年俗。

新年做红包，扫码送祝福（美术）

目标指向

● 发现红包中蕴含的中国元素，运用油漆笔给红包设计不同的纹样。

● 了解现代社会中扫二维码的功能，感受现代科技给生活带来的变化和新年互送祝福的快乐。

活动准备

● 无字红包、金色油漆笔、银色油漆笔、黑色记号笔。

● 幼儿祝福语音、语言二维码。

指导要点

1. 分享：我收到过的新年红包是什么样子的？在欣赏新年红包时从颜色、文字、花纹中发现红包的艺术特色和中国元素。

2. 设计新年红包，知道二维码的用途。观看电子红包的图片，发现电子红包与普通红包的不同之处。

3. 制作新年红包，把祝福都装进去。设计好花纹后，打开红包的封口，对着里面说上祝福语，最后贴上有魔法的祝福密码。

4. 扫码听祝福，拿着设计好的新年红包上来介绍，并现场扫码听祝福语。

活动建议

● 活动形式：小组活动。

● 提前录制好幼儿祝福音频并生成二维码。

● 活动延伸：给亲友送祝福红包。

线索三：送“福”啦

藏起来的“福”（科学）

目标指向

● 尝试不同的滤色片组合，初步感知层叠图像的奥秘，激发探索的兴趣。

● 探索找到“福”的方法，体验发现的乐趣。

活动准备

● 布置好活动场地，为寻“福”工作做好准备。

● 多媒体课件。

● 红蓝滤色片若干、空框眼镜人手一副、记录纸笔、双色点阵图 3 张、二维码图片 3 张（3 组）、福字图片、盒子、钥匙。

指导要点

1. 进入福气屋，倾听神秘眼镜叔叔的叙述，熟悉周围环境。

2. 福气屋解谜，在分组操作探索中交流发现。单色滤色片解密，戴上红色的镜片就能把图上的红色去掉，看出另外一种颜色。双色立体图片解密，使用红蓝两种颜色的镜片就能看出立体图像。

3. 观察“线索”进行回忆和联想并讨论：为什么一定要用什么镜片才能看出来？幼儿在自主探索中发现红蓝两片叠加，可以看到立体的图案。

4. “福”气多多大家找，利用红蓝镜片，根据线索，在游戏中找到更多的“福”，激发再探索的热情。

活动建议

● 活动形式：小组活动。

● 提前布置好活动场地，准备好寻“福”线索，做好活动准备。

百“福”纳吉（美术）

目标指向

● 尝试用剪一剪、拼一拼、贴一贴的方法，创造性地利用废旧红包中的“福字”元素进行剪贴画创作。

● 与同伴合作创作色彩拼贴画，体验合作的快乐。

活动准备

● 各种红包、红色系彩纸、彩色马克笔、炫彩棒。

● 黑色 KT 板、剪刀、固体胶。

指导要点

1. 幼儿观察发现红包上有特色的图案，说一说这些图案代表什么样的美好寓意？

2. 欣赏拼贴画，感受拼贴画的趣味性。

讨论：如何用红包做成一幅有趣的拼贴画？

3. 幼儿自由分组，与同伴合作选择合适的图案，共同进行“百福纳吉”的拼贴。

4. 幼儿将作品布置在教室里，互相评论各组作品有趣的地方。谈谈在合作中发现的问题和解决的方法。

活动建议

● 活动形式：小组活动。

● 活动延伸：百福展。幼儿将制作的红包、福字贴、百“福”纳吉等作品布置成展览，邀请其他班级幼儿前来参观并进行介绍。

大班：玩年俗

【资源分析】

“年”是中华传统文化的符号，过年意味着喜庆，意味着团圆，意味着延续，中国年俗有说不完的故事。过年是习惯、是习俗，是儿时美好的期待，是长大后温暖的记忆。关于过年，在孩子们的心里有一百种方式表达，一百种语言、一百种味道、一百种乐趣……

为什么叫过年呢？过年的“年”到底是什么呢？过年有哪些讲究呢？带着孩子们的疑问和对新年的憧憬，我们一起走入这个主题，在这场与年的约会中，听着“年”的故事，寻找年的踪迹；说着“年”的趣事，重拾古老的年俗。通过各种探索，发现年的秘密，用自己的方式描绘、记录、整理，感受中国年的独特魅力。

【目标设计】

1. 知道过年的由来，简单了解“中国年”的传统习俗，对农历新年充满兴趣和向往。

2. 了解多种形式的年俗及其背后蕴含的吉祥寓意，乐意参与讨论过年这个话题，能比较完整、清楚地讲述自己对春节习俗的认识和感受。

3. 乐于参与探究活动，尝试通过谈话、上网查询等方式，在成人的帮助下收集和年俗有关的信息，并能用符号、绘画的形式记录自主探究的结果。

4. 欣赏红色寓意“喜庆、吉祥”的事物，感受中国红的独特魅力，大胆选择自己喜爱的元素进行创意，表现新年的热闹、红火。

5. 喜欢参与民俗体育游戏，会熟练地躲闪跑、追逐跑，在游戏中感受新年热烈的气氛及同伴间合作游戏带来的愉悦。

【内容建议】

活动线索	活动名称	侧重领域	实施要点
年兽来了	年的故事	语言	讨论交流对“年”的理解，自主阅读故事，围绕有关“年”的话题大胆表达自己想法，感受传统文化的丰富性。
	★砸年兽	健康（体育）	动作灵活地追逐跑、躲闪和投掷，探索砸年兽和年兽怎么躲闪的方法，交流自己的小窍门，感受投掷游戏的趣味性。

续表

活动线索	活动名称	侧重领域	实施要点
年兽来了	孤独的年兽	社会	观察视频画面并猜测角色和故事情节，体验年兽孤独和快乐的情绪。
	大红灯笼高高挂	科学	观察不同挂钩上的标志图，根据灯笼的三种特征（形状、大小、颜色）为灯笼寻找合适的空间位置，并能大胆、正确地表述灯笼的特征和方位。
	★狮子舞王	艺术（美术）	欣赏舞狮视频，观察舞狮外貌特征，尝试在狮子脸颊、背上、腿部等处添加图案、线条装饰，感受传统艺术的魅力。
年的趣事	小孩小孩你别馋	语言	听儿歌音频，试着用儿歌里的话说一说，过年时会有哪些有趣的活动，尝试根据儿歌模式，用新的活动内容进行仿编。
	神奇的腊八蒜	科学	观察腊八蒜的步骤图，分组选择合适的材料制作腊八蒜，注意工具的使用安全。尝试用数字、符号、图画等方式记录腊八蒜的变化过程。
	糖瓜粘	健康	喜欢糖瓜粘喊数抱团的游戏玩法，在多次游戏后，尝试与同伴共同商量新的游戏规则，探索新的游戏方法。
	扫房子	社会	讨论使活动室干净整齐的方法，与同伴自主分工，合作完成活动室的清洗任务。
	★我的愿望墙	艺术（美术）	观察搜集到的新年物品，发现物品上的新年元素，自选材料尝试用绘画、剪纸、撕贴等方式，表现自己的愿望，并乐意向同伴介绍自己的作品。
喜迎新年	过年啦	语言	自主阅读绘本《过年啦》，了解过年的来历和各种习俗，用连贯的语言，在同伴面前大胆讲述故事。
	我的过年计划	社会	与同伴商讨迎新年可以怎么玩，合作尝试用图、表、符号、图画等方式制作过年活动计划。
	★新年倒计时	科学	观看视频，讨论、发现计算倒计时的方法，挑选自己喜欢的节日或期盼的日子的图片尝试进行倒计时。
	快快乐乐过新年	健康	观看安全图片，了解寒假中应注意的安全，尝试通过安全知识大比拼的游戏，形成初步的自我保护意识。
	★上新了，中国红	艺术（美术）	观看视频，感受中国故宫红的魅力，大胆选择自己喜爱的元素进行创意绘画，装饰展示架上的物品。

线索一：年兽来了

砸年兽（体育）

目标指向

- 能动作灵活地追逐跑、躲闪和投掷，有良好的身体协调性。
- 能认真听清指令内容作出相应的动作，感受投掷游戏的趣味性。

活动准备

- 幼儿听过年兽的故事 。
- 鞭炮（辫子尾巴）、火焰（波波球）、大树（椅子）、生沟（跨栏）。

指导要点

1. 年兽下山。有一个叫年兽的怪物，它喜欢吓唬人，一到冬天就会下山来。幼儿模仿年兽下山的动作（弯腰、扭胯、蹲起等热身运动）。

2. 砸年兽。探索砸年兽和年兽怎么躲闪的方法，交流自己的小窍门。

3. 幼儿分成两组进行游戏，一组扮演年兽，一组扮演被抓的小朋友。

提醒幼儿：在游戏中不得超过投掷线。投掷物接触年兽身体任何部位，则为年兽被吓跑。

4. 年兽和我做朋友，幼儿随着轻松的音乐放松身体。

活动建议

- 活动形式：小组活动。
- 活动时可多设置一些有难度的障碍，增加孩子的运动量和“砸年兽”的难度。

狮子舞王（美术）

目标指向

- 观察、欣赏舞狮活动中“狮子”的主要造型特点与动态，感受传统艺术的魅力。
- 尝试用多种材料和方式来表现舞狮的外形和动作，体验创作快乐。

活动准备

- 舞狮视频、音乐（《醒狮贺岁》广东吹打）、多媒体课件。
- 白铅画纸长卷、白色购物袋、红彩笔、红毛根、白纸箱、白色纸板块、红色颜料、细油画笔、红色亮片布、金粉、胶水、胶枪等。

指导要点

1. 狮子会跳舞。听“醒狮”音乐入场，欣赏舞狮视频。

分享交流：你看到了什么？舞狮长什么样？什么时候才有这么热闹的舞狮表演呢？

2. 舞狮大会。幼儿观察舞狮外貌特征，并尝试在狮子脸颊、背上、腿部等处添加图案、线条装饰。

3. 幼儿选择喜欢的材料，自己动手或合作的形式来召唤舞狮。

4. 幼儿作品展示，进行简单的交流评价，幼儿尝试戴上作品随着音乐舞一舞，玩一玩。

活动建议

● 活动形式：小组活动。

● 舞狮形态对孩子来说略显复杂，教师主要引导幼儿观察、发现其中最主要、最明显的一些特点，比如狮子的五官形状、毛的特点等。抓住特点，幼儿随后就能大胆装饰，不会无从下手了。

线索二：年的趣事

我的愿望墙（美术）

目标指向

● 了解中国的新年习俗并与同伴分享自己的新年愿望。

● 乐意用绘画的形式表达自己的愿望，体验过年的气氛。

活动准备

● 多媒体课件。

● 透明手提袋（透明礼物盒）、红色马克笔和彩纸若干，礼物架一个。

指导要点

1. 谈话导入：过春节的时候，我们有哪些传统习俗呢？

小结：其实，我们刚刚说了那么多新年习俗，都是代表人们对新的一年的期望，希望在新的一年里可以团圆、热闹、红火、进步。

2. 幼儿观察搜集到的新年物品，如手提袋和礼物盒，发现物品上的新年元素，与同伴分享自己的发现。

3. 幼儿自主选择材料进行创作，教师巡回观察。

4. 幼儿相互分享交流自己画的新年愿望，提升经验。

活动建议

● 活动形式：小组活动。

● 可以请家长配合，适当丰富幼儿一些相关活动的前期经验，如过年时需要的物品和过年要干什么。

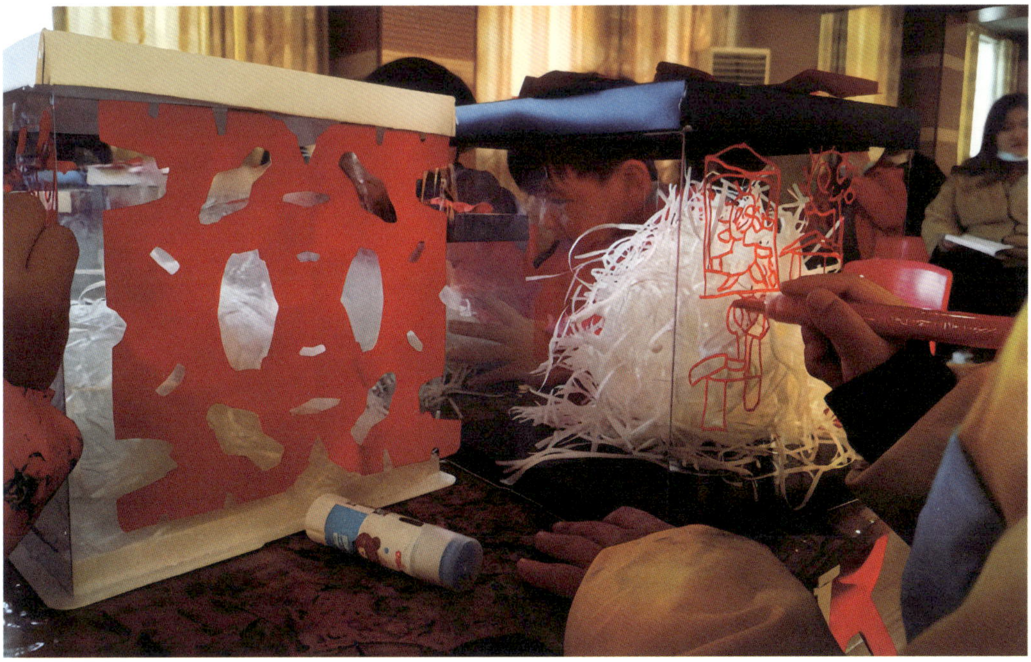

线索三：喜迎新年

新年倒计时（科学）

目标指向

- 在寻找节日的过程中，产生对某个日子的期盼之情。
- 尝试计算倒计时，了解“倒计时”的含义。
- 理解倒计时与人们生活的关系。

活动准备

- 有关“倒计时”的课件。
- 大日历一张，节日小图片若干，记号笔、胶棒、小日历、操作牌人手一份。

指导要点

1. 导入游戏：“倒计时找椅子”。

2. 观看几种倒计时视频，如火箭发射、新闻联播、微波炉等，知道倒计时与人们生活有着密切联系。

3. 了解春节是大家期盼的日子，为春节计算倒计时，共同讨论、发现计算倒计时的方法。知道倒计时的时间就从今天开始到春节的前一天，注意节日那天不算。

4. 幼儿挑选自己喜欢的节日或期盼的日子的图片尝试进行倒计时。教师观察指导。

提醒完成的幼儿将操作牌按提示张贴在黑板上，将同一个节日的倒计时牌贴在一起。

5. 幼儿相互分享、交流倒计时的计算方法。

活动建议

- 活动形式：小组活动。
- 活动后可将操作牌投放于区域中，鼓励幼儿计算其他日子的倒计时，并为期待的日子做好准备。

上新了，中国红（美术）

目标指向

● 感受中国故宫红的魅力，发现并欣赏故宫所含有元素的独特韵味。

● 能运用多种纹理，通过居中、环绕、挂角等方式大胆选择自己喜爱的元素进行创意绘画。

● 进一步感受中国文化的博大精深，体验创意设计的乐趣。

活动准备

● 红色物件若干、金色勾线笔、展台。

指导要点

1. 游戏导入，通过听声音、看外貌引出御猫——鲁班。

2. 跟随御猫的脚步，走进故宫。

幼儿观看图片，说说对故宫的第一印象。寻找故宫里的元素，从建筑到服饰再到文物，体会其中包含的元素的精妙绝伦。

3. 结合展示架上的各类红色物品，讨论如何用故宫里的元素图案来装饰。

4. 自选材料进行美术创作，幼儿大胆创想设计并注意良好的操作习惯。

5. 欣赏作品，感受成功的体验。

幼儿将绘画好的作品布置在“上新了，中国红”一角，师幼共同欣赏作品，相互分享、提升经验。

活动建议

● 活动形式：小组活动。

● 在幼儿寻找故宫元素的过程中，教师可抓住发现的元素中最明显的典型特征进行提炼讲解。

●“创意周”活动

庙会：赶集啦

活动线索	活动名称	侧重领域	实施要点
庙会：赶集啦	新年树	艺术（美术）	收集枯树枝，观察图片，参考其中新年树的装饰方法，自主选择材料，与同伴合作装饰枯枝，并用毛根进行捆绑组合，悬挂装饰活动室环境。
	挤“福”对“画”	艺术（美术）	自主探索，尝试用挤压气球中的颜料来装饰福袋的方式进行游戏，发现红、黄、蓝三色相混后发生的色彩变化，体验色彩活动带来的乐趣。
	潮趣无界	社会	回忆并分享自己在春节里进行的活动，观看课件了解与新年相关的民俗游戏的玩法和规划，自由结伴进行游戏，体验民俗游戏的好玩和乐趣。
	点睛	艺术（美术）	欣赏大师的醒狮作品，感受狮头的造型美，尝试用正反两面绘画的方式创作醒狮，并用寓意吉祥如意的图案进行装饰。
	赶集啦	综合	幼儿自主策划新年集市的活动内容，分组完成活动材料的准备工作。通过打卡的方式尝试参与各种游戏活动，感受新年赶集活动的欢乐气氛。

新年树（美术）

目标指向

- 了解冬天树枝也会枯萎凋零的特点，自主收集枯树枝。
- 在树枝上进行多种材料的组合与装饰，将其组合成一个新年树。
- 在设计新年树的过程中感受绚丽的色彩带来的愉悦新年气氛。

活动准备

- 新年树的图片。
- 枯树枝、颜料、彩色毛球、纽扣、彩泥、彩纸、毛根等。

指导要点

1. 了解枯枝的来历，并收集材料。

2. 观察新年树的图片，参考装饰方法，发现枯枝做新年树的方法。

3. 自主选择材料，小组合作装饰枯枝。

（1）枯枝分类摆放，根据喜好刷色。

（2）枯枝装饰各种毛球纸艺品。

（3）摆放在指定的位置。

（4）按照颜色分类。

4. 将装饰好的枯枝进行改造，用毛根进行捆绑固定成小树。

5. 分享作品，组合悬挂装饰新年环境，增添新年气氛。

活动建议

● 活动形式：混龄活动。

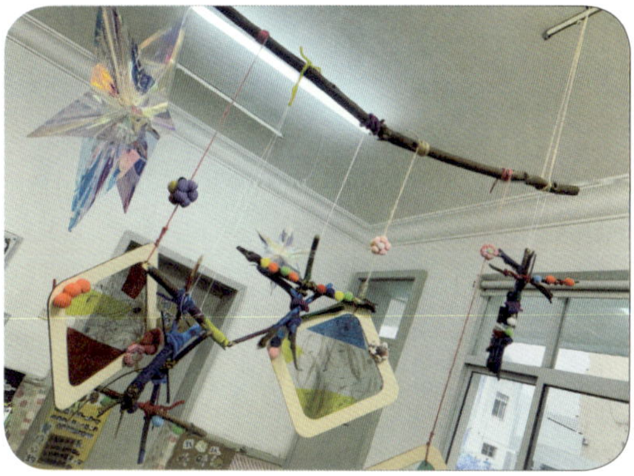

挤“福”对“画”（美术）

目标指向

● 感受黄色与蓝色、红色在混合后发生的色彩变化。

● 能跟随音乐节奏，完成“彩色福袋”的组合游戏。

● 在用气球挤奶的玩色的游戏中，体验色彩活动带来的乐趣。

活动准备

● 白色底纸、装有红、黄、蓝三色颜料的气球。

● 多媒体课件。

指导要点

1. 情景导入：今天奶牛牧场里来了三头奶牛，它们的牛奶是彩色的。

2. 自由探索游戏，感受挤“彩色牛奶”——将气球中的不同颜色挤至下方装饰物上的乐趣。

3. 观看图片，合作制作“福袋”，进一步感受颜色与颜色之间的变化，在福袋上挤上自己喜欢的彩色牛奶进行装饰。

4. 分享设计完成的“福袋”，并且将福袋挂在新年树上，欣赏福袋上颜色的变化，感受新年的气氛。

活动建议

- 活动形式：集体活动。

潮趣无界（社会）

目标指向

- 了解几种常见的新年民俗游戏，愿意遵守游戏规则。
- 喜欢玩新年民俗游戏，感受过新年热闹、欢快的气氛。

活动准备

- 音乐、多媒体课件、新年民俗游戏。

指导要点

1. 音乐导入，走进春节。

2. 回忆春节要做些什么事。

小结：这些事情就是过年的习俗，也叫年俗。

3. 通过课件介绍新年民俗游戏：图片里有些什么民俗游戏，你玩过哪些游戏？怎么玩？（比如：生肖蹲蹲乐，福“到”啦，送汤圆，猜灯谜等）

4. 根据自己的兴趣，自由结伴自选游戏，体验游戏的乐趣。

5. 谈谈游戏感受，理解遵守规则才能快乐游戏。

活动建议

● 活动形式：小组活动。

● 可以鼓励幼儿继续挖掘更多的新年民俗游戏，在生活中尝试和同伴玩各种民俗游戏。

点睛（美术）

目标指向

● 了解醒狮的由来和发展历史，仔细观察醒狮的结构组成。

● 感受云南重彩画的表现形式，初次尝试云南重彩画的作画方式。

● 根据不同组成部分的造型、肌理及色彩特点，结合自己的认知，大胆创作，将自己的作品展示出来。

活动准备

● 多媒体课件。

● 墨汁、毛笔、排刷、舞狮头、狮子明信片。

指导要点

1. 舞狮音乐导入，感受舞狮带来的喜庆氛围。

2. 欣赏大师用不同的形式创作出来的醒狮，了解南方醒狮艺术。

3. 从线条、颜色、眼睛等方面进行观察，感受狮头的造型美。

4. 观察材料与工具，讨论创作方法。

（1）感受云南重彩画正反两面绘画的方式，自由探索把醒狮从画面中“变”出来的方法。

（2）操作探索发现绘画反面可以印出白色的狮子。

5. 自选材料与工具，在音乐声中创作醒狮。

6. 将寓意吉祥如意的图案添花在

醒狮身上并将作品布置在作品展示区。

7. 交流欣赏。

活动建议

● 活动形式：小组活动、集体活动。

赶集啦（综合）

目标指向

● 能够积极参加新年庆祝活动，在游戏中表现自己，体验努力就会成功的快乐。

● 感受新年赶集活动的欢乐气氛，体验与父母伙伴一起庆祝新年的快乐。

活动准备

● 与家长志愿者提前沟通，为新年赶集活动做好准备。

● 准备打卡兑奖券若干份。

● 布置赶集场地，准备赶集活动材料及相关内容。

● 新年音乐。

指导要点

1. 小主持人新年贺词导入，宣布赶集开幕。

2. 吃一吃年味美食。

年味小吃：现场自制糖葫芦、棉花糖、糖人、汤圆、小年糕等多种新年传统美食。

3. 玩一玩年味游戏。

传统游戏：舞龙舞狮、快乐赶小猪、投壶等中国传统民间游戏。

4. 品一品年味文化。

年味文化：皮影戏、写春联、挂红包、川剧变脸、砸金蛋、套娃娃等中国传统文化游戏。

5. 抽奖时刻：幼儿每参与一个游戏项目可获得打卡印章一枚，拿到最多打卡印章的幼儿可获得神秘大礼。

活动建议

● 活动形式：游园活动、亲子活动、聚会游戏等。

● 活动由幼儿一起策划组织，同时可以加入更多传统民间游戏，让幼儿在活动中感受中华传统文化的古韵与精彩。

编委会

主　编　周　岚

编写者　顾宙华　王敏娟　曹颖湖
吴　琳　朱晓雪　卢妍君
许　媛　李梦景　徐圆圆
毛　枫　童　芳　仇丽敏

斑斓世界

幼儿园生活美育课程实践

下册

周岚 主编

南京师范大学出版社

图书在版编目（CIP）数据

斑斓世界：幼儿园生活美育课程实践．下册 / 周岚主编．-- 南京：南京师范大学出版社，2025. 5.
ISBN 978-7-5651-6794-2

Ⅰ．G613

中国国家版本馆 CIP 数据核字第 2025U95T01 号

书　　名	斑斓世界：幼儿园生活美育课程实践．下册
主　　编	周　岚
责任编辑	魏　丽
装帧设计	刘　俊
出版发行	南京师范大学出版社
地　　址	江苏省南京市鼓楼区北京西路 72 号（邮编：210024）
电　　话	（025）83598919（总编办）　83598312（营销部）　83598307（编辑部）
网　　址	http://press.njnu.edu.cn
电子信箱	nspzbb@njnu.edu.cn
照　　排	南京私书坊文化传播有限公司
印　　刷	南京新世纪联盟印务有限公司
开　　本	787 mm × 1092 mm　1/16
印　　张	26
字　　数	464 千
版　　次	2025 年 5 月第 1 版
印　　次	2025 年 5 月第 1 次印刷
书　　号	ISBN 978-7-5651-6794-2
定　　价	100.00 元（全两册）

出 版 人　张　鹏

序

“儿童的游戏和艺术一起呈现着人类童年期最可宝贵的生命状态。”

无锡市通德桥实验幼儿园（以下简称通幼）的教育理念经历了从快乐美术到以文化为核心的“大美育”的深化，正在积极探索儿童教育的美学之为，把课程美学的思想直接带入儿童的生命当中，带入幼儿园课程建设的思路当中。

他们陪伴和倾听儿童最本真的生命状态，立足儿童生活，记录儿童主观感知和客观世界合二为一的奇妙，浸润儿童个体情感和想象张扬驰骋的魅力，发现儿童迥异于成人的素朴、本原但更具震撼力的生命状态。

他们呵护和支持儿童审美化的生活过程，聚焦原创性“开心涂鸦日”，拓展自主性“ART涂鸦馆”，打造互动性“校园涂鸦节”，以儿童生活为原点，绘就家园合作同心圆，陪伴儿童享受美育带来的深厚滋养，收获美育给成长带来的有益发展。

他们实践和彰显课程建设中的美学根性，通过建立与儿童互生共长的联结，整合文化、地理环境等课程资源，逐步构建出多维度、多层次的课程生态圈，让生活、美育在通幼的课程实践中得到了自然的延伸和积极的创新。在通幼的孩子，有鲜活丰富的生命感受，有奇趣搞怪的创意视角，有新颖前瞻的灵光乍现，有自信挥洒的审美表达，有和谐共赏的童年意味……

通幼是美育课程的先行者，更是大美育观指引下的出发者，在这个痴迷量化、简化、常规化和预定性的世界里，他们一直用自己的诗情智慧同频共振，珍视、呵护着完满童心，而这，正是他们再次出发的理由。

南京师范大学教育科学学院　王　丽

2025年3月

目录

序 …… 001

基础理论篇

一、生活美育课程的基本理念 …… 003
二、生活美育课程的目标 …… 004
三、生活美育课程的体系架构与组织实施 …… 005
四、生活美育课程的评价 …… 011

活动实践篇

主题六：爱的形状（4 周）

● **主题规划** …… 025
● **“开心日”活动** …… 031
小班：圆圆与甜甜 …… 031
▶线索一：元宵喜乐会 …… 033
元宵好运滚滚来（体育） …… 033
圈圈圆圆狂欢节（美术） …… 034
▶线索二：甜蜜梦工厂 …… 035

我妈妈（语言）…… 035
爱要大声说出来（社会）…… 035
糖果梦工厂（美术）…… 036
中班：我家很“牛”…… 038
▶线索一：幼儿园是我的家…… 039
袜子对对碰（数学）…… 039
一百个“园长妈妈”（美术）…… 040
▶线索二：温馨的港湾…… 041
会飞的抱抱（语言）…… 041
我是收纳小达人（科学）…… 042
“包”你满意（美术）…… 043
大班：爱的小美好…… 044
▶线索一：送你一颗小心心…… 046
克里克塔（语言）…… 046
解码大行动（数学）…… 047
漂浮的爱（美术）…… 048
▶线索二：爱心接力棒…… 049
纸巾运水（科学）…… 049
暖暖小烛台（美术）…… 050
● “创意周”活动…… 051
▶公益义卖：美好贩卖机…… 051
你和三月都是春天（语言）…… 051
比心代表我爱你（社会）…… 052
每个孩子每朵花（艺术）…… 053
爱意满满在这里（艺术）…… 054
美好贩卖机（综合）…… 055

主题七：色彩捉迷藏（4 周）

● 主题规划 …… 056

● “开心日”活动 …… 062

小班：花花草草集 …… 062

▶线索一：红红的春天 …… 064

这是什么红（语言） …… 064

一片红红的花（美术） …… 065

▶线索二：绿绿的春天 …… 066

可可爱爱的绿（社会） …… 066

绿色派对（美术） …… 067

▶线索三：彩色的春天 …… 068

彩色雨（美术） …… 068

中班：色彩杂货铺 …… 068

▶线索一：气象中的色彩 …… 071

奇妙七色光（语言） …… 071

彩色大风暴（美术） …… 071

▶线索二：动物的色彩 …… 072

缤纷热带鱼（美术） …… 072

▶线索三：食品中的色彩 …… 073

寻找天然颜料（科学） …… 073

奇妙蔬果染（美术） …… 074

大班：缤纷梦工厂 …… 075

▶线索一：会变的颜色 …… 078

颜色不见了（美术） …… 078

▶线索二：会说话的颜色 …… 079

情绪小怪兽（健康） …… 079

我的心情日记（美术） …… 079

▶线索三：特别的颜色 …… 081
不说黑和白（语言） …… 081
拖墨连线想象（美术） …… 082
● “创意周”活动 …… 083
▶彩色酷跑：给点颜色你看看 …… 083
颜色的战争（语言） …… 083
噼里啪啦“稚”造商（艺术） …… 084
色彩实验室（科学） …… 085
波点的世界（艺术） …… 086
给点颜色你看看（综合） …… 087

主题八：有你真好（4 周）

● 主题规划 …… 088
● “开心日”活动 …… 094
小班：认识你真开心 …… 094
▶线索一：了不起的你 …… 097
保安叔叔本领大（音乐） …… 097
▶线索二：最亲爱的你 …… 097
我的老师是怪兽（语言） …… 097
送你一朵小红花（美术） …… 098
▶线索三：小小体验家 …… 099
小小牙医（健康） …… 099
好忙的厨师（音乐） …… 100
中班：听我说谢谢你 …… 100
▶线索一：最美逆行者 …… 103
小口罩，大本领（健康） …… 103
会说话的手（音乐） …… 103
▶线索二：超人在身边 …… 104

瞧，“蓝朋友”来了（社会） …… 104
城市建筑师（美术） …… 105
▶线索三：摘星星的你 …… 106
小小宇航梦（美术） …… 106
大班：对话大师做自己 …… 107
▶线索一：遇见大师·西方韵 …… 109
露天咖啡座（美术） …… 109
▶线索二：跟着大师·玩水墨 …… 110
小鸟天堂（美术） …… 110
咏柳（音乐） …… 111
▶线索三：进击的小画家 …… 112
会舞动的“画”（音乐） …… 112
● “创意周”活动 …… 113
▶微画展：城里城外 …… 113
1号站台（科学） …… 114
小城故事（艺术） …… 114
工号 ××× 为您服务（社会） …… 115
× 建筑实习生（艺术） …… 116
城里城外（综合） …… 117

主题九：扯东扯西（4周）

● 主题规划 …… 119
● “开心日”活动 …… 126
小班：吃吃逛逛 …… 126
▶线索一：无锡是个好地方 …… 128
小脚丫走无锡（社会） …… 128
看一看，数一数（数学） …… 129
▶线索二：好吃个么事否得了 …… 130

美食打卡行（社会） 130

无锡美食我来做（美术） 131

▶线索三：倷伲么么客气头 132

福喜的故事（语言） 132

走进泥人博物馆（社会） 132

泥土的秘密（科学） 133

阿福、阿喜（美术） 134

中班：运河边边 135

▶线索一：你好，大运河 137

你好，大运河（语言） 137

不会沉的船（科学） 138

水乡新图鉴（美术） 139

▶线索二：小桥弯弯 140

过桥（社会） 140

桥的秘密（科学） 141

写生《清名桥》（美术） 142

▶线索三：弄堂深深 143

悠悠小娄巷（社会） 143

水不见了（科学） 144

小娄巷（美术） 145

大班：玩转经典 146

▶线索一：大话“西游” 148

“西游”难不难（社会） 148

穿越“盘丝洞”（体育） 149

“西游”新篇（美术） 150

▶线索二：山海异兽录 152

让神兽飞一会儿（科学） 152

奇珍异兽录（美术） 153

▶线索三：木偶奇遇记 …… 154

木偶人小剧场（社会） …… 154

木偶人王国（美术） …… 155

● "创意周"活动 …… 156

▶游园会：运河畔·游下塘 …… 156

我画无锡－流连光景（艺术） …… 156

望河集（社会） …… 158

宝藏指南（科学） …… 158

吃吃白相相（艺术） …… 159

运河畔·游下塘（综合） …… 160

主题十：欢乐制造营（4 周）

● 主题规划 …… 162

● "开心日"活动 …… 168

小班：开心水世界 …… 168

▶线索一：来玩水吧 …… 170

七彩下雨天（语言） …… 170

嘀嘀嗒嗒（美术） …… 171

▶线索二：水中作乐 …… 172

水娃娃的魔术（科学） …… 172

七彩水世界（美术） …… 173

▶线索三：保护水宝宝 …… 174

流淌之痕（美术） …… 174

中班：奇趣万花筒 …… 175

▶线索一：起风了 …… 177

捕风行动（健康） …… 177

四季交响曲（美术） …… 178

▶线索二：噼里啪啦！是静电 …… 179

静电小实验（科学） …… 179
头发也疯狂（美术） …… 179
▶线索三：有个影子跟着我 …… 180
探秘影子（科学） …… 180
迷（美术） …… 181
大班：再见，小时光 …… 182
▶线索一：最美的遇见 …… 184
还想与你合个影（社会） …… 184
三年的美好时光（美术） …… 185
▶线索二：毕业那些事 …… 186
勇敢一夜（健康） …… 186
▶线索三：与小学有约 …… 187
探秘小学（社会） …… 187
未来的小学（美术） …… 188
● “创意周”活动 …… 189
▶科技节：我的“视”界，我们的世界 …… 189
邻童絮语（语言） …… 190
我们这一“袋”（艺术） …… 191
地球密码（科学） …… 192
一滴水一世界（艺术） …… 192
我的“视”界，我们的世界（综合） …… 193

基础理论篇

自2012年办园以来，无锡市通德桥实验幼儿园以“教育，回归多彩生活；艺术，润泽纯真童心”为办园宗旨，面对时代发展，把对孩子的呵护关爱积极转化到对幼儿教育特色化、优质化的探索实践中，逐渐形成了从“生活”入手，以“美育”为核心的生活美育课程。十多年来，在驽马十驾、功在不舍的一程又一程中，通幼步履坚实、前行踏实、所获丰实，以丰富多彩的学习游戏活动，充分彰显“乐学、趣玩、巧做”的教育策略，让每个孩子在与“生活”和“美”的对话中自由想象，大胆创造，不断激发师生欣赏美、表达美、创造美的愿望和智慧。

一、生活美育课程的基本理念

1. 课程从生活和游戏入手。

在《幼儿园教育指导纲要（试行）》（以下简称《纲要》）与《3–6岁儿童学习与发展指南》（以下简称《指南》）里，“生活”一词分别出现了32次和81次。生活是幼儿园课程的基础与来源，“一日生活皆课程”，幼儿是在生活中学习，在学习中生活的。幼儿在幼儿园的一日生活就是其学习的过程， 这个过程会影响幼儿的发展。《指南》指出：幼儿的学习是以直接经验为基础，在游戏和日常生活中进行的。要珍视游戏和生活的独特价值，创设丰富的教育环境，合理安排一日生活，最大限度地支持和满足幼儿通过直接感知、实际操作和亲身体验获取经验的需要，严禁“拔苗助长”式的超前教育和强化训练。幼儿园的活动重点不是教师准备讲解什么， 而是准备让幼儿做什么、获得怎么样的经验、应该为幼儿的行动创设怎样的环境和条件。幼儿园一日生活的每一个环节都有特别的意义，对幼儿的发展都是有贡献的。

2. 课程以美育为核心。

美育是全面发展教育不可缺少的组成部分， 也是“五育并举，立德树人”教育改革的重要组成部分，而幼儿阶段是美育的奠基期和萌芽期。党的十八届六中全会以来，以习近平同志为核心的党中央高度重视学校美育工作，把学校美育工作摆在更加突出的位置，做出了一系列重大决策部署，推动学校美育实现跨越式发展。杜威在《美育三义》中提出：美育是感性的教育，是培养整体人格的教育，又是创造的教育。美育的这三层意义是有内在联系的。美育对培养人真、善、美的精神追求的功能及其对实现全人教育目标有重要作用。易晓明提出美育能够弥合人的感性和理性间的分裂，实现二者的协调发展。“美育不只在于引导人们通过对美、对艺术的欣赏和创造，来丰富人的感性，从而实现感性和理性的协调发展，它更为根本的使命在于帮助人们顺利地走完每一次的经验历程，让他们的活动目的与手段完美结合，让他们能够以参与者的身份融入对象之中，进行深入而持久的体验和理解，从而获得完整的日常经验。”①

美育不仅指艺术之美，还包含了生活之美、人性之美、自然之美等多元之美。美育不仅强调对形式美的感知，更关注经验的丰满、持久与完整；不仅强调美的创造，也强调真、善与美的融合。

3. 课程由生活与美育整合引发。

“生活美育” 不仅是艺术教育，更是一种以文化为核心的“大美育”。这与我园的“十四五”课题研究十分契合。“生活美育”是要经历“终身学习”的漫长过程的“大美育”。

我园借鉴生活课程的理念及当代学者对美育的本质和价值分析，以已有的园本课程研究经验为基础构建生活美育课程。生活美育课程以儿童发展为核心，整合利用幼儿园及周边环境中人力、物力等课程资源， 通过幼儿在园各项活动的整合，持续构建多维度、多层次的课程生态圈， 通过幼儿与环境、材料、他人之间的对话与互动，建立互生共长的联结， 由此促进幼儿富有个性的健康发展。

因此，我们所理解的幼儿园生活美育课程是基于儿童的生活，以美育为核心，将美育的原则（形象性、情感性、活动性、差异性、创造性） 渗透于幼儿园一日生活之中，是用爱、美、生命启迪智慧，开发潜能，为幼儿全面和谐发展和终身学习奠定坚实基础的课程。

二、生活美育课程的目标

以幼儿生活经验和幼儿发展规律为本，引领幼儿生命的起点、架构幼儿学习的

① 易晓明．论美育在当代审美文化中的新取向 [J]. 高等教育研究，2010（6）：94.

支点、点燃幼儿创新的亮点，遵循“基于生活，发现美”“基于经验，表现美”“基于文化，创造美”的课程理念，培养“灵动——阳光运动，独立自主，坚强勇敢”“乐群——乐于合作，分享守则，归属认同”“慧思——好奇爱问，主动探究，会玩善思”“创美——感受欣赏，多元表征，本真创造”的全面发展的儿童。

基于生活，发现美——兴趣与态度：认识周围事物和现象，激发幼儿感受与欣赏生活中美的事物的兴趣和愿望，让生活成为幼儿美育启蒙、全面发展的起点。

基于经验，表现美——智慧与能力：以美育理念为导向，引导幼儿通过仔细观察、亲身体验、实际操作、自主表达、经验迁移等方法，培养幼儿初步的表达、表现能力。

基于文化，创造美——想象与创造：立足于每一位孩子的未来发展，鼓励他们将经验与想象建立联系，在充分的想象空间里发挥奇思妙想，乐于想象和创造。

三、生活美育课程的体系架构与组织实施

（一）课程体系架构

建立园本基础性课程与特色活动相结合的课程体系。基础性课程面向全体幼儿，是促进幼儿基本发展的课程。特色活动是以基础性课程为依据，以幼儿园办学目标与培养目标为方向，带有幼儿园自身的特点，符合幼儿园实际情况（硬件设施、环境资源、师资条件等），同时能满足幼儿发展需要的课程。把握好基础性课程与特色活动的关系，二者相互补充、不断完善，使幼儿园逐步形成科学化、特色化、个性化的适合幼儿全面发展的课程。

（二）课程内容的组织与实施

生活美育课程将内容实施融合于幼儿的一日活动之中，遵循“真、善、美”的课程理念，不拘泥于固定的学习形态，不受限于既定的活动场地，而是根据幼儿的学习需求进行通盘整合。生活美育课程的具体实施主要渗透于各个课程路径中，每个路径既具有独立的流程和操作方式，又在经验源头上体现融通性与共生性，进而形成一个完整的课程实施体系。

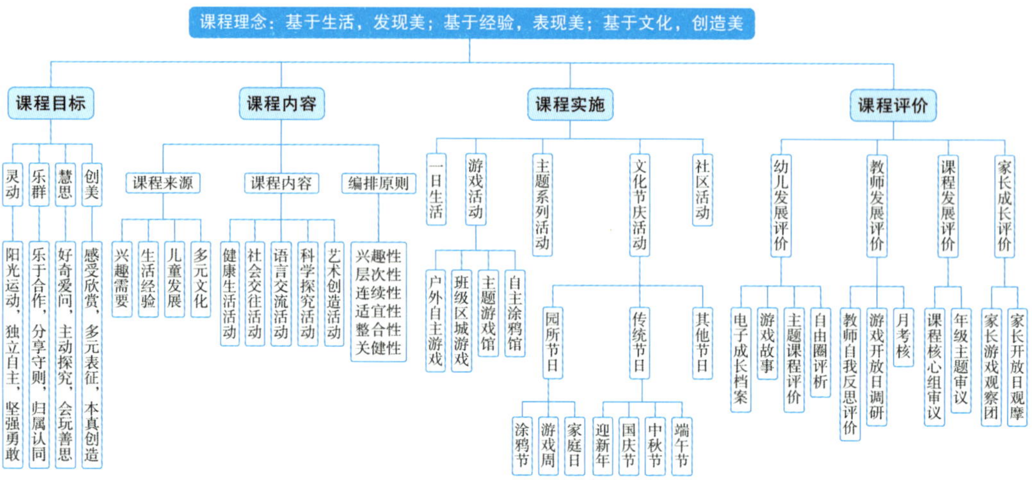

图 1　课程实施路径图

1. 教学活动实施——二元化架构。

表 1　课程实施二元化架构表

分类	实施形式	课程选用范围	内容	时间设置
基础性课程 70%	生活	幼儿园生活美育课程、幼儿园综合活动课程、开心涂鸦（上册、下册）	文明生活、共同生活、安全生活、自理生活	每天
	运动		器械活动、户外与操节、足球特色活动、远足活动	日常渗透
	游戏		自主游戏、建构游戏、表演游戏、沙水游戏	每天
	学习		十大主题活动	每天
	远足活动	幼儿园大型活动方案	春游、秋游、科学馆、植物园、动物园、海洋水族馆	每学期 1–2 次
	社区活动	幼儿园大型活动方案	超市、消防队、警队、社区等周边资源	每学期 1–2 次
	亲子活动	幼儿园大型活动方案	各类亲子互动、展演等活动	每学期 1–2 次
特色活动 30%	主题游戏馆	混龄活动	根据小中大班主题活动开展社团游戏内容	每周 60 分钟
	ART 自主涂鸦馆	混龄活动	根据小中大班主题活动开展社团游戏内容	每周 60 分钟
	创意周	生成式主题周活动	根据当月主题生成园本创意美术活动周	每个主题最后一周

二元化是指教学活动组织的两种形态，其表现形式为基础性课程和特色活动。幼儿的经验和兴趣决定了选择何种内容与方式开展教学。

基础性课程是以幼儿园综合课程的主题内容为线索，围绕主题进行多样化的活动设计，包含健康、语言、社会、科学、艺术五大领域的教学活动。特色活动围绕班级的问题展开，针对问题寻求解决方案，强调幼儿基于自我需求，在真实情境中运用已有经验进行深度探究和学习。

（1）基础性课程：占比 70%。

教师在基础性课程的实施中，关注幼儿生活和经验，关注预设和生成的关系，同时充分考虑课程平衡问题，增强基本目标和内容的落实度，促进幼儿全面发展；合理地、有机地整合五大领域的教育内容，渗透于幼儿的一日生活中。同时，合理规划利用幼儿园周边课程资源，形成家、园、社三方合力，为幼儿的学习和发展提供便利。

课程实施形式

以健康、语言、社会、科学、艺术五大领域为核心，以生活、运动、游戏、学习四大板块为幼儿园一日活动最基本的活动形态，强调活动的综合教育作用，以及不同活动之间的互动渗透、有机整合，关注幼儿自身的兴趣、经验和需要，使幼儿真正成为活动的主体。

生活：主要指生活自理、交往礼仪、自我保护、环境卫生、生活规则等方面的活动，旨在让幼儿在幼儿园生活情境中自主、自觉地发展各种生活自理能力，形成健康文明的生活习惯和交往行为，在共同生活中能够愉快、安全、健康地成长。我园生活活动主要采用集体、小组和个别的组织形式进行。

运动：主要指球类、器械类、体育游戏和户外锻炼等活动，旨在提高幼儿身体素质、动作协调能力和适应环境能力，为幼儿健康体质奠定基础。我园运动活动主要通过集体、个别、体育区域活动等组织形式进行。

学习：主要指讨论、阅读、倾听、制作、表演、实地参观、收集信息等活动，旨在激发幼儿去主动探索、积极体验，增强幼儿的认知能力，培养幼儿良好的学习品质，为后续学习打下基础。我园学习活动以集体、分组、区域活动等组织形式进行。

游戏：主要指幼儿自发、自主、自由的活动。游戏活动满足幼儿自主、自发性活动的需要，培养幼儿想象力、创造力和交往合作能力，促进幼儿情感、个性健康地发展。我园的游戏活动一般以区域活动形式开展。

其他活动也是生活美育课程的有机组成部分

在多姿多彩的生活中，幼儿无时无刻不在经历着生动有趣的变化。我们一直相信，儿童的自主自觉是童年最重要的品质。因此，在幼儿的生活或者幼儿园的各项事务中，我们尽可能创造更多体现自主自觉的环境和机会，让幼儿在其间自由、智慧地成长。

自主生活：从晨间餐点到午餐午点，从盥洗到入寝，我们均提倡幼儿“做自己的管理者”。为方便开展相关活动，我们改善了原有的设施设备，以便更好地满足课程的需要。以自助午餐为例，针对班级空间狭小、无法放置常设餐桌的情况，我们设计了伸缩式的自主餐台。平时将餐台放置在区角中使用，用餐时通过拉伸就成了方便幼儿取食的餐桌。

自主劳动：包括种植和清扫活动。追寻“全收获”理念的自主劳动活动，旨在引发幼儿在养护过程中学习观察、记录和思考，发现植物成长的秘密，感受劳作的乐趣，体验田园生活，进而感受生命成长的意义，感悟生命的奇迹。

自主徒步：在考察园内外各种环境资源的基础上，幼儿自主设计不同的徒步路线。依据不同的徒步距离及意图，形成了园内徒步、小区徒步、社区徒步及远足等徒步形式，其目的在于强健幼儿体质、锻炼幼儿意志、增长幼儿知识、陶冶幼儿情操，凸显课程的“真”。

表2　基础性课程表

	主题	主题活动名称	时间安排
上学期	主题一：成长空间	小班：我来了 中班：嗨，你好 大班：特别的我	3周
	主题二：遇见国潮	小班：国宝有颜色 中班：国宝会说话 大班：国宝向未来	4周
	主题三：大自然的纹理	小班：植物派对 中班：虫虫日记 大班：嗨，丰收啦	4周

续表

	主题	主题活动名称	时间安排
上学期	主题四：疯狂野兽派	小班：偶然的遇见 中班：历史的定格 大班：想象的翅膀	4 周
	主题五：红红中国年	小班：寻“年味” 中班：沾“福”气 大班：玩年俗	4 周
下学期	主题六：爱的形状	小班：圆圆与甜甜 中班：我家很“牛” 大班：爱的小美好	4 周
	主题七：色彩捉迷藏	小班：花花草草集 中班：色彩杂货铺 大班：缤纷梦工厂	4 周
	主题八：有你真好	小班：认识你真开心 中班：听我说谢谢你 大班：对话大师做自己	4 周
	主题九：扯东扯西	小班：吃吃逛逛 中班：运河边边 大班：玩转经典	4 周
	主题十：欢乐制造营	小班：开心水世界 中班：奇趣万花筒 大班：再见，小时光	4 周

（2）特色活动：占比 30%。

特色活动内容以课程总目标为引领，结合基础性课程的每一个主题目标，设计开发具有园本美术特色的微主题活动，涵盖幼儿“乐学、趣玩、巧做”品质的培养。以多样、快乐的美术活动为主线，根据幼儿年龄特征和身心发展规律，以生动、形象、自由的内容和形式萌发幼儿感受美的需要，支持幼儿表现美的活动，激起幼儿创造美的探索欲，使幼儿获得丰富的审美经验，促进其多方面能力的发展，获得快乐的情感体验，促进其身心和谐的发展。

聚焦“一轴两翼”的合力驱动，尝试着力推进“美术课程”的开展。“一轴”

以幼儿美育素养启蒙为纵轴，作为快乐美术的核心理念贯穿始终；“两翼”以“特色环境”和“特色活动”为横向支撑，支持创意周美术活动的落实。

表 3　特色活动表

主题	主题名称	创意周活动	活动形式
主题一	成长空间	一岁一礼	艺术节
主题二	遇见国潮	国潮“摊”开玩	集市
主题三	大自然的纹理	野在园里	帐篷露营
主题四	疯狂野兽派	怪有趣	音乐派对
主题五	红红中国年	赶集啦	庙会
主题六	爱的形状	美好贩卖机	公益义卖
主题七	色彩捉迷藏	给点颜色你看看	彩色酷跑
主题八	有你真好	城里城外	微画展
主题九	扯东扯西	运河畔·游下塘	游园会
主题十	欢乐制造营	我的“视”界，我们的世界	科技节

注：一般在基础性课程最后一周开展。

2. 美育活动实施——多元化架构。

为满足不同幼儿的游戏意愿，我们设计了多样化的室内外游戏活动，主要有ART自主涂鸦馆[①]和主题游戏馆等模块。游戏模块在时空上相互交织，为幼儿提供更多自主选择的机会。

（1）ART自主涂鸦馆。

在ART自主涂鸦馆活动中，将教室重新整合，设置了12个不同的美术工作室。孩子们行走于水墨作坊、千色派对、写生小栈之间，玩乐在造型天地、木玩部落、拼摆乐园之中，塑形于纸趣联盟、陶泥演义、图版印象之内。幼儿在环境的力量、色彩的幻想、材料的抽象中尽情释放创作的无限可能性。通过师幼对话，立足幼儿的行为，发现幼儿的需求，从材料提供、幼儿表征、支持性策略等方面鼓励幼儿用自己独特的方式描绘关于“周围世界”的听、闻、知、觉，更好地发挥美术活动在

① 即儿童艺术涂鸦空间，分设成若干个不同的美术工作室，是供幼儿进行自由美术创作的场所。以下简称“ART涂鸦馆”。

幼儿成长过程中独具的教育价值。

在组织形式上，ART 自主涂鸦馆打破班级、年龄的界限，以大带小的混龄模式展开，于每周四上午进行一次活动。

（2）主题游戏馆。

主题游戏馆的设计基于儿童完整、均衡发展的理念，既包含了社会性情感层面的，又包含了科学探究认知层面的，还包含了动手操作、增进体能层面的。馆内有宝贝会所、滴滴车吧、嬉沙乐园、闲鱼小站、点点诊所、花花洗衣、奇奇玩社、酷酷小兵、丫丫美妆、童童健智、美美创意室、科学发现室、静静绘本馆、梦想之城等。

在组织形式上，主题游戏馆打破班级、年龄的界限，以大带小的混龄模式展开，于每周二上午进行一次活动。

3. 特色节（日）活动——对应式架构。

特色节（日）活动基于儿童兴趣和需求对应的四季、节日的园本节庆。节日内容丰富的设置成以周为单位开展活动，内容比较单一的设置成以日为单位开展活动。

具体实施形式：开心涂鸦日、年级游戏周和校园涂鸦节。

开心涂鸦日：以班级或小组为单位开展美术活动，旨在满足幼儿美术兴趣。以幼儿自主选择的涂鸦活动为主要形式，开展个性化的艺术主题活动。主要以集体学习活动和区域活动的形式开展。

年级游戏周：以一个主题或项目为内容开展为期 1–2 周的年级组或全园性主题活动，围绕这个主题开展一系列的学习、游戏、运动、生活等多种形式的综合主题活动。

校园涂鸦节：以一个或多个内容为主题，开展一年一届的涂鸦节活动，全园参与，综合设计系列活动，以及综合性的主题大活动，并保证各类活动形式和资源的全园共享和全园覆盖。如幼儿作品展等。

四、生活美育课程的评价

1. 课程的适宜性评估指标体系。

园本课程评价是对幼儿园园本课程的评估和反馈过程。以幼儿园教育理念和目标为依据设计课程适宜性评估指标体系，并以此优化课程内容和教学方法，提高教育质量，促进幼儿的成长和发展。

表4　课程的适宜性评估指标体系

一级指标	二级指标	三级指标
课程目标	方向性	（1）有明确的课程目标，并与《纲要》《指南》目标的精神一致。 （2）目标突出幼儿素质教育的全面性发展。 （3）目标突出对创新精神和操作能力的培养。 （4）目标注重幼儿的个性培养。
	可行性	（1）有与课程目标相配套的教育内容。 （2）有课程实施的具体计划和方案。 （3）在课程实施中有检查、反馈、总结并形成制度。
课程内容	内容	（1）课程内容符合国情并体现本园特点。 （2）课程内容具有时代气息。 （3）课程内容贴近幼儿生活。
	课程	（1）课程的选择遵循科学性、趣味性、探索性原则。 （2）课程的编制具有可操作性、趣味性、探索性。 （3）课程自成体系，内容和结构完整。
实施过程	全体性	（1）对幼儿发展水平的主要分析指标。 （2）课程实施要求与内容符合大多数幼儿的发展水平。 （3）对个别发展差异明显的幼儿建立个案教育计划。 （4）注重分层指导，使每个幼儿都能得到发展。
	主体性	（1）为幼儿创设自主选择、互动的环境，为幼儿表现和创造提供机会。 （2）以平等、正面、鼓励的态度和幼儿共同活动，尊重幼儿的意见。 （3）教师启发幼儿能适度地自我欣赏和相互欣赏。
	时间空间	（1）有科学合理的一日生活作息制度。 （2）保证幼儿户外活动、自主活动、自由活动的时间。集体教学活动时间适宜。 （3）有可供课程实施的各种空间、区域设置和活动室。
	设施设备	（1）根据课程配置充足的教学具和操作材料。 （2）有与课程相配套的设施与设备。
课程实效	成果	（1）幼儿身心健康，发展良好。 （2）课程有理论依据，有实践过程，并经过专家权威论证。 （3）形成一套完整的课程方案。
	社会反映	（1）社会、家长对幼儿发展满意。 （2）保教质量得到教育行政部门与督导部门的认可。 （3）课程实践经验在区内有一定的影响。

2. 幼儿发展水平评价指引。

幼儿发展水平评价指引以《纲要》《指南》为依据，以健康、语言、社会、科学、艺术五大领域为一级指标，以各领域的关键经验指向为二级指标，旨在优化幼儿园教育，促进幼儿全面发展。园本评价方式分为过程性评价、形成性评价和终端性评价，目标评价、过程评价、成果评价、教师评价和家长评价等，通过日常观察记录、测查、操作、活动评价等方法和工具进行。评价结果经数据和案例分析后应用于优化园本课程设计、提升教师能力、改善教育环境和提高家长满意度。通过评价指引和持续改进，幼儿园园本课程能够更好地发挥作用，促进幼儿的全面成长和发展。

表 5　幼儿园儿童发展评价指引（小班上学期）

一级指标	二级指标	三级指标	评价方式	描述性评价
健康（体育）	自理能力	会正确使用小勺，独立进餐；盥洗、入睡习惯良好。	日常观察	
	自我保护	在成人的指导和提醒下有初步的安全行为，情绪稳定。	日常观察	
	动作发展	会一个跟着一个走，姿势正确，自然协调；能手膝着地自然协调地爬。	测查	
语言	倾听理解	理解简单的指令，并按指令要求行动。	观察、谈话	
		理解简单的指令，并按指令要求行动。	观察、活动评价	
	表达交流	喜欢和同伴交流，能用简单句表达自己的想法。	谈话、观察	
		喜欢听故事、念儿歌。	谈话、活动评价	
	阅读欣赏	愿意参加文学活动，对文学作品感兴趣。	表演、谈话	
		看懂单幅画，能独立辨认图书中的人和物。	情景测验	
社会	社会认知	知道自己的性别、年龄、姓名、家庭成员和所在幼儿园。	谈话	
	人际交往	初步适应集体生活，喜欢老师和小朋友，知道同伴的名字。	日常观察	
	行为习惯	在成人的提醒下保持身体、桌面、地面的整洁。	日常观察	

续表

<table>
<tr><th>一级指标</th><th colspan="2">二级指标</th><th>三级指标</th><th>评价方式</th><th>描述性评价</th></tr>
<tr><td rowspan="7">科学（数学）</td><td colspan="2" rowspan="3">科学探究</td><td>喜欢玩新奇好动的玩具，感知其特点与有趣。</td><td>日常观察</td><td rowspan="7"></td></tr>
<tr><td>能以触摸、闻、品尝等方式来体验事物。</td><td>活动评价</td></tr>
<tr><td>观察几种常见的动物，认识常见的水果，感知其明显的特征。</td><td>操作、活动评价</td></tr>
<tr><td colspan="2" rowspan="2">数量感知</td><td>感受4以内物体的数量，掌握一一对应关系。</td><td>谈话、操作</td></tr>
<tr><td>比较两个物体的大小、长短，会按大小、长短给4以内物体排序。</td><td>谈话、操作</td></tr>
<tr><td colspan="2">空间关系</td><td>认识圆形；能以自身为中心，区别上、下，前、后；知道白天、黑夜。</td><td>操作、情景测验</td></tr>
<tr><td colspan="2"></td><td></td><td></td></tr>
<tr><td rowspan="7">艺术</td><td rowspan="3">音乐</td><td>审美感受</td><td>能集中注意力倾听或观看喜欢的音乐舞蹈表演。</td><td>活动评价</td><td rowspan="7"></td></tr>
<tr><td>多元表现</td><td>会跟着音乐做简单的身体动作。</td><td>测查</td></tr>
<tr><td>想象创造</td><td>在韵律活动中，模仿熟悉的动物。</td><td>测查</td></tr>
<tr><td rowspan="4">美术</td><td>审美感受</td><td>愿意参加美术欣赏活动，对色彩鲜明的事物感兴趣。</td><td>日常观察</td></tr>
<tr><td rowspan="2">多元表现</td><td>会用画笔大胆涂鸦。</td><td>作品分析</td></tr>
<tr><td>会随意撕纸、粘贴，大胆玩泥。</td><td>实际操作</td></tr>
<tr><td>想象创造</td><td>绘画中有初步的想象，能简单添画。</td><td>作品分析</td></tr>
</table>

表6 幼儿园儿童发展评价指引（小班下学期）

<table>
<tr><th>一级指标</th><th>二级指标</th><th>三级指标</th><th>评价方式</th><th>描述性评价</th></tr>
<tr><td rowspan="4">健康（体育）</td><td>自理能力</td><td>能分清自己和他人的物品，学会将物品收拾和保管在固定的地方。</td><td>日常观察</td><td rowspan="4"></td></tr>
<tr><td>自我保护</td><td>适应集体生活，保持愉快情绪，知道保护五官，注意个人卫生，不把手指放在嘴里。</td><td>日常观察</td></tr>
<tr><td rowspan="2">动作发展</td><td>学会几种简单的模仿动作，能绕障碍物走。</td><td>情景测验</td></tr>
<tr><td>能在指定范围内四散跑、追逐跑，动作灵活；喜欢玩球。</td><td>测查</td></tr>
</table>

续表

一级指标	二级指标	三级指标	评价方式	描述性评价
语言	倾听理解	乐意听别人讲话，能听懂别人讲话的意思。	观察、活动评价	
		能听懂并愿意用普通话交流。	日常观察	
	表达交流	在集体活动中知道对话要轮流进行，并能用简单句表达自己的愿望。	活动评价	
		能朗诵简短儿歌，在成人的帮助下讲述简短的故事，口齿清楚。	情景表演	
	阅读欣赏	能初步理解内容简单、特征鲜明的图片和情景，并愿意表达。	情景测验	
		对图书感兴趣，能安静地看书，会一页一页地翻书。	测查	
社会	社会认知	认识幼儿园周围环境及与自己相关的人的劳动内容。	谈话、情景测验	
	人际交往	会使用礼貌用语，尊敬师长。	观察、谈话	
	行为习惯	爱护生活用品和玩具，不争抢，会轻拿轻放，不随意损坏。	日常观察	
科学（数学）	科学探究	对周围较明显的事物产生好奇。	测查	
		乐意进行探究活动，喜欢玩沙、玩水，运用多种感官感知事物。	活动评价	
	科学探究	喜欢动植物，观察常见的花草树木和家禽，知道明显的特征。	测查	
	数量感知	能手口一致地点数5以内的实物，并说出总数。	谈话、操作	
		感知1和许多，能一一对应比较两组物体的数量，知道多、少、一样多。	谈话、操作	
	空间关系	在日常生活和游戏中，感知认识正方形、三角形；能以自身为中心，区别里、外。	操作、情景测验	
艺术 音乐	审美感受	愿意参加音乐游戏和舞蹈活动，乐意使用多通道参与体验、感受。	活动评价	
	多元表现	会唱简单、熟悉的歌曲，声音响亮、发音清楚。	测查	
	想象创造	随音乐做简单的模仿动作。	活动评价	

续表

一级指标		二级指标	三级指标	评价方式	描述性评价
艺术	美术	审美感受	喜欢欣赏色彩鲜艳、造型简单的物品和美术作品，能够集中注意力观察。	日常观察	
		多元表现	选择喜欢的颜色作画，愿意涂色并涂匀涂满。	作品分析	
			能用泥塑造简单的物体形象。	实际操作	
		想象创造	自由想象，会随意地进行绘画或撕贴、剪纸等活动。	作品分析	

表 7　幼儿园儿童发展评价指引（中班上学期）

一级指标	二级指标	三级指标	评价方式	描述性评价
健康（体育）	自理能力	愉快安静地进餐，会使用筷子，保持个人卫生。	日常观察	
	自我保护	关注身体各部位的保护方法，不怕生，愿意配合医生进行身体检查和治疗。	情景测验	
	动作发展	会听信号变速走和跑，能快跑；会立定跳远，原地起跳触物；会连续拍球。	测查	
语言	倾听理解	能集中注意力倾听别人讲话，不随意打断。	观察、谈话	
		初步理解他人或媒体所表达的基本信息。	活动评价	
	表达交流	能用普通话清楚连贯地与他人交谈；理解和运用所学新词。	观察、谈话	
		主动大方地在集体面前表达自己的需要、兴趣。	观察、谈话	
	阅读欣赏	喜欢欣赏不同题材的文学作品，主动积极地参加文学活动，感受文学作品语言的丰富和优美。	观察、活动评价	
		能理解文学作品的情节内容，能用语言、动作、表情等进行表达。	观察、情景测验	
社会	社会认知	了解家乡的名胜古迹和风土人情，有爱家乡的情感体验。	谈话、情景测验	
	人际交往	喜欢和同伴共同参加各类活动，并能友好地相处。	情景测验	
	行为习惯	自觉爱护、整理生活用品和玩具，在活动中遵守一定的规则。	日常观察	

续表

<table>
<tr><th colspan="2">一级指标</th><th>二级指标</th><th>三级指标</th><th>评价方式</th><th>描述性评价</th></tr>
<tr><td colspan="2" rowspan="7">科学（数学）</td><td rowspan="3">科学探究</td><td>对周围事物有好奇心，乐于观察和提问。</td><td>观察、谈话</td><td rowspan="7"></td></tr>
<tr><td>观察自然环境和自然现象（风、雨等）；认识几种常见蔬菜，知道它们的形态特征和营养价值。</td><td>谈话、活动评价</td></tr>
<tr><td>感知秋季和冬季的主要特征，了解季节与人们生活的关系。</td><td>谈话、情景测验</td></tr>
<tr><td rowspan="2">数量感知</td><td>认识 6 以内的数字，理解数的实际意义和数字与数量的关系。</td><td>谈话、操作</td></tr>
<tr><td>运用多种感官感知物体的特征，会按物体的两个特征进行分类。</td><td>谈话、操作</td></tr>
<tr><td>空间关系</td><td>在日常生活和游戏中，感知认识长方形、半圆形；有初步的时间概念，知道昨天、今天、明天。</td><td>谈话、操作</td></tr>
<tr><td colspan="3"></td></tr>
<tr><td rowspan="7">艺术</td><td rowspan="3">音乐</td><td>审美感受</td><td>会听前奏、间奏，感受不同性质的歌曲和乐曲。</td><td>日常观察</td><td rowspan="7"></td></tr>
<tr><td>多元表现</td><td>随音乐做简单的舞蹈动作，体验情绪情感。</td><td>活动评价</td></tr>
<tr><td>想象创造</td><td>学习仿编歌词，能替换短小歌曲中的名词、动词。</td><td>情景测验</td></tr>
<tr><td rowspan="4">美术</td><td>审美感受</td><td>感受生活中美好的事物，欣赏与自己学习、生活有关的美术作品。</td><td>日常观察</td></tr>
<tr><td rowspan="2">多元表现</td><td>能用各种点、线条和形状表现物体的基本结构和主要特征。</td><td>作品分析</td></tr>
<tr><td>会撕贴或用剪刀剪贴表现简单物象，用泥塑造物体主要特征。</td><td>实际操作</td></tr>
<tr><td>想象创造</td><td>能对玩具、材料、声音等产生联想，喜欢做做玩玩。</td><td>作品分析</td></tr>
</table>

表 8　幼儿园儿童发展评价指引（中班下学期）

<table>
<tr><th>一级指标</th><th>二级指标</th><th>三级指标</th><th>评价方式</th><th>描述性评价</th></tr>
<tr><td rowspan="3">健康（体育）</td><td>自理能力</td><td>能有序地穿脱衣服，整理好放在固定地方。</td><td>观察、情景测验</td><td rowspan="3"></td></tr>
<tr><td>自我保护</td><td>活泼大方，情绪良好，有初步的自我保护意识，知道避开危险和应付意外事故最基本的方法。</td><td>谈话、情景测验</td></tr>
<tr><td>动作发展</td><td>能助跑跨跳（跳距不少于 40 厘米），双脚交替跳；能熟练协调地钻过障碍物 (60 厘米高的物体）；会花样拍球。</td><td>测查</td></tr>
</table>

续表

<table>
<tr><th colspan="2">一级指标</th><th>二级指标</th><th>三级指标</th><th>评价方式</th><th>描述性评价</th></tr>
<tr><td colspan="2" rowspan="6">语言</td><td rowspan="2">倾听理解</td><td>能耐心地倾听别人讲话，理解其主要意思。</td><td>活动评价</td><td rowspan="6"></td></tr>
<tr><td>能理解较复杂的指令，并正确、迅速地行动。</td><td>观察、情景测验</td></tr>
<tr><td rowspan="2">表达交流</td><td>能与同伴交流信息，并提出自己想问的问题。</td><td>观察、活动评价</td></tr>
<tr><td>能按一定顺序讲述实物、图片、情景的主要内容。</td><td>谈话、情景测验</td></tr>
<tr><td rowspan="2">阅读欣赏</td><td>能根据文学作品拓展想象，仿编或续编一个情节或一个内容。</td><td>情景测验</td></tr>
<tr><td>爱护图书，会按页码的顺序阅读单页多幅的图书，阅读姿势正确。</td><td>观察、情景测验</td></tr>
<tr><td colspan="2" rowspan="3">社会</td><td>社会认知</td><td>了解不同职业人们的劳动，尊敬劳动人民，爱惜劳动成果。</td><td>谈话</td><td rowspan="3"></td></tr>
<tr><td>人际交往</td><td>能有礼貌地主动招呼他人，愿与同伴合作。</td><td>观察、谈话</td></tr>
<tr><td>行为习惯</td><td>爱护玩具和用品，能共同使用和参与整理。</td><td>观察、谈话</td></tr>
<tr><td colspan="2" rowspan="6">科学（数学）</td><td rowspan="3">科学探究</td><td>喜欢动手操作，能比较和发现生活中常见的科学现象。</td><td>观察、谈话</td><td rowspan="5"></td></tr>
<tr><td>观察了解日常生活用品、交通工具等，知道它们的特征及用途。</td><td>谈话、活动评价</td></tr>
<tr><td>感知春季和夏季的主要特征，了解季节与人们生活的关系。</td><td>谈话</td></tr>
<tr><td rowspan="2">数量感知</td><td>认识数字7—10，理解数字代表的实际意义，能用数字表示物体的数量。</td><td>谈话、操作</td></tr>
<tr><td>学习按数量的差异及一定规律进行排序。</td><td>谈话、操作</td></tr>
<tr><td>空间关系</td><td>在日常生活和游戏中，感知认识椭圆形；能以某一物体为中心，辨别上下、前后。</td><td>操作、情景测验</td><td></td></tr>
<tr><td rowspan="3">艺术</td><td rowspan="3">音乐</td><td>审美感受</td><td>感知音乐中明显的音高、速度的变化，感受二拍子、三拍子节拍的特点。</td><td>活动评价</td><td rowspan="3"></td></tr>
<tr><td>多元表现</td><td>用自然的声音较有表情地歌唱，能随不同的音乐拍打节奏。</td><td>情景测验</td></tr>
<tr><td>想象创造</td><td>将新编的歌词替换到歌曲中，有一定的想象力和创编能力。</td><td>活动评价</td></tr>
</table>

续表

一级指标		二级指标	三级指标	评价方式	描述性评价
艺术	美术	审美感受	能与同伴欣赏、交流自己和他人的美术作品。	观察、活动评价	
		多元表现	用多种颜色和绘画工具作画，会简单布局；会折叠简单的物体形象。	作品分析	
		想象创造	乐意想象，会选择多种工具和材料进行美术创造活动，表现主要的形象特征。	作品分析	

表 9 幼儿园儿童发展评价指引（大班上学期）

一级指标	二级指标	三级指标	评价方式	描述性评价
健康（体育）	自理能力	会根据身体的冷、热感受主动穿脱衣服；能自己整理床铺。	日常观察	
	自我保护	知道几种常用的特殊电话号码，了解紧急情况下的救助方法；能控制不良情绪。	情景测验	
	动作发展	会肩上投掷轻物，投准镖靶（投掷距离约 3 米，镖靶直径不小于 60 厘米）。	测查	
		能在平衡木上变换手臂动作走（平衡木宽 15 厘米，高 40 厘米）；会跳短绳。	测查	
语言	倾听理解	能专心地倾听别人讲话，并能主动应答。	活动评价	
		能持续一段时间集中注意力，理解他人讲话内容，获取基本信息。	活动评价	
	表达交流	能用恰当的语言表达自己的所见所闻和事情经过。	谈话、情景测验	
		正确使用学过的词汇和较复杂的句子。	谈话、测查	
	阅读欣赏	喜爱欣赏不同题材、不同风格的文学作品，在文学活动中积极感受，积累艺术语言，并尝试在适当场合运用。	观察、谈话	
		能根据文学作品提供的线索，仿编或续编情节和内容。	观察、情景测验	
社会	社会认知	认识生活中常见的标志，愿意按标志的提示行动。	测查	
		认识国旗、国徽，会唱国歌，为自己是中国人而感到自豪。	测查	

续表

<table>
<tr><th colspan="2">一级指标</th><th>二级指标</th><th>三级指标</th><th>评价方式</th><th>描述性评价</th></tr>
<tr><td colspan="2" rowspan="2">社会</td><td>人际交往</td><td>愿意与人交往，懂得互相谦让，学会轮流与分享，能关心帮助他人。</td><td>日常观察</td><td rowspan="2"></td></tr>
<tr><td>行为习惯</td><td>在公共场合注意不大声喧哗，不妨碍他人，有一定的规则意识和任务意识。</td><td>日常观察</td></tr>
<tr><td colspan="2" rowspan="6">科学
（数学）</td><td rowspan="3">科学探究</td><td>探究身边的科学，了解生活中常见的科技产品及在人们生活中的应用。</td><td>观察、谈话</td><td rowspan="2"></td></tr>
<tr><td>感知秋季和冬季的特征；乐于观察，比较发现人类、动植物与环境的关系。</td><td>测查</td></tr>
<tr><td>乐于动手动脑，学做科学小实验，会用简单符号或图画作记录。</td><td>活动评价</td><td rowspan="4"></td></tr>
<tr><td rowspan="2">数量感知</td><td>运用生活经验理解 10 以内的单、双数及相邻数，会进行倒数。</td><td>测查</td></tr>
<tr><td>会用不同的方法分解（或组成）5 以内物体，会 5 以内的加减。</td><td>测查</td></tr>
<tr><td>空间关系</td><td>学习用自然物测量物体，会比较粗细、轻重、厚薄等；认识时钟，会看整点、半点，知道一星期有七天。</td><td>测查</td></tr>
<tr><td rowspan="7">艺术</td><td rowspan="3">音乐</td><td>审美感受</td><td>感受不同类型的经典音乐，听辨明显的乐曲特点。</td><td>活动评价</td><td rowspan="7"></td></tr>
<tr><td>多元表现</td><td>随音乐的变化改变动作的力度、速度，用动作、表情自然地表达情感。</td><td>情景测验</td></tr>
<tr><td>想象创造</td><td>能够利用各种小乐器、自制玩具进行节奏活动。</td><td>活动评价</td></tr>
<tr><td rowspan="4">美术</td><td>审美感受</td><td>对美术作品、工艺品和建筑物等感兴趣，懂得感受美、欣赏美。</td><td>谈话</td></tr>
<tr><td rowspan="2">多元表现</td><td>运用丰富的色彩和线条构思，画出人物、动物的主要特征；注意深浅、冷暖色搭配。</td><td>作品分析</td></tr>
<tr><td>熟练地选择工具和材料，综合各种技能塑造结构较复杂的形象。</td><td>实际操作</td></tr>
<tr><td>想象创造</td><td>能按命题构思作画，大胆想象，画面主体突出，布局合理，构图有新意。</td><td>作品分析</td></tr>
</table>

表 10　幼儿园儿童发展评价指引（大班下学期）

一级指标	二级指标	三级指标	评价方式	描述性评价
健康（体育）	自理能力	有良好的生活卫生习惯，会归类整理、保管好自己的物品，有秩序感。	情景测验	
	自我保护	保护牙齿和眼睛，养成正确的刷牙方法和读写姿势；有一定的环境适应能力。	情景测验	
	动作发展	能熟练地在垫上前滚翻、侧滚翻；能两臂侧平举，闭目起踵自转；会连续跳短绳。	检测	
语言	倾听理解	能辨别生活中不同的语音、语调所表达的含义。	谈话	
		能专注地倾听、理解成人的多重指令，并予以复述或行动。	情景测验	
	表达交流	会连贯地表达，用丰富的词汇清楚完整地讲述事情的前后经过。	谈话、情景测验	
		愿意与不太熟悉的人交谈，并会用多种方式提出问题和想法。	谈话、活动评价	
	阅读欣赏	能根据不同类型的文学作品续编和创编。	观察、情景测验	
		能专注地阅读图书，连贯地讲述主要内容，用词准确。	情景测验	
社会	社会认知	知道中国是一个多民族的国家，了解中国著名的风景名胜；了解中国主要的节日及风俗习惯。	谈话	
	人际交往	主动参与小组合作学习，能与同伴共同协商解决问题，愿意为同伴和集体服务。	日常观察	
	行为习惯	有一定的责任感，自己的事情自己做，能爱护、整理自己的学习用品。	日常观察	
科学（数学）	科学探究	了解一般的自然现象和天气变化规律，知道一年中四季的变化和交替。	谈话、活动评价	
		探索人体奥秘，了解生命与环境的关系，具有一定的环保意识、环保行为。	谈话、作品分析	
		主动探究，能合作完成科学小实验和小制作，并用适当的方式记录和交流。	活动评价	

续表

一级指标	二级指标	三级指标	评价方式	描述性评价
科学（数学）	数量感知	学会等分（二等分、四等分）或不等分一个整体，感知整体与部分的关系。	实际操作	
		会10以内的分、合和加减，能学编简单的应用题。	情景测验	
	空间关系	能用多种感官认识正方体、长方体、球体；能以自身为中心，区分左、右。	谈话、情景测验	
艺术 音乐	审美感受	感受、理解和欣赏有典型特点的音乐作品。	情景测验	
	多元表现	吐字清楚，能唱出歌曲中明显的力度和速度的变化，恰当表现歌曲的情感；会看指挥，用多种乐器进行合奏。	活动评价	
	想象创造	随音乐想象创编舞蹈动作，用自己喜欢的方式表现音乐。	情景测验	
艺术 美术	审美感受	欣赏作品的造型、色彩、构图，知道对称美、协调美，会多角度评价自己和他人的美术作品。	活动评价	
	多元表现	能大胆地进行意愿画，并根据主题表现一定的内容和情节。	作品分析	
		会拼贴或制作物体，表现简单的情节和形象，注意装饰美。	实际操作	
	想象创造	喜欢做做玩玩，能按照自己的意愿，创造性地布置环境，进行小制作。	实际操作	

活动实践篇

4周

主题六：爱的形状

● 主题规划

一、设计意图

爱，是人类最美好的情感。爱，是一种情感交流；爱，是一种行动体验。爱，其实并无形状，但无形胜有形。在家庭中，幼儿享受着来自家人的爱及衣食住行等各方面无微不至的关怀；在幼儿园里，同伴是他们最亲密的朋友，他们每天在一起快乐游戏、快乐成长……在来自周围的“爱”的氛围中，幼儿拥有着甜甜的、温馨的幸福体验。他们在这种被关怀、被爱浸润的环境中感受爱的同时，也在慢慢学会自己的事情自己做，主动去爱他人，愿意用自己喜欢的方式去表达爱和关心，让爱在这世界里慢慢渲染、流淌开来。

二、主题脉络

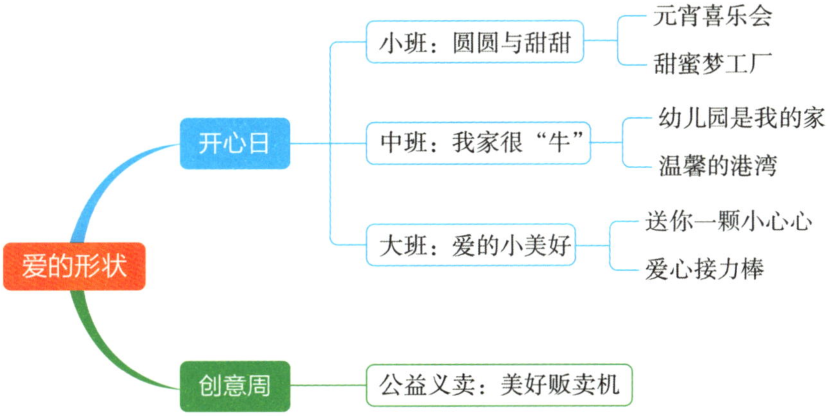

三、主题目标

目标内容	核心经验	对标《指南》关键经验
1. 通过故事、绘本等了解家人对自己的爱，并愿意尝试在集体面前大胆清楚地讲述自己对“爱”的认识和感受。	倾听与表达 阅读与书写	• 小班：能口齿清楚地学说儿歌；愿意表达自己的想法。 • 中班：能基本完整连贯地讲述自己的所见所闻。 • 大班：根据故事的部分情节和线索猜想故事的发展；创编故事，尝试合作表演。
2. 感受同伴、老师和家人等给予自己的爱，懂得感恩，用自己的行动表达爱、分享爱、传递爱，有初步的社会责任感。	人际交往 社会适应	• 小班：愿意与同伴一起游戏；在成人引导下，不争抢玩具等；爱父母，亲近与信赖长辈，为自己的好行为感到高兴。 • 中班：有稳定的玩伴，用礼貌的方式向长辈表达自己的关心与想法。 • 大班：能关注别人情绪和需要，并能给予他人力所能及的帮助。
3. 积极参与探究性游戏，尝试进行简单的推理和分析，与同伴分享自己对事物之间明显关联的发现，并主动运用数学经验解决生活中的问题。	科学探究 数学认知	• 小班：对感兴趣的事物能仔细观察发现事物的基本特征，能用多种感官探索物体。 • 中班：对事物的特征进行观察和比较；按特征进行分类。 • 大班：发现生活中的许多问题能用数学解决；能用一定的方法验证自己的猜测；通过观察比较分析，发现事物的前后变化。
4. 积极主动，不怕困难，喜欢和同伴玩体育游戏，提高身体的协调性和灵敏性，感受团队合作的重要性。	动作发展 生活习惯与生活能力	• 小班：喜欢参加体育活动。 • 中班：能与他人合作玩游戏；喜欢参加体育活动。 • 大班：能遵守基本的安全规则，运动时注意安全。
5. 通过绘画、手工等艺术活动，尝试使用不同的工具和材料进行艺术创作，用自己喜欢的形式制作礼物，大胆地将自己的爱表现出来。	感受与欣赏 创造与表现	• 小班：观察并发现事物特征，能用简单的线条和色彩大体画出人或物的基本特征。 • 中班：在欣赏事物时关注其形态特征，经常用绘画、捏泥等多种形式表现自己所见所想；能用绘画、手工制作等表现自己观察到或想象的事物。 • 大班：积极参与艺术活动，有自己喜欢的活动形式；能用多种工具、材料等表达自己的感知与体验，感受与想象；在活动中能与他人合作，也能独立表现；能用自制的美术作品布置环境。

四、主题游戏馆活动方案

活动目标

1. 通过“一日妈妈”“默契考验”“礼物制作”等游戏活动，以角色扮演游戏、合作游戏等游戏形式，感受家人、长辈以及同伴对自己的爱，珍惜他们的辛苦付出。

2. 能积极参与主题游戏馆活动，明确自己的职责，有始有终地完成一件事，并能大胆运用语言与馆长、同伴交流，增强游戏互动性。

3. 愿意为家人、为同伴做力所能及的事，学会自己的事情尽量自己做，尝试有一定难度的活动和任务。

4. 喜欢结交新朋友，有自己的好朋友，在游戏中遇到问题愿意向别人请教，能与同伴协商合作寻找解决问题的办法。

具体安排

场馆名称	内容建议	玩法参考
宝贝会所	你好，宝贝	感受妈妈对自己的爱意，了解妈妈怀孕生产的辛苦，亲身体验怀孕妈妈的感受，扮演一日妈妈进行游戏。
滴滴车吧	文明交通你我他	通过知识竞赛的形式，了解交通安全知识与规则，学会礼让行人，做文明交通人。
嬉沙乐园	爱的通道	探索合作组合 PVC 管道的方法，比赛用最快的速度将水引入爱心形状的沙坑。
闲鱼小站	有点“艺”思	搜集家里闲置的布艺、装饰物等，进行旧物改造，送给妈妈作为节日的礼物。
点点诊所	小耳朵，大课堂	提供音频，幼儿蒙住眼睛，听音辨别日常生活中的各种声音，了解耳朵对人的重要性。欣赏宣传海报，知道保护耳朵的办法。
花花洗衣	我是妈妈的好帮手	提供收纳盒、叠衣板、示意图等，幼儿根据示意图，了解并尝试不同的叠衣方法，并能够根据衣服的种类进行分类。
奇奇玩社	“舞”力全开	提供体感游戏机，幼儿根据音乐节奏和画面提示，进行舞蹈比拼赛，感受和同伴游戏的乐趣。
酷酷小兵	小兵巡逻队	和其他游戏馆联动，幼儿组建“小兵巡逻队”，分散到其他游戏馆内，协助维护馆内游戏的秩序与安全。
丫丫美妆	送给女神的礼物	提供各种装饰材料，幼儿自主设计、装饰包包、发夹、手链等各类配饰，送给自己心中的“女神”，表达爱的情意。

续表

场馆名称	内容建议	玩法参考
童童健智	默契大考验	提供“两人三足”、“你画我猜”等合作类游戏材料，幼儿体验与同伴合作游戏的快乐。
美美创意	爱的信物	提供彩色卡纸、笔、剪刀及辅助材料，幼儿自主选择材料并制作爱的贺卡，送给自己想要感谢的人。
哇哇博士	爱的游园日记	提供智能积木，幼儿设计编程模块，帮助“小鲸鱼”前往各地进行打卡登记，记录游园路线，拼出爱的图样。
梦想之城	我爱我家	提供乐高积木，幼儿自主设计家的平面图并尝试合作建构。

五、ART 涂鸦馆活动方案

活动目标

1. 通过欣赏绘本和名家作品，乐于清晰地向别人介绍自己所发现的美的事物，愿意和别人分享、交流自己喜爱的艺术作品和审美体验。

2. 通过创意拼摆、水墨晕染、陶泥搓塑等形式制作艺术品，来表达对家人和同伴的爱，能大胆根据自己的想法选择材料进行装饰，创意性地制作。

3. 积极参与涂鸦馆游戏活动，能自主选择喜欢的活动形式，与同伴相互配合，用独特的方式给心中最爱的人送上一份爱的礼物，体验艺术创造的乐趣。

4. 在游戏活动中，能大胆地表达自己的意见和创意，学会用恰当的方式与人交往，相互协商合作，愿意倾听和接受别人的意见。

具体安排

场馆名称	内容建议	材料参考
纸趣联盟	1. 甜蜜糖果屋 2. 层层叠叠的爱	1. 提供纸巾、滴管、彩笔填充液，幼儿尝试晕染纸巾，感受纸巾发生的变化，并通过揉、包、团等方式将纸巾进行创意组合。 2. 提供彩色卡纸、剪刀、海绵胶等，幼儿尝试镂空剪，并以层叠粘贴的方式组合边框，添加剪影表现爱的场景。
写生小栈	1. 无所不能的你 2. 对你比心	1. 收集自己或家人的头像照，并能够在照片的基础上进行想象添画。 2. 提供玻璃板、颜料、画笔等，同伴间对镜做出“爱”的造型，并添画。

续表

场馆名称	内容建议	材料参考
千色派对	1. 咖啡吹画 2. 盐渍画 3. 牛奶画 4. 彩虹糖晕染画	幼儿收集家中的玩色材料，如咖啡、酱油、盐、彩虹糖、牛奶等，尝试采用不同的创作形式玩色，并根据形成的颜色图案进行想象添画，体验用生活材料涂鸦的乐趣。
拼摆乐园	1. 我们的家 2. 私人订制 3. 包你满意	1. 提供剪刀、纸板、颜料、彩纸，供幼儿剪出不规则形状，拼拼插插，制作我们的家。 2. 提供毛根、亮片、铝箔纸、彩色 PVC 以及各种辅材，幼儿通过串一串、贴一贴、拧一拧的方式创意设计喜欢的项链造型，表达对妈妈的爱。 3. 提供 PVC①透明包包、毛线、圆形即时贴、酒精胶等，幼儿大胆想象，设计时尚手拎包。
绘本盒子	1. 形状一家人 2. 送你一颗小心心	1. 提供圆形、半圆形、六边形、梯形、三角形、正方形等彩色形状片，幼儿设计情境（海洋、树林等）盒子，并利用形状片进行组合造型。 2. 提供盒子、纸板、剪刀、笔等，幼儿欣赏、摆出各种“比心”造型，尝试制作以盒子为身体，以纸板组合为可活动的“比心”手臂的“比心小人”，表达爱意。
沙艺世界	1. 我家住在彩虹上 2. 爱心漂流瓶	1. 提供调色盘、颜料、毛笔、刮刀、白色石英砂、白乳胶、笔等，幼儿将颜料、沙子、白乳胶混合，刮出彩虹，并添画彩虹上的人物及建筑。 2. 提供玻璃瓶、彩沙、勺子等，幼儿通过层层灌沙的方法制作漂流瓶，并将自己的祝福画下来，藏在漂流瓶内，表达爱意。
图版印象	1. 给你一朵小红花 2. 爱的魔力转圈圈	1. 提供各类切片蔬菜、手帕、颜料等，运用蔬菜等生活材料在手帕上刻印出花的形状。 2. 提供水拓画颜料，用一个喜欢的颜色打底，把颜料滴在水面，并用画针在画盘上画图案，完成后将丝巾覆盖在画面上。
水墨作坊	1. 最爱的人 2. 爱的印记	1. 提供墨汁、毛笔，收集家人、朋友的照片，幼儿观察人物的脸部特征，描绘最爱之人的特征。 2. 收集日常生活中的生活材料，如丝瓜茎、洗碗巾等，感受不同材料在宣纸上留下的不同印记。
微画空间	1. 立体造型 2. 彩绘线描	1. 提供马赛克、马卡龙色黏土、瓶子等，幼儿以马赛克装饰拼贴瓶身的方式表现高迪的《房子》，并进行组合。 2. 提供 PVC 透明片、丙烯笔、镭射纸等，幼儿以彩绘线描的形式绘画《房子》，以折叠的方式立体呈现作品。

① PVC 是一种多功能塑料材料，有软硬之分，表面光洁且不易变形、防水耐腐蚀，是幼儿园常见的一种装饰材料。

续表

场馆名称	内容建议	材料参考
陶泥演义	1. 家是一扇窗 2. 最爱的人	1. 提供绘本《家是一扇窗》、紫砂泥、工具等，通过绘本引发幼儿对“家”的感悟；幼儿尝试用陶泥搓塑的方式设计心中温暖的家的样子。 2. 陶土浮雕《最爱的人》：幼儿用陶泥在底板上捏制人物形象，通过堆叠、刻画等方式塑造人物五官、服饰细节。
木玩部落	1. 暖暖小烛台 2. 特别的我	1. 提供树枝、木片、松果、树皮、干花等自然材料以及玻璃瓶、气球、电子蜡烛，幼儿通过拼搭、叠加、造型等方式，自制小清新的烛台，一起体验暖暖烛台那份浪漫与温馨。 2. 提供蜂巢板、麻布、原木片、小树杈、胶枪等，幼儿在蜂巢板上创意拼摆组合各种奇怪的表情并粘贴。
造型天地	梦幻游乐园	提供椅子、自行车、纸箱、颜料、笔刷及各类装饰辅材，幼儿自由选择材料，进行装饰、组合搭建、连接等，共同创设游乐园的大型场景。

六、生活指导

1. 能自己的事情自己做，正确地使用筷子，在老师的帮助下整理自己的衣物并把自己的物品放到规定的地方。

2. 能按老师的口令做相应的动作，不乱跑、不推挤、不做危险动作，不伤害自己和别人。

七、环境创设

1. 将家长和幼儿一起收集的“全家福”照片，悬挂在墙面上，布置与“爱”相关的主题墙面，创设友好、温馨、家庭式的环境氛围。

2. 创设角色扮演区，幼儿在相应区角里通过扮演生活中不同的角色来体验生活，增长生活经验，享受爱、分享爱、传递爱。

3. 主题墙创设幼儿园背景图，张贴幼儿作品或者照片，帮助幼儿建立初步的归属感。

八、家长工作

1. 家长可以带孩子一起翻阅家庭生活的照片，或观看家庭生活的视频，让孩子了解自己的成长过程，体验家人对自己的关爱，感受“妈妈们”在孩子成长过程中的艰辛。

2. 利用幼儿的假期和闲暇时间，引导幼儿做家庭小主人，会帮助家人做一些力所能及的事情，如洗碗、扫地、洗衣服、帮助大人拎菜等家务，树立孩子的主人翁意识，培养初步的责任感。

3. 经常带孩子去看望家中的祖辈，引导孩子用自己的方式表达对祖辈的爱，学会关爱长辈，进一步懂得尊老敬老的道理。

● “开心日”活动

小班：圆圆与甜甜

【资源分析】

在孩子们的心里，什么样的味道和感受是甜甜的呢？圆圆的元宵、甜甜的糖果，还是妈妈的拥抱？

带着这个问题，我们从小班幼儿的年龄特点和发展水平出发，以“爱的形状”为主题，“圆圆与甜甜”为主线，从“元宵喜乐会”和“甜蜜梦工厂”两个方面出发，和幼儿共同了解元宵节，体验节日的快乐氛围，感受来自家人、同伴甜甜的爱，获得温馨、愉悦的情感体验，并尝试能够用自己喜欢的艺术形式向家人表达自己的爱，以“爱”之名开启美好旅程！

【目标设计】

1. 知道元宵节是我国的传统节日，了解元宵节的来历和习俗，感受欢快的节日氛围。

2. 通过故事、绘本等活动形式理解生活中家人对自己的爱，在玩游戏、看看、说说、听听的过程中，体验家人间的亲密关系，并尝试用自己的方式将“甜甜”的爱的祝福送给家人。

3. 能正确寻找各种圆形和方形的物体，并乐意尝试探索多种打开容器的方法，体验成功的喜悦。

4. 大胆选择自己喜欢的方式进行艺术创作，用添画、黏土造型等不同形式进行装饰，充分发挥想象力。

5. 能听指令往返跑，学习并掌握两手交替向前、向后滚轮胎的方法，提高身体动作的协调能力和快速反应能力。

【内容建议】

活动线索	活动名称	侧重领域	实施要点
元宵喜乐会	欢乐元宵节	语言	欣赏图片、视频，通过讨论交流，理解闹元宵的习俗，初步尝试用清楚的语言学说儿歌。
	甜甜的元宵	社会	知道元宵节习俗，通过与同伴做、煮、品尝元宵，体验合作的快乐和劳动带来的喜悦。
	★元宵好运滚滚来	健康（体育）	探索发现轮胎沿直线滚动的方法，尝试小组合作运“元宵”，初步体验竞赛游戏的乐趣。
	圆圆和方方	科学（数学）	搜集生活中圆形和方形的物体，通过故事欣赏感知方形和圆形的基本特征与作用，尝试按照形状分类。
	★圈圈圆圆狂欢节	艺术（美术）	收集生活材料，观察并发现圆形，尝试进行拓印和添画，大胆表现。
甜蜜梦工厂	★我妈妈	语言	欣赏故事，尝试用语言大方清楚地说出妈妈的模样及特征，感受妈妈的爱。
	★爱要大声说出来	社会	回忆与家人相处的故事，感受、理解家人不同形式的爱，尝试通过语言、动作等表达自己对家人的爱。
	妈妈的花裙子	健康（体育）	观察材料、了解玩法，初步尝试听指令短距离往返跑。
	打开尝一尝	科学	收集各种包装的食物，观察、比较外形特征，描述比较后的发现，探索各种打开方式。
	★糖果梦工厂	艺术（美术）	观察、了解糖果的特征（形状、质地、包装、大小），学习包裹方法并装饰。

线索一：元宵喜乐会

元宵好运滚滚来（体育）

目标指向

● 初步掌握推动轮胎沿着地面直线跑并保持平衡直行前进的方法。

● 愿意挑战高难度，推动轮胎保持“元宵”稳定不落地，培养肢体动作的协调性与平衡性。

● 喜欢参加体育游戏，在活动中能与同伴友好比赛，体验竞赛游戏带来的快乐。

活动准备

● 音乐《加油鸭》。

● 场地：彩虹直线跑道。

● 轮胎、小皮球。

指导要点

1. 故事导入，运送“元宵”。

2. 热身运动，了解游戏规则。

（1）在跑道一端竖起轮胎，“元宵”（皮球）放在轮胎中间凹槽的地方，使皮球不会左右滚动。

（2）推动轮胎沿着彩虹跑道直线向前行驶，“元宵”随着轮胎的滚动，也在轮胎的凹槽内转动，不滚出轮胎。

3. 幼儿分为四组，尝试运送“元宵”，自由探索滚轮胎的正确方法，与同伴分享自己的游戏经验。

4. 四组幼儿分为两队，各自站在四条彩虹赛道的一边，互相运送“元宵”，先完成运送任务的小队为胜利者。

5. 开始游戏，获胜者可总结自己获胜的经验并进行分享。

6. 游戏结束，有序自主整理游戏材料，安静回教室。

活动建议

● 活动形式：小组活动。

● 建议户外活动时间也可增加此类游戏，锻炼幼儿的上臂力量并提高身体的协调性。

圈圈圆圆狂欢节（美术）

目标指向

● 在交流、探索的过程中，认识大小不同、颜色不同的圆圈。

● 能选择自己喜欢的材料进行拓印和添画，大胆想象创作。

● 乐意参加美术游戏，体验和同伴一起游戏的快乐。

活动准备

● 各种可以拓印出圆形的生活材料，如黏土盒子、瓶盖、圆形塑料瓶等；各色颜料、画笔、纸。

● 多媒体课件。

● 幼儿具有初步的拓印和添画经验。

指导要点

1. 观看课件：圆圆宝宝。

2. 重点观察材料，说说圆形的部分在哪里。

3. 了解操作要求。

（1）尽量在空的地方画。

（2）使用颜料不混色。

（3）尝试使用多种材料。

4. 幼儿自主操作，教师巡回观察。

5. 幼儿操作，大胆装饰圆形宝宝，准备参加狂欢节。

6. 介绍自己的作品《圆圆圈圈变变变》。

活动建议

● 活动形式：集体活动。

● 建议幼儿回家后，可以跟爸爸妈妈一起根据家里的圆形物品进行创作，促进亲子关系。

线索二：甜蜜梦工厂

我妈妈（语言）

目标指向

● 能口齿清楚地用语言大方地说出妈妈的模样及特征。

● 通过故事感受妈妈对自己的爱，知道妈妈很爱自己，愿意大胆地向妈妈表达自己的感情。

活动准备

● 绘本《我妈妈》。

● 幼儿收集的妈妈的照片。

指导要点

1. 由绘本故事《我妈妈》导入活动，激发幼儿的游戏兴趣。

2. 集体交流：故事里的妈妈是怎么对她的孩子的？故事里的妈妈都有哪些本领？

3. 请个别幼儿讲述：说一说自己的妈妈是什么样的？她有什么特征？

4. 感受妈妈对自己的爱，并学会感恩。

播放幼儿妈妈的照片，讨论：妈妈为我们做了哪些事情？是不是很辛苦？我们要怎么回报妈妈？

5. 教师总结：妈妈这么爱我们，为我们做了很多的事情，我们也要爱自己的妈妈，学会感恩。

活动建议

● 活动形式：集体活动。

● 建议幼儿回家后，大声地向妈妈说出自己的爱。

爱要大声说出来（社会）

目标指向

● 回忆和家人相处的故事，感受、理解家人不同形式的爱。

● 知道爱可以给自己和别人带来快乐，愿意大声说出“我爱你”，能用“我爱你”表达对家人的情感。

● 愿意大胆表达对家人的爱，体验说出爱的快乐，萌发对家人的感恩之情。

活动准备

● 幼儿与家人亲密的照片。

● “我爱你，宝贝”视频集。

指导要点

1. 谈话导入，回忆自己与家人之间印象深刻的事情。

（1）讨论：你眼中的他（她）是什么样子的？你最喜欢和他（她）一起做什么？

（2）感受和家人在一起是很开心的事情。幼儿发现爱、感受爱。

2. 讨论：你最喜欢的他（她）会对你生气吗？这个时候的他（她）还爱你吗？为什么呢？

知道家人的爱一直陪伴着我们，以此体验爱、理解爱。

3. 欣赏照片，说一说：你们有什么话想对他（她）说的呢？

播放“我爱你，宝贝”视频，听一听父母对自己说的心里话。

讨论：听完这些话，你们是什么感受呢？他们这么爱我们，我们可以为他们做些什么呢？

4. 教师总结：爱要大声说出来，要勇敢地表达出来，让他们感受到我们对他们的爱。

活动建议

● 活动形式：集体活动。

● 建议在美工区开展相关游戏，让幼儿亲手制作小礼物表达对家人的爱。

糖果梦工厂（美术）

目标指向

● 观察、了解糖果的形状，知道糖果的种类很丰富。

● 学习包糖（用报纸包物品）的方法，能用颜料涂抹、装饰糖果。

● 体验与同伴一起装饰糖果梦工厂的乐趣。

活动准备

● 给幼儿每人准备 2—3 种不同的糖、废报纸、颜料、画笔、桌布、可乐罐、小的饰品盒、矿泉水瓶。

● 未装饰的糖果梦工厂。

指导要点

1. 认识各种各样的糖果。（重点区分各种各样的糖，有硬的，有软的，有大的，有小的，有不同颜色的，有不同形状的，还有不同图案的糖纸等）

2. 讨论：如何帮小糖果们做一个大大的糖果爸爸。

3. 制作“糖果爸爸”，将“糖果”（罐子或瓶子）包入“糖纸”（报纸），然后紧握中间，将两头拧紧。

4. 幼儿自己尝试把“糖果”包起来，尽量包得严实，大胆地在自己做的“糖果爸爸”的衣服上涂抹颜料，进行装饰。

5. 幼儿将已经装饰好的“糖果”与小伙伴们一起布置糖果梦工厂。

活动建议

● 活动形式：集体活动。

● 建议在区域投放不同的材料，提高幼儿创作能力。

中班：我家很“牛”

【资源分析】

爱的教育是幼儿社会性发展中重要的组成部分。中班幼儿对“爱”已经有了更深入的理解，从家人的爱到周边社会中的爱，他们都有着各种各样的理解与想法，他们想要听也愿意表达，更想用自己的行动同样为“爱”付出。因此，我们基于幼儿经验的生长点，以“我家很‘牛’”为主题，以“幼儿园是我的家”和“温馨的港湾”为主线，不断丰富幼儿爱的体验，积累幼儿表达爱的经验，同时创设多种形式的实践活动使幼儿习得多种多样爱的表达方式，让幼儿在积极健康的人际关系中获得安全感和幸福感。

【目标设计】

1. 通过观察图片，理解故事内容，能用比较连贯的语言讲述并大胆地用动作将爱表达出来，明白爱是可以传递的。

2. 积极参加合作游戏，探索学习头顶传球的方法，掌握与同伴合作转体的动作，发展动作的方向感与协调能力，体验合作游戏的乐趣。

3. 愿意主动参加群体活动，感受长辈、家庭和幼儿园给予自己的爱，在爱与被爱中学会用多种形式表达自己的爱。

4. 能按照颜色和花纹进行配对，学习简单地整理物品及有序摆放的方法，并能将物品摆放整齐，体验与同伴一起整理物品的乐趣。

5. 能自主选择材料，用自己喜欢的艺术表现形式进行创作，用独特的方式给心中最爱的人送上一份爱的礼物。

【内容建议】

活动线索	活动名称	侧重领域	实施要点
幼儿园是我的家	我眼中的幼儿园	语言	参观并熟悉幼儿园整体环境，说一说“我的幼儿园”。
	好朋友大调查	社会	欣赏好朋友的照片，尝试用语言描述好朋友的外形特点，感受有朋友一起玩的快乐。

续表

活动线索	活动名称	侧重领域	实施要点
幼儿园是我的家	★袜子对对碰	科学（数学）	观察发现袜子的特征，按照颜色、大小、花纹进行配对，学习简单地整理物品的方法。
	一起玩，办法多	健康	学说儿歌《炒黄豆》，尝试与同伴合作单手、双手一起炒及轮流炒的转体游戏，感受合作游戏的乐趣。
	★一百个“园长妈妈”	艺术（美术）	欣赏观察照片，讨论、发挥想象，运用线描添画创作人物形象，体验想象创作的乐趣。
温馨的港湾	★会飞的抱抱	语言	欣赏故事，理解、描述邮递抱抱的过程，通过用动作、语言或表演，体验抱抱带来的温暖的感觉，感受亲情。
	我们都在变	社会	收集照片，观察比对、描述自己和他人、以前和现在的变化，感知成长从小到老的变化。
	★我是收纳小达人	科学	感受照片中摆放凌乱及归放整齐后的变化，学习按物品的种类、大小形状等简单的整理的方法，体验整理物品、保持身边环境整洁的快乐。
	小乌鸦爱妈妈	健康	皮球热身运动，设置游戏情境，通过同伴示范，感知头顶传球的动作要领，掌握传球方法，体验合作游戏的快乐。
	★“包”你满意	艺术（美术）	讨论、交流妈妈的包，观察并比较包的大小、颜色、质感等不同特征，尝试运用折、剪、黏土造型等方法设计制作手提袋。

线索一：幼儿园是我的家

袜子对对碰（数学）

目标指向

- 知道一双袜子有两只，能按照颜色、大小、花纹进行配对。
- 学习简单地整理物品及有序摆放的方法，并能将物品摆放整齐。
- 体验与同伴一起整理物品的乐趣。

活动准备

● 大小相同，颜色、花纹不同的袜子若干，分别是爸爸的、妈妈的、小孩的。

● 三层收纳柜：三种大小、颜色不同的脚样底板，分别放在爸爸、妈妈、宝宝的头像的格子里。

指导要点

1. 情境导入：超市进了一批袜子，由于纸箱不小心摔坏了，理货员要整理好这些袜子，并分别摆放到货架上，请小朋友帮忙完成这个任务。

2. 讨论、了解袜子的秘密：袜子都是两只为一双，它们是双胞胎，颜色、花纹、大小必须一样。

3. 操作练习。

（1）观察袜子的色彩、图案、大小，去找到对应的另一只。

（2）继续分类整理。按照脚样底板的颜色、大小将袜子分别放到爸爸、妈妈、宝宝的头像的格子里。

注意：袜子怎样摆放好看？袜口、袜跟的方向一致。

活动建议

● 活动形式：小组活动。

一百个“园长妈妈”（美术）

目标指向

● 能运用各种线条、图案的组合表现人物形象，感受线描画带来的美感。

● 发挥想象，体验想象创作的乐趣，提高对绘画的兴趣。

● 喜欢与老师共同游戏，增进与老师间的美好感情。

活动准备

● 园长妈妈的头像分几种不同的造型打印，幼儿人手一份。

● 勾线笔、彩笔。

指导要点

1. 谈话导入：园长妈妈长什么样？

2. 欣赏园长妈妈的头像，集体讨论。

（1）你觉得园长妈妈在想什么？在干什么？为什么？

（2）你喜欢园长妈妈吗？为什么？你觉得园长妈妈像你看过的动画片里的哪一个形象？

3. 根据想象添画，了解创作要求。

（1）用粗细不同的线条排列组合，呈现点线面效果及疏密变化。

（2）可以用图案组合表现各种形象特征。

（3）装饰时线条排列清晰。

4. 完成作品并主布置展板。园长妈妈百变造型秀开始啦！

活动建议

● 活动形式：集体活动、个别活动。

线索二：温馨的港湾

会飞的抱抱（语言）

目标指向

● 理解故事内容，感受小猪与奶奶之间浓浓的亲情，体验拥抱带来的温暖的感觉。

● 会用不同的动作和语言大胆地表达爱，明白爱是可以传递的。

● 愿意与同伴合作大胆表演故事情节，感受与朋友游戏的快乐。

活动准备

- 多媒体课件。
- 小猪、奶奶、几位动物邮递员的头饰。

指导要点

1. 说一说：你有想念的人吗？

讨论：见到他以后，你会对他做什么、说什么来表达你对他的想念呢？

2. 欣赏故事，初步了解邮递抱抱的过程。小猪最喜欢的人除了妈妈就是奶奶。奶奶的生日快到了，妈妈问小猪要给远在外地的奶奶送什么礼物。

讨论：小猪会送什么？怎么送呢？什么是抱抱？在故事中它是一份什么样的礼物？

3. 完整介绍故事《会飞的抱抱》，集体讨论。

（1）奶奶收到小猪送的抱抱了吗？这个大大的抱抱是怎么送过去的？

（2）收到抱抱以后，奶奶喜欢吗？你是从哪里看出来的？

（3）奶奶收到小猪的礼物，心里可开心了！她又回送了小猪什么？这个吻又是怎样送给小猪的呢？

4. 表演故事：个别幼儿戴上头饰、简单地合作表演故事。

5. 想一想：幼儿园里你喜欢谁？你想给他一个大大的抱抱吗？请你走到他面前，大胆地给他一个抱抱，再说一句喜欢他的话吧！

活动建议

- 活动形式：集体活动。

我是收纳小达人（科学）

目标指向

- 学习简单地整理物品及有序摆放的方法，能按物品的种类有序摆放。
- 能与同伴分享整理物品小常识。
- 体验整理物品、保持身边环境整洁的快乐。

活动准备

- 几张家里、活动区东西凌乱的照片及归放整齐后的照片。

指导要点

1. 观察照片：东西凌乱的照片；归放整齐的照片。

说一说：看了这两张照片，你感觉怎么样？

2. 共同整理活动室，学习简单地整理物品的方法。

讨论：怎么样才能把我们的活动区整理得整整齐齐？

3. 小组初次尝试整理，找一找、说一说哪些整理得好。

分享交流：我们是怎么整理的。

4. 总结经验：我知道的整理物品的小常识。（按物品的种类、大小、形状等有序摆放）

5. 根据第一次的经验再次整理，说一说：看到整洁的活动室你心情怎么样？为什么？

6. 讨论：如何保持活动室的整洁、整齐？（知道有序归放，常用物品要摆放在固定的位置上）

活动建议

- 活动形式：小组活动。

“包”你满意（美术）

目标指向

- 运用折、剪等多种方法，设计制作手提袋，并用黏土进行装饰。
- 乐意动手制作礼物，用自己的方式表达对妈妈的爱。

活动准备

- 多媒体课件：简单的手提袋制作步骤。
- 剪刀、卡纸、胶棒或双面胶、黏土。

指导要点

1. 谈话：妈妈每天出门都要带什么？（包）

讨论：它们是什么样的？有什么不同？（大小、形状、颜色）

2. 观看课件，了解手提袋的制作方法。

（1）用准备好的卡纸剪出包的形状。

（2）将卡纸对折，装饰包的前后两面，然后用胶棒把拎手部分粘牢。

（3）用黏土制作各种妈妈喜欢的小东西并放进包包中。

3. 制作爱心包包，注意游戏中的安全。

（1）剪刀的安全使用。

（2）手提袋两面的粘贴和拎手的粘贴。

4. 作品展示：幼儿互相欣赏。

活动建议

- 活动形式：小组活动、集体活动。
- 走秀形式：靓包秀。
- 结合“三八妇女节”“母亲节”等节日开展活动。

大班：爱的小美好

【资源分析】

从古至今，爱是一个永恒的话题，她无时无刻不在我们身边，而儿童的成长更是倾注了家人、老师、同伴以及社会大量的心血与爱。那到底什么是爱？怎样来表达爱呢？孩子们一定有自己独特的方式。

大班的幼儿已经进入个性、品质形成的重要时期，因此在“爱的小美好”这个洋溢着感情色彩的主题里，我们从“送你一颗小心心”和“爱心接力棒”两条主线出发，感受家人对自己的关爱，大胆表达自己对长辈的谢意，同时能够通过慰问孤老、做环保小卫士等实际行动，将自己收获的满满爱意传递给更多的人。

【目标设计】

1. 通过看看、说说、猜猜，感受浓浓的亲情，简单了解感恩的基本方式，并愿意在集体面前大胆清楚地讲述自己对“爱”的认识和感受。

2. 乐于参加体育游戏，练习并掌握负重平衡走的方法，锻炼平衡能力和快速反应能力，体验志愿者游戏的乐趣。

3. 喜欢参加探究活动，尝试进行不同组合的排列，用排除法和交换法破译密码，体验解密成功后找到爱、传递爱的喜悦。

4. 能运用多种感官主动参与活动，通过亲身体验和实践活动，感受妈妈的辛苦，体验家庭成员之间的亲情，萌发尊敬、关爱老人的情感。

5. 乐意参与礼物制作活动，能根据自己的喜好自主选择自然物进行装饰创作，表达自己的情绪情感。

【内容建议】

活动线索	活动名称	侧重领域	实施要点
送你一颗小心心	★克里克塔	语言	倾听故事，通过观察人物的动作、表情，清楚表达猜测结果，理解、感受主人公之间的亲情。
	做妈妈的一天	社会	观察孕妈照片，感知孕期变化，尝试通过角色体验感受做妈妈的不易。
	★解码大行动	科学（数学）	创设情境，观看视频，理解编码规则，尝试通过寻找提示，用排除法和交换法破译密码并验证结果，体验数字游戏成功的喜悦。
	我是小小志愿者	健康（体育）	自主探索、交流结果，掌握听口令负重平衡行走的方法。
	★漂浮的爱	艺术（美术）	搜集花朵和透明容器，观察制作干花浮油瓶，体验动手操作的乐趣，用自己的方式关爱家中女性长辈，懂得感恩。
爱心接力棒	彩虹色的花	语言	倾听、欣赏故事，观察、描述事物颜色的特征，学说固定句式，根据线索猜测、创编，并尝试与同伴用语言、动作表演故事情节，体会助人为乐的快乐。
	走近孤老	社会	准备节目和材料，通过主动与老人亲近、为老人表演、制作礼物等表达对老人的爱，尊老、敬老、爱老。

续表

活动线索	活动名称	侧重领域	实施要点
爱心接力棒	★纸巾运水	科学	认识实验材料，观察比对、描述纸巾实验前后的变化，实践操作验证结果。
	环保小卫士	健康（体育）	创设“环境乱”场景，尝试通过“变废为宝”的游戏，初步形成环保意识，练习钻爬、跳、平衡等技能。
	★暖暖小烛台	艺术（美术）	收集各种自然物，欣赏、感受中式烛台图案、造型、材料的美，尝试运用拼搭、叠加的方式，制作树枝烛台，合作布置烛台场景，体验温馨浪漫之爱。

线索一：送你一颗小心心

克里克塔（语言）

目标指向

- 观察故事画面，猜测并理解绘本内容。
- 能根据故事情节大胆、清楚地表达自己的想法。
- 感受故事中的克里克塔和奶奶之间浓浓的亲情。

活动准备

- 多媒体课件。
- 幼儿人手一本小书。

指导要点

1. 故事导入。

讨论：故事的主人公波特奶奶，她一个人生活在小镇上，她会感到怎么样？

2. 观察波特奶奶的神秘礼物。

聊一聊：你猜猜，这会是什么礼物呢？波特奶奶打开礼物包裹的表情、动作表现是什么样的？你是从哪里看出来的？后来，为什么波特奶奶又不害怕了呢？还给小蛇取了一个什么名字？

3. 观看课件：波特奶奶和克里克塔的幸福生活，猜测并大胆完整讲述。

4. 亲情体验：请你说一说和自己的奶奶在一起的故事，你又是怎样关心照顾奶奶的。

活动建议

● 活动形式：集体活动。

● 由于绘本信息量和内容非常大，建议大家可以根据幼儿的年龄特点和认知要求，适当选取部分内容来进行教学。

解码大行动（数学）

目标指向

● 尝试将数字 1—6 进行不同的组合，排列成不同的密码。

● 学会用排除法和交换法破译密码，体验数字游戏的快乐及成功的喜悦。

活动准备

● 多媒体课件。

● 操作单人手一份，数字卡片若干。

指导要点

1. 视频导入，创设情境。

熊大和熊二为阻止光头强砍树被抓，关在了有密码锁的房子里。幼儿仔细倾听音效，理解编排密码的规则。

2. 编排密码，解救小动物。

个别幼儿尝试输入密码解救小动物，通过找到的提示条，操作白板，编译密码并尝试解锁。知道原来两个数字交换位置可以编出一个新的密码。看看新的密码能否打开这扇门，验证结果。

3. 实物操作，编译密码。

（1）用几个数字去编密码，要求：数字都要用到而且只能用一次，音乐声停马上回到自己的位置。

（2）幼儿在白板上输入密码并尝试点击开锁按钮来开锁。

4. 分组合作，挑战难度。请个别幼儿上来展示密码，尝试输入白板课件并开锁。

5. 编译新密码。

活动建议

● 活动形式：小组活动。

● 建议最后一个环节作为延伸拓展活动进行，也可以让幼儿在家自主尝试。

漂浮的爱（美术）

目标指向

● 掌握制作浮游花瓶的方法，体验动手操作的乐趣。

● 知道感恩并学会关爱家中的女性长辈，用自己的方式表达爱。

活动准备

● 搜集春天的花朵制成干花，寻找不同大小、造型好看的透明玻璃瓶。

● 漂浮油、镊子等。

指导要点

1. 谈话：送给妈妈的节日礼物。

2. 讨论：干花可以用来制作什么礼物？

（浮游花瓶，制作永生花表达对家中女性长辈的关爱和感谢）

3. 观察制作材料，了解操作步骤。

（1）将干花修剪成合适的尺寸，用镊子轻轻地夹入透明玻璃瓶中，根据自己的喜好进行搭配。

（2）缓慢地将适量的植物漂浮油灌入玻璃瓶中，制作浮游花瓶。

4. 展示欣赏。

幼儿相互欣赏完成的礼物，请个别幼儿进行介绍。将自己制作的礼物带回家，亲手送给家中的女性长辈，并大声说出自己对她的祝福。

活动建议

● 活动形式：小组活动。

● 可将这个活动作为年级组庆祝三八妇女节的活动来开展。

线索二：爱心接力棒

纸巾运水（科学）

目标指向

- 感知毛细现象和虹吸现象，愿意动手操作。
- 对科学活动感兴趣，体验实验成功的喜悦。

活动准备

- 操作视频。
- 操作材料：杯子、纸巾、水、颜料等。

指导要点

1. 谈话导入：传递，引发话题：水会行走吗？

2. 观察、认识实验材料。

3. 观察实验操作过程，发现实验过程中的变化。

（1）把三张纸巾折成长条备用。

（2）往杯中倒入一半的清水，再往杯中分别滴入三种不同的色素，搅拌均匀。

（3）将纸巾两端分别放进装着不同颜色的杯子内。

4. 仔细观察纸的变化，并和小伙伴交流自己的发现。

5. 熟悉实验要求，动手操作：纸巾的两端要分别浸入杯内溶液中。（观察、发现水是会行走的）

4. 讨论：如果用湿纸巾，水的行走速度是不是会比普通纸巾的速度快呢？（再次实验，验证结果）

活动建议

- 活动形式：小组活动。
- 将此次实验材料投到科学区让幼儿继续进行实验操作。

暖暖小烛台（美术）

目标指向

- 尝试利用拼搭、叠加的方式，制作树枝烛台。
- 在动手操作的过程中，感受中式烛台图案、造型、材料之美。
- 愿意与同伴合作，用自己制作的烛台布置庆生的环境。

活动准备

- 枯树枝、木片、松果、树皮、干花等自然物，各式玻璃瓶，气球，电子蜡烛。
- 胶枪、手套、酒精胶、锯子、剪刀等。
- 多媒体课件。

指导要点

1. 欣赏中式烛台，感受中国文化之美。

聊一聊：你最喜欢这些烛台的什么？你在哪里看见过烛台？

2. 结合同伴生日，引导幼儿产生制作树枝烛台的兴趣。

3. 观察、了解制作材料，讨论各式烛台的做法。

4. 自选区域创意制作，知道在制作时可组合拼搭、叠加造型。

（1）构思树枝烛台的样式，选择自己需要的材料放入材料筐内。

（2）使用热熔枪时注意安全。

（3）尝试用不同的方式制作不同款式的烛台。

5. 布置烛台场景，为同伴庆祝生日，体验温馨浪漫之爱。

活动建议

- 活动形式：小组活动。
- 建议幼儿在活动前学会使用热熔枪，具备一定的安全意识。

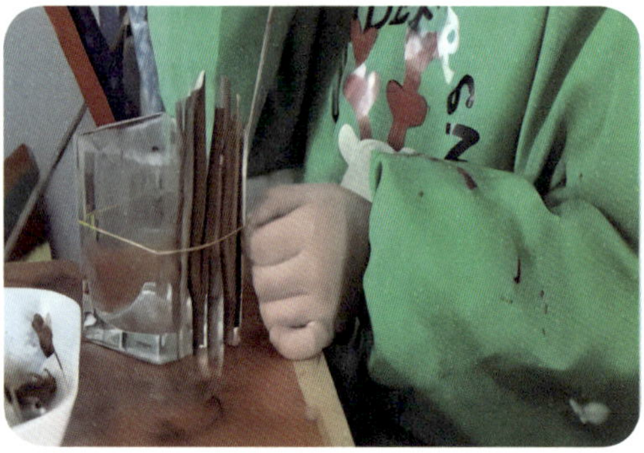

●“创意周”活动

公益义卖：美好贩卖机

活动线索	活动名称	侧重领域	实施要点
美好贩卖机	你和三月都是春天	语言	观看视频影像，通过绘本阅读、观察绘本画面，理解故事内容，感受妈妈温暖的爱，并尝试用自己的语言大胆地夸一夸自己的妈妈。
	比心代表我爱你	社会	自主阅读绘本，讨论交流帮助他人后开心快乐的感觉，共同商议“爱心义卖”的规则，知道爱心义卖是通过售卖物品或作品来筹集善款，帮助需要帮助的人或组织的活动，感受爱与被爱的快乐。
	每个孩子每朵花	艺术	聊一聊关于义卖的想法，通过观察爱心义卖展板，合作讨论绘制大头贴装饰义卖展板的方法，体验与同伴合作的快乐。
	爱意满满在这里	艺术	说一说对爱心义卖的理解，知道不同的表达爱的方式，自主选择材料与工具，用自己喜欢的方式制作爱心礼物，体验同伴合作布置展台和义卖海报的乐趣。
	美好贩卖机	综合	师幼共同布置义卖场地，由幼儿参与主持，宣布活动的开启，在自由买卖过程中能挑选自己喜欢的物品并献出自己的爱心，感受帮助他人的意义，体验义卖活动的乐趣。

你和三月都是春天（语言）

目标指向

- 理解绘本故事的内容，了解妈妈的本领，知道妈妈的爱是温暖的。
- 愿意在集体面前大胆表现自己，能大声地夸夸自己的妈妈。
- 感受妈妈对自己的爱，进一步引发对妈妈的关注，激发爱妈妈的情感。

活动准备

- 关于爱的绘本。
- 多媒体课件。

指导要点

1. 观看影像：幼儿和妈妈互动的视频。

谈话：你和妈妈在一起是什么感觉？

2. 阅读相关绘本，自由讨论：这是一位怎么样的妈妈？

3. 观察绘本画面，自由交流：故事里发生了什么？

小结：妈妈为我们做了很多事情，她的手虽然粗糙了，但是她给我们的爱却是最柔软的、最温暖的。

4. 教师总结：春天到了，我们又将迎来一个关于妈妈的节日——三八妇女节，请小朋友们想一想，一起来夸夸自己的妈妈吧！

活动建议

- 活动形式：集体活动。
- 建议老师拍摄幼儿夸妈妈的短视频，请家长一起欣赏。

比心代表我爱你（社会）

目标指向

- 懂得关心、同情有困难的伙伴，愿意帮助他人。
- 能与同伴协商、分享、合作，设计爱心义卖活动，感受爱和被爱的快乐。

活动准备

- 《我的名字叫心》绘本故事视频。
- 彩色爱心卡、画笔等。

指导要点

1. 欣赏绘本画面。说说心是什么，它为什么开心快乐。

2. 阅读绘本。

交流、讨论：你愿意和它一样帮助别人吗？有人遇到困难你是怎么做的？

3. 引出主题：爱心义卖，聊一聊关于爱心义卖相关的事。

（1）确定义卖场地，设计活动倡议书。

（2）认识钱币，学习 10 元以内钱币的找付方法。

（3）完成调查表，调查能收集的义卖物品，了解如何正确进行买卖。

（4）讨论：如何合理处理义卖所得的钱，了解要把钱用在有意义的地方。

4. 制作爱心卡片，用比心的手势向家人、老师和同伴表达心中的爱意。

活动建议

● 活动形式：小组活动。

● 建议在活动前可以给幼儿观看一些贫困地区儿童生活的视频。

每个孩子每朵花（艺术）

目标指向

● 能用绘画的方式表现自己的外形特征。

● 体验和小伙伴们在一起的快乐，增进与同伴之间的友情。

活动准备

● 多媒体课件。

● 音乐《娃哈哈》。

● 颜料、笔刷、素描纸、勾线笔、剪刀、胶棒、马克笔、展板。

指导要点

1. 话题导入：制作爱心义卖展板，交流对义卖的祝福和想象。

2. 自由涂鸦，在展板上绘制自己的祝福。

3. 尝试制作大头贴，将制作好的大头贴贴到爱心义卖板上，布置成展板，并且画上自己的标记。

4. 交流分享：对义卖活动的期待和计划。

活动建议

● 活动形式：集体活动。

爱意满满在这里（艺术）

目标指向

● 知道不同国家有着不同的表达爱的方式，能勇敢地表达爱。

● 选用自己喜欢的方式制作爱心礼物，体验运用不同方式与同伴合作作画的乐趣。

活动准备

● 白色卡纸、白色 KT 板[①] 及各类美术材料。

指导要点

1. 谈话：爱心义卖。

2. 讨论：卖什么？怎么做？

3. 自由合作，自主选择材料和工具，制作义卖作品。

4. 自主布置展台将制作好的礼物进行展示，制作义卖海报。

活动建议

● 活动形式：小组活动。

● 活动前可以预先布置好放礼物的展示架。

---

① KT 板是一种高分子泡沫板，因其硬度高、易涂绘、可裁剪、轻便耐用等特点，是幼儿园常用的活动材料之一。

美好贩卖机（综合）

目标指向

- 丰富语言表达及社会交往体验，初步掌握买卖的方式方法。
- 与同伴协商、分享、合作，体验义卖活动的乐趣。
- 愿意帮助别人、乐于奉献，能够将自己的爱无私地奉献给身边的每一个人。

活动准备

- 给幼儿及家长的倡议书；在前期活动中制作准备的义卖物品；每位幼儿准备好一些零钱。
- 海报制作，各种适合的物品陈列架、桌子、箩筐，物品名称及价格牌。
- 参与义卖活动的幼儿胸牌、标志等。
- 活动前老师和幼儿共同布置场地（在幼儿园内），把所有物品有序摆放到位。

活动地点

- 幼儿园操场。

指导要点

1. 义卖前布置义卖场地，摆放义卖物品，准备好义卖募捐箱等。
2. 义卖进行中，邀请幼儿参与主持，宣布活动的开启。
3. 自由活动，幼儿可以挑选喜爱的物品并将零钱放入募捐箱。
4. 义卖结束，统计义卖金额，公布义卖总收入，进行捐赠。

活动建议

- 活动形式：个人、小组、集体、社区活动。

4周

主题七：色彩捉迷藏

主题规划

一、设计意图

缤纷的色彩就像是镶嵌在我们生活中的快乐音符，红、橙、黄、绿、青、蓝、紫……它们如同和我们玩“捉迷藏”游戏：蓝色藏在广阔的天空里；绿色藏在大片的草丛里；黄色藏在向日葵的花瓣上；红色藏在香香的水果中……当我们睁大眼睛环顾四周时，发现色彩无处不在，带给孩子们无限的想象和快乐。在孩子们的眼里，颜色有一百种，每一种都有它的独特之处。在这个主题下，孩子们将通过丰富的活动享受色彩所带来的惊喜、感受色彩变化的魅力，对色彩有更全面的认识和理解。

二、主题脉络

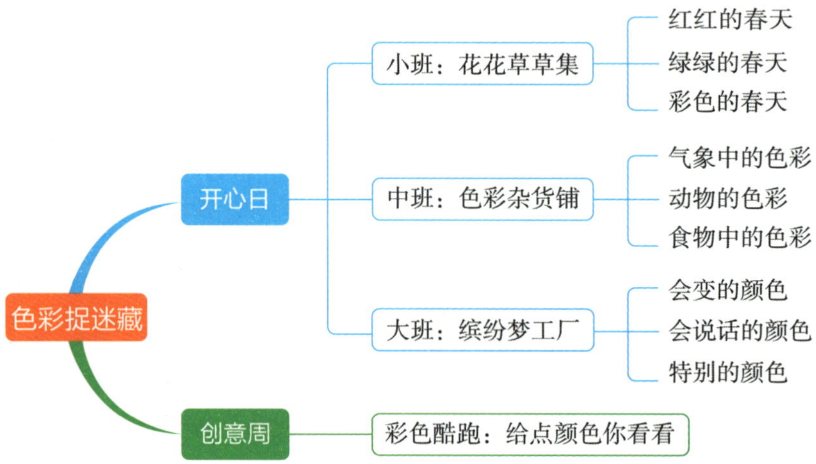

三、主题目标

目标内容	核心经验	对标《指南》关键经验
1. 喜欢吃各种颜色的蔬菜、水果，了解蔬果的不同营养与食用方法。	生活习惯 自然认知	● 小班：在引导下，不偏食、挑食。喜欢吃瓜果、蔬菜等新鲜食品。 ● 中班：不偏食、挑食，不暴饮暴食。喜欢吃瓜果、蔬菜等新鲜食品。 ● 大班：吃东西时细嚼慢咽。
2. 喜欢体育活动，动作协调、灵活。	动作发展	● 小班：分散跑时能躲避他人的碰撞；喜欢参加体育活动。 ● 中班：能与他人玩追逐，躲闪跑的游戏；喜欢参加体育活动。 ● 大班：能躲避他人滚过来的球或扔过来的沙包；能主动参加体育活动。
3. 能够根据生活经验进行感知、想象和表达。	倾听与表达 阅读与理解	● 小班：愿意表达自己的需要和想法，必要时能配以手持动作；说话自然，声音大小适中。 ● 中班：愿意与他人交谈，喜欢谈论自己感兴趣的话题；能基本完整地讲述自己的所见所闻和经历的事情；讲述比较连贯。 ● 大班：愿意与他人讨论问题，敢在众人面前说话；能有序、连贯、清楚地讲述一件事情；讲述时能使用常见的形容词、同义词等，语言比较生动。
4. 认识和感知多种颜色，感知颜色在大自然和日常生活中的存在，对色彩充满好奇心和探究的欲望。	科学探究 数学认知	● 小班：喜欢接触大自然，对周围的很多事物和现象感兴趣；对感兴趣的事物能仔细观察，发现其明显特征；认识常见的动植物，能注意并发现周围的动植物是多种多样的；初步了解和体会动植物和人们生活的关系。 ● 中班：喜欢接触新事物，经常问一些与新事物有关的问题；能对事物或现象进行观察比较，发现其相同与不同；能感知和发现不同季节的特点，体验季节对动植物和人的影响。 ● 大班：能经常动手动脑寻找问题的答案；能通过观察、比较与分析，发现并描述不同种类物体的特征或某个事物前后的变化；初步了解人们的生活与自然环境的密切关系，知道尊重和珍惜生命，保护环境。

续表

目标内容	核心经验	对标《指南》关键经验
5. 愿意参与游戏，能礼貌性地向他人表示友好；能在故事中感受不同颜色的特殊性与美好寓意。	人际交往 社会适应	● 小班：愿意和小朋友一起游戏；愿意与熟悉的长辈一起活动；对群体活动有兴趣。 ● 中班：喜欢和小朋友一起游戏，有经常一起玩的小伙伴；喜欢和长辈交谈，有事愿意告诉长辈；能注意到别人的情绪，并有关心、体贴的表现；愿意并主动参加群体活动。 ● 大班：有自己的好朋友，也喜欢结交新朋友；能有礼貌地与人交往，在群体活动中积极、快乐。
6. 关注自然界和生活环境中事物的色彩特征，在艺术活动中运用多种方式体验和感受创作的快乐。	感受欣赏 表现创造	● 小班：喜欢观看花草树木、日月星空等大自然中美的事物；容易被自然界中的鸟鸣、风声、雨声等好听的声音所吸引；经常涂涂画画、粘粘贴贴并乐在其中。 ● 中班：在欣赏自然界和生活环境中美的事物时，关注其色彩、形态等特征；经常用绘画、捏泥、手工制作等多种方式表现自己的所见所想；能运用绘画、手工制作等表现自己观察到或想象的事物。 ● 大班：积极参与艺术活动，有自己比较喜欢的活动形式；能用多种工具、材料或不同的表现手法表达自己的感受和想象；能用自己制作的美术作品布置环境、美化生活。

四、主题游戏馆活动方案

活动目标

1. 主动参加游戏馆活动，能动手动脑探索游戏馆的游戏材料并乐在其中。
2. 乐意结交游戏馆中不同年龄段的同伴，喜欢和他们一起游戏、交谈。
3. 能遵守游戏馆的各项规则，懂得爱惜、爱护游戏材料。
4. 积极参与游戏活动，会用语言表达自己的意见、想法，能创造性地开展游戏。

具体安排

场馆名称	内容建议	玩法参考
宝贝会所	球球派对	提供彩色海洋球，幼儿和五彩斑斓的海洋球做游戏，感受与色彩游戏的快乐。
滴滴车吧	我在马路边	提供各类标志，幼儿寻找马路边的标志，知道其指向的道路方向、地点以及表示的规则等。

续表

场馆名称	内容建议	玩法参考
嬉沙乐园	彩虹制造机	提供色素、沙子，幼儿用彩色色素将沙子染成各种颜色并进行塑形。
闲鱼小站	花草物语	户外搜集掉落的花朵、树叶等，进行自然晾晒风干，做成干花花束。
点点诊所	眼科检查	提供色盲色弱测试图，为来点点诊所的患者提供色盲色弱检查。
花花洗衣	七彩新衣	提供旧衣服和颜料，探索点染、晕染、滴染的扎染方法，进行旧衣改造。
奇奇玩社	彩虹爱消除	提供彩虹爱消除棋，供幼儿合作游戏。
酷酷小兵	野战训练营	提供隐蔽服装，利用迷彩伪装色练习在自然环境下伪装。
丫丫美妆	指尖舞蹈	提供美甲贴、指甲油、彩绘笔、修甲套装，彩绘装饰指甲，趣玩色彩造型。
童童健智	保龄球大战	提供彩色骰子，抛到什么颜色就用保龄球击倒相应颜色的球瓶。
美美创意	色彩吹画	提供吸管、颜料、铅画纸，幼儿选择自己喜欢的颜色进行吹画。
哇哇博士	1. 梦幻彩虹雨 2. 彩虹泡泡龙	将带有各种色素的牛奶倒入静置 5 分钟的盐水中。 将色素涂抹于卸妆棉底部，放置在洗洁精加水的混合物上，吹出成品。
梦想之城	1. 颜色迷宫 2. 迷人的彩色建筑	提供各种迷宫的俯瞰图、无色房子的图片，用不同大小的彩色玩具进行填充、拼搭。

五、ART 涂鸦馆活动方案

活动目标

1. 通过欣赏，了解作品的形状、色彩、结构等美术要素，了解作品的表现手法、艺术风格和创作意图。

2. 懂得色彩的协调与对比关系，尝试用自己所喜欢的彩色绘画工具来进行美术表现活动。

3. 能运用多种艺术表现手法表达出自己的感受和想象，体验创造的乐趣。

4. 在涂鸦游戏中学会用观察、表述、倾听等方式与同伴合作完成作品。

具体安排

场馆名称	内容建议	材料参考
纸趣联盟	1. 天上有个五彩山 2. 地上有个七彩池	1. 提供彩纸若干，运用大卷彩色纸，截取不同长度和大小，揉皱后在 KT 板上进行山脉造型，体验纸趣造型的乐趣。 2. 提供镭射纸、彩纸若干，将彩纸随意揉出长条造型围在 KT 板四周做池子，用撕、揉、团等多种方式将镭射纸布置成波光粼粼的溪流。
写生小栈	1. 风筝绘 2. 花园幕布	1. 提供纯色风筝、颜料、画笔等，幼儿在优美的环境下感受自然美，大胆创想、大胆配色。 2. 提供玻璃纸、颜料、画笔等，幼儿通过观察植物园的春意盎然，创意自制花园幕布。
千色派对	1. 旋转的波洛克 2. 一花一世界	1. 提供一次性纸杯、绘画纸、美纹胶带、毛线绳、支架、水粉颜料等，把绘画纸用美纹胶带固定在地面上，纸杯底部扎一个小洞，用绳子将一次性纸杯悬挂在支架上，用手指在纸杯外侧按住小洞倒入液体颜料，用力旋转纸杯。 2. 提供 PVC 透明软膜、丙烯颜料、丙烯笔等，在 PVC 透明软膜上用丙烯颜料画出春日花花世界。
拼摆乐园	1. 五彩鸟 2. 花树	1. 用自己的手做辅助物，勾画出鸟的外形并进行装饰。 2. 用旧报纸做成粗粗细细的树和枝丫，用黏土捏出各种花形点缀。
绘本盒子	1. 情绪的语“颜” 2. 色彩大碰撞	1. 用不同颜色的纸片撕贴代表自己心情的颜色小怪兽，并添画五官和手脚。 2. 提供颜料、盒子、滚珠，将滚珠沾上不同的颜色，在盒子内进行来回滚动。
沙艺世界	1. 七彩丹霞 2. 花街小巷	1. 提供沙画框、彩沙进行灌沙。 2. 提供石英砂、刮刀、丙烯、油画框、春天植物等，选择属于春天的丙烯颜料，倒在油画框内，让丙烯颜料转动流淌，放上春天植物，用石英砂铺成绵延小路、房子。
图版印象	1. 春的模样 2. 空气印画 3. 春的印记	1. 收集各类春天的植物，平铺固定后进行拓印，整合在整张底板上。 2. 将塑料袋吹满空气，底部蘸上颜料，进行拓印。 3. 收集各类鲜花，用擀面杖和小锤子敲击在布袋上和黏土上，按压制作春天的印记。

续表

场馆名称	内容建议	材料参考
水墨作坊	1. 春如线 2. 风吹柳叶青	1. 提供宣纸、毛笔、国画颜料等，用毛笔蘸墨在宣纸上随意勾勒，在浓墨淡墨的线条间，点缀上红、黄、绿、黑等色彩的墨点。 2. 提供宣纸、毛笔、国画颜料、清水等，用国画颜料调出刚转绿的枝条颜色，用毛笔勾画出一条条自然飘动的柳条，在柳条两侧错落有致地画出小嫩叶，用毛笔蘸清水在叶片周围点染。
微画空间	1. 马蒂斯的剪纸 2. 罗佩莱的油画棒 3. 莫奈的花园	1. 提供彩纸、剪刀、胶棒，欣赏大师马蒂斯的艺术作品，选择自己需要的彩纸，用撕、剪等多种方式创作不同形状的造型，大胆组合拼摆，并用胶棒固定。 2. 提供油画棒、油画框、刮刀等，欣赏大师罗佩莱的艺术作品，用油画棒在油画框上大胆创意色彩风景图。 3. 提供热缩片、油性彩铅、剪刀、泡沫底座、黏土等，用油性彩铅在热缩片上画出各种各样的花，剪出后用热风机加热缩小。用黏土装饰泡沫底座，把花一个个插入底座。
陶泥演义	1. 彩色泥泥狗 2. 花草泥牌	1. 提供彩泥，欣赏淮南泥泥狗，用彩泥制作可爱的泥泥狗形象。 2. 提供紫砂泥、干花等自然物，幼儿尝试选择喜欢的形状制作成泥片，用干花压制做成吊饰。
木玩部落	1. 彩色风铃 2. 炫彩小木人	1. 提供木质风铃图片、绳子、丙烯笔、中粗木条等，幼儿捆绑制作风铃。 2. 提供彩色布条、短木条、各种螺帽等，幼儿用胶枪粘贴小人。
造型天地	1. 春日帐篷 2. 彩色迷宫	1. 提供树枝、彩色皱纹纸若干、麻绳、胶棒等，了解帐篷的构造，用树枝和麻绳搭造帐篷的框架，用彩色皱纹纸进行装饰。 2. 提供彩色积木、牛奶罐、饮料瓶、各种辅助装饰物等，边搭边玩彩色迷宫。

六、生活指导

1. 春天到了，天气渐热，知道热了脱衣服，并把衣服叠好放到指定位置。
2. 自主参与晨间劳动，体验劳动的乐趣。
3. 餐后主动漱口，掌握正确的漱口方法。

七、环境创设

1. 布置“生活中的调色盘”专栏，展示幼儿收集的具有代表性颜色的物品，以便于幼儿观察、探索色彩。

2. 设立“彩虹墙”展示区，将幼儿创作的绘画作品贴在上面，供其互相交流。

3. 丰富自然角，尽可能增添色彩丰富的植物，让幼儿沉浸式体验色彩。

4. 增添色彩小实验，激发幼儿探索色彩的积极性。

八、家长工作

1. 家长和幼儿一起寻找、认识春天各种不同颜色的花，丰富幼儿对春天花花草草的认识。

2. 与幼儿一起认识生活中不同颜色的食物，知道其有不同的味道和营养，鼓励幼儿愿意尝试各种食物。

3. 与幼儿一起观察天空色彩的变化，感受大自然的奇妙美景。

4. 带领幼儿外出游玩时，鼓励幼儿观察季节变化带来的景物、色彩的不同，能及时记录幼儿的语言。

● “开心日”活动

小班：花花草草集

【资源分析】

在淅淅沥沥的小雨中，春姑娘已经悄悄地来到了我们的身边，万物苏醒、柳树抽枝、种子发芽……这一切的一切仿佛是一幅正在打开的画卷，向人们展示出了一片春的气息！在这个蕴藏生机、充满色彩的季节，我们着眼于色彩，以春天的花花草草为主线，从花儿的“红”、草儿的“绿”中认识万物的色彩，由此发现春天的绚丽、感受春天的美。在本主题中，我们将启发幼儿从大自然的色彩中，发现颜色的秘密，初步感受色彩世界的新奇有趣，开启奇妙的色彩之旅。

【目标设计】

1. 乐于参与体育游戏，能快速地四散奔跑和躲闪，不碰撞。
2. 能发挥想象说出春天的颜色，喜欢听关于花花草草的故事，能理解故事内容。
3. 初步感知春天的天气与花草树木的特征，能发现身边自然景色的变化。
4. 亲近大自然，知道花草树木能够美化环境，懂得爱护植物，有初步的环保意识。
5. 能用拓印、拼贴、玩色等多种方式创造性地表达对春天的感知。

【内容建议】

活动线索	活动名称	侧重领域	实施要点
红红的春天	花儿开了	健康	在游戏情景“种小花”中，探索小花枕的多种玩法；能听指令快速地把小花枕“种”到相应颜色的“土地”里，感受与同伴合作游戏的快乐。
	★这是什么红	语言	观察图片颜色，找出身边与其颜色对应的事物；将寻找到的物品放入摸箱，边摸出物品，边念儿歌《这是什么红》；在问答游戏中，感受周围事物的色彩。
	送你一朵小红花	社会	大胆向同伴介绍周围的“勇敢”小故事，并有向他们赠送小红花的愿望；尝试自己制作小红花，并将小红花送给勇敢或乐于助人的小朋友。
	红色对对碰	科学	在生活中找到深浅不同的红色的物体，加深对红色的认知；玩游戏“红色对对碰”，幼儿人手一个箩筐，在活动室内寻找红色物品，比比谁找的多。
	★一片红红的花	艺术（美术）	通过图片，认识玫瑰花的基本造型；尝试将黏土用搓、压、卷的方法表现玫瑰花的特征。
绿绿的春天	绿色蔬菜真好吃	健康	认识常见的绿色蔬菜，看看、摸摸、闻闻、说说青菜、菠菜、芹菜等绿色蔬菜的特点；知道吃蔬菜的好处，喜欢吃蔬菜。
	小黄和小蓝	语言	欣赏故事画面，知道黄色和蓝色混合会变成绿色；乐意用语言、动作表现故事的简单情节。
	★可可爱爱的绿	社会	到户外观赏绿色的植物，模仿小草、小树的样子，知道绿色植物可以绿化和美化大自然；与同伴合作种植植物，愿意为幼儿园添一抹绿色。

续表

活动线索	活动名称	侧重领域	实施要点
绿绿的春天	颜色找朋友	科学（数学）	通过“小猪盖房子”认识红黄蓝三色，大胆、正确地表述颜色的名称；能够按照颜色进行分类，一一对应送入相同颜色的房子里。
	★绿色派对	艺术（美术）	认识蓝色、黄色和绿色，知道蓝色和黄色碰到一起会变成绿色；运用不同的工具玩色，感受绿色出现时的乐趣。
彩色的春天	爱吹彩色的风	健康	在“吹彩纸”的游戏中感受风的特点；玩游戏“大风吹”，根据色彩指令，幼儿四散跑。
	彩虹色的花	语言	倾听故事，根据图片分段感受故事情节，尝试复述故事内容，感受彩虹色的花乐于助人的美好品质。
	守护春天的色彩	社会	通过故事了解花草具有美化环境和净化空气的作用，知道爱护花草是文明的行为；做到“花儿好看我不摘”，遵守社会行为规则，不做“禁止”的事。
	会变色的花	科学	观察白花吸彩色水变色的现象，猜一猜变色的原因；动手动脑，发现实验结果并记录，初步了解变色原因。
	★彩色雨	艺术（美术）	观察雨的形态，尝试用多种方式表现彩色的雨；运用排笔、排刷、喷壶、牙刷、海绵球等工具进行创作，感受涂鸦作品中的色彩变化美。

线索一：红红的春天

这是什么红（语言）

目标指向

- 观察生活中事物的颜色，并能形成相应的颜色概念。
- 喜欢问答游戏，能通过游戏感受周围事物的色彩。

活动准备

- 红色苹果、红色玫瑰花、香蕉、黄色菊花等图片，摸箱一个。

指导要点

1. 观察颜色图片，找出与其颜色相对应的事物。

2. 倾听儿歌，初步了解儿歌内容。

3. 欣赏图片，通过问答游戏的形式，理解儿歌内容。

4. 边看图片，边有感情地念儿歌。

5. 用多种形式表现儿歌内容。

活动建议

● 活动形式：集体活动、小组活动。

● 可以开展仿编儿歌的游戏，请幼儿在活动室找一找红、黄、蓝、绿等颜色的物品，尝试仿编一句儿歌。

附：儿歌

这是什么红

这是什么红
这是苹果皮儿红
这是什么红
这是玫瑰花儿红
这是什么黄
这是香蕉皮儿黄
这是什么黄
这是菊花花儿黄

一片红红的花（美术）

目标指向

● 认识玫瑰花，尝试将黏土用搓、压、卷的方法表现玫瑰花的特征。

● 在动手操作中体验黏土的柔软质感，感受手工活动带来的乐趣。

活动准备

● 玫瑰花图片、黏土玫瑰、花园底板、彩色黏土。

指导要点

1. 图片导入：这是什么花？花是什么颜色的？

2. 幼儿观察黏土玫瑰，说说用了什么材料，是怎么做成的。

3. 幼儿自选材料进行创作。

4. 幼儿欣赏作品，说说自己的感受。

5. 将幼儿的作品布置在作品墙上，幼儿互相欣赏。

活动建议

- 活动形式：集体活动、小组活动。
- 在幼儿园种植园地种植玫瑰等蔷薇科植物供幼儿观赏。

线索二：绿绿的春天

可可爱爱的绿（社会）

目标指向

- 知道绿色植物可以绿化和美化环境，愿意为我们的家园添一抹绿色。
- 能用肢体语言表达绿色植物的美，体验欢乐的心情。

活动准备

- 绿植丰富的户外场地、植物秧苗、种植工具。

指导要点

1. 看一看“绿色”。

幼儿到户外观赏绿色的植物。

2. 玩一玩“绿色”。

幼儿模仿小草、小树的样子，与小草、小树们一起跳舞。

3. 种一种“绿色”。

幼儿在幼儿园种植园地或班级自然角合作种植植物。

活动建议

- 活动形式：集体活动、小组活动。

绿色派对（美术）

目标指向

● 认识蓝色、黄色和绿色，知道蓝色和黄色碰到一起会变成绿色。

● 乐意探索色彩的秘密，体验自由创作的快乐。

活动准备

● 绿、黄、蓝三种颜色的水粉颜料，托盘人手一个、海绵印章若干。

指导要点

1. 认识蓝色、黄色。

讨论：什么东西是蓝色的？什么东西是黄色的？

2. 幼儿自由尝试玩色。

猜一猜：蓝色碰到黄色会变成什么颜色？

3. 幼儿创作，鼓励幼儿自由大胆地玩色并尝试混色。

4. 幼儿欣赏作品，说说最喜欢的作品。

活动建议

● 活动形式：集体活动、小组活动。

● 可用不同的玩色工具进行游戏。

线索三：彩色的春天

彩色雨（美术）

目标指向

● 尝试用多种方式表现彩色的雨。

● 欣赏、感受涂鸦作品中色彩的变化美。

活动准备

● 涂鸦墙，红、黄、蓝、绿水粉颜料，排笔、排刷、喷壶、牙刷、海绵球等。

指导要点

1. 情境导入：天空飘来了一朵彩色的云朵，不一会儿下起了彩色的雨，你们猜猜，天上下起了彩色雨，地上会有什么变化？

2. 认识材料：水粉颜料、排笔、排刷、喷壶、牙刷、海绵球等。

3. 幼儿自由选择材料进行涂鸦创作，教师鼓励幼儿大胆创作，注意色彩搭配。

4. 幼儿大胆创作，教师巡视指导，提供帮助。

5. 作品欣赏，请幼儿相互说说自己喜欢什么颜色的雨。

活动建议

● 活动形式：集体活动、小组活动。

中班：色彩杂货铺

【资源分析】

大千世界中的生灵万物都有颜色，近到脚下的砖石，远到天边的彩虹……万物缤纷的颜色总能引起幼儿的注意。“今天的午餐真丰富，有红的、绿的、黄的、白的食物，看起来很美味！”“你衣服的颜色真漂亮！”“天空蓝蓝的，云朵白白的，真美！”……颜色是物体最基本的可视属性特征，在这个主题中，幼儿将结合自己的生活经验，根据事物的色彩特征，探索颜色的秘密，不断建构自己对颜色的认知与感受，领悟到生活的绚丽多姿和无尽美好。

【目标设计】

1. 喜欢观察周围事物的颜色，了解一些关于色彩的秘密。

2. 能按游戏规则，听指令走跑，在游戏中有自我保护意识，避免和同伴碰撞。

3. 通过绘本阅读、动手操作等方法，感受与同伴合作的快乐，能注意到他人的情绪，萌发关心体贴他人的意识。

4. 愿意与同伴讨论关于色彩的话题，能表达自己对色彩的认识与感受。

5. 在欣赏自然界和生活中美的事物时，感受其色彩特征，能用不同的创作形式表现事物的色彩之美。

【内容建议】

活动线索	活动名称	侧重领域	实施要点
气象中的色彩	气象警报知多少	健康	观察、讨论气象与气象警报，知道红、黄、蓝代表的警报作用；根据不同的气象警报，知道要做相应的防护。
	★奇妙七色光	语言	欣赏故事《调皮的七色光》，获得光与色的感性经验，初步了解七色光谱；根据故事内容想象事物的颜色，尝试仿编。
	彩虹的尽头	社会	阅读故事《彩虹的尽头》，寻找并展示身边的“宝贝”，感受生活中的温情和美好，体验拥有宝贝的快乐。
	彩虹的秘密	科学	观看彩虹图片，重点观察彩虹的外形、颜色，知道彩虹是由七种颜色组成；尝试用七种颜色画出彩虹，探索自然现象。
	★彩色大风暴	艺术（美术）	学习吹画方法，掌握吹画的基本玩法，进一步增强对色彩的感知；能根据吹画的形状，大胆想象并进行添画。

续表

活动线索	活动名称	侧重领域	实施要点
动物的色彩	小小蝴蝶	健康	分组扮演“蝴蝶”与“花”，围圆圈站立，随音乐协调做动作；角色互换玩“蝴蝶找花”的游戏。
	花格子大象	语言	观察画面，分段理解、掌握故事内容；通过讨论交流理解每个人都有自己的特点，学会了解、尊重自己和别人的不同。
	七色虾	社会	通过故事内容，感受小青鱼尊敬老人的情感；观看孤独老人的图片，对老人有尊敬之情，学会关怀别人。
	动物伪装色	科学	观察动物界的伪装高手（变色龙、蚱蜢、枯叶蝶等），了解伪装的含义；收集各种材料，尝试用材料伪装自己和他人。
	★缤纷热带鱼	艺术（美术）	观察热带鱼外形特征（色彩、条纹），感受动物的自然美；用三角形组合的方法拼出热带鱼的基本形状，并用线条、图形、色彩有规律地装饰。
食品中的色彩	美味的色彩	健康	从摸箱中随机摸出食物，观察并说出特征（颜色、形状）；按颜色把食物分类，说说不同颜色食物的营养，养成不挑食的好习惯。
	彩色的牛奶	语言	欣赏故事，感知故事情节中孩子喝牛奶的变化；根据故事的情节线索大胆地想象和创编故事，进一步体验想象的乐趣。
	五彩蔬果汁	社会	看看、闻闻、摸摸，感受水果的色、香，并描述感受；分组利用不同的工具制作蔬果汁，品尝五彩蔬果汁的美味。
	★寻找天然颜料	科学	知道鲜花和水果的汁液也是很好的天然染料，运用不同的方式获取天然颜料；利用水果汁进行“隐形画”实验，并探索不同果汁的不同效果。
	★奇妙蔬果染	艺术（美术）	尝试用蔬果皮或果肉进行加工，制作出有色果汁；用扎、捆、绕的方式浸染棉布，感受蔬果染带来的乐趣。

线索一：气象中的色彩

奇妙七色光（语言）

目标指向

● 获得光与色的感性经验，初步了解七色光谱。

● 大胆想象、续编，理解光与环境以及与人们生活的关系。

活动准备

● 自制故事课件，七色宝宝道具，活泼的音乐一首。

指导要点

1. 出示七色宝宝道具，引出故事。

2. 幼儿倾听完整故事，知道太阳公公有几个光线宝宝，它们的名字分别是什么。

3. 分段欣赏故事插图。

提问：调皮的七彩光宝宝来到了哪里？那里发生了什么？

4. 幼儿根据故事内容想象事物的颜色，尝试仿编。

5. 小结：如果没有光，我们的世界会一片漆黑，所有东西没了颜色。所以光对人类很重要。

活动建议

● 活动延伸：制作七彩光、动植物头饰，创编表演故事。

彩色大风暴（美术）

目标指向

● 掌握吹画的基本玩法，进一步增强对色彩的感知。

● 能根据吹画的形状，大胆想象并进行添画。

活动准备

● 纸、画笔、吸管、颜料、水等。

指导要点

1. 图片导入：你从画中看到了什么？是什么颜色的？

2. 幼儿分组讨论制作过程。

3. 学习吹画方法，注意：吹画时，吸管只可吹，不可吸。

4. 个别幼儿尝试吹画，引导大家发现问题，提出解决方法。

5. 幼儿自主创作，根据吹出的形状添画。

6. 展示作品，整理收归。

活动建议

● 活动形式：集体活动、小组活动。

● 活动延伸：在美工区加入吹画工具和材料供幼儿游戏。

线索二：动物的色彩

缤纷热带鱼（美术）

目标指向

● 能用三角形组合的方法拼出热带鱼的基本形状，并用线条、图形、色彩有规律地装饰。

● 初步感受图案装饰的美，对热带鱼的花纹感兴趣。

活动准备

● 有关热带鱼的图片，白纸人手一张，水彩笔每人一盒。

指导要点

1. 欣赏热带鱼图片，说说你见过的热带鱼。

2. 观察热带鱼。

讨论：这些热带鱼是什么形状的？它们身上的花纹是怎样的？

3. 画一画：热带鱼。

4. 添画背景，如水草、热带鱼一家等。

活动建议

● 活动形式：集体活动、小组活动。

● 活动延伸：幼儿绘画完成后，在班级中进行热带鱼绘画展示，幼儿互相欣赏，并与教师共同布置“海底世界”主题墙。

线索三：食品中的色彩

寻找天然颜料（科学）

目标指向

● 知道鲜花和水果的汁液也是很好的天然染料。

● 提高动手操作能力，大胆想象，运用艺术形式表达自己的感受。

● 对天然染料充满好奇心，主动发现周围环境中有趣的事和物，亲近大自然。

活动准备

● 鲜花、水果若干。

● 塑料袋、剪刀、盘子、纱布、小锤子、小木棍、抹布、棉签、图画纸、宣纸、范画、电磁炉。

指导要点

1. 情境导入：春天到了，春姑娘给我们送礼物来了。

2. 幼儿讨论：五颜六色的鲜花漂亮吗？有什么用？

3. 尝试进行花汁染纸活动，幼儿讨论并进行尝试活动。（挤汁、染纸）

4. 认识隐形画，知道果汁能作为隐形墨水画出会变魔术的画。

5. 幼儿进行果汁隐形画实验，并探索不同果汁的不同效果。

6. 教师帮幼儿烘烤绘画作品，同时进行安全教育。

7. 幼儿根据实验现象记录实验结果。

活动建议

● 活动形式：集体活动、小组活动。

● 活动前可以先进行安全教育，活动可以在幼儿园花园开展。

奇妙蔬果染（美术）

目标指向

● 初步了解媒染工艺，知道植物蔬果也能进行纤维染色。

● 尝试用蔬果皮或果肉进行加工，制作有趣的蔬果染布。

● 感受制作蔬果染带来的乐趣。

活动准备

● 幼儿提前寻找适合制作染料的蔬果。

● 锅、电磁炉、食用纯碱、棉线、棉布等。

指导要点

1. 展示收集来的各种水果蔬菜，将合适的蔬果品种进行分类。

2. 将选择相同水果的幼儿组成一组，集中观察制作方法。

（1）将蔬果皮在沸水中煮半小时，过筛出染汁。

（2）用各种扎、捆、绕的方式固定需要染的棉布。

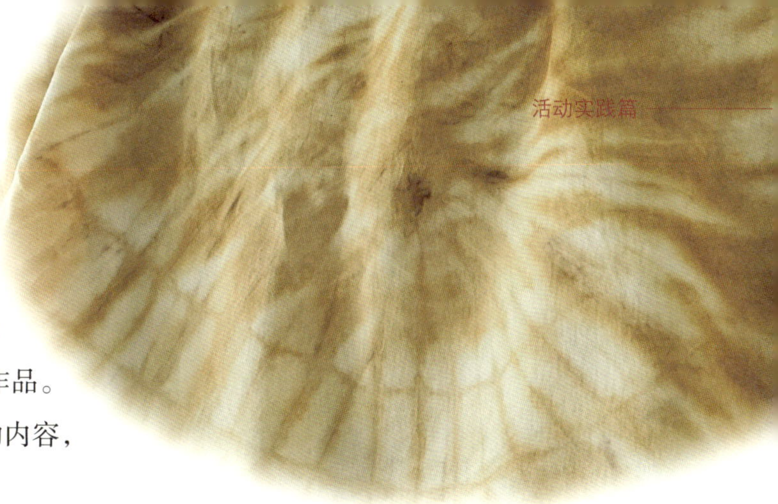

（3）在倒入碱性媒介的染汁中浸染棉布。

（4）媒染后解开棉布上的各种节，多次清洗晾晒，完成作品。

3. 根据不同的小组安排活动内容，分配任务。

4. 小结：展示自己的成品，幼儿向同伴介绍是哪种蔬果染，用了几种扎法。

活动建议

- 活动形式：集体活动、小组活动。
- 活动前进行安全教育。

大班：缤纷梦工厂

【资源分析】

颜色是幼儿日常生活中最熟悉的存在，它不仅能使世界美丽，也能美化幼儿的心灵。特别是大班的幼儿，他们对五彩缤纷的颜色有了一定的认知与了解。那色彩背后的意义是什么？色彩有什么作用？没有色彩的世界又是一番什么景象呢？这一连串的问号成了幼儿当下关注的焦点。在这个主题里，我们以幼儿兴趣、经验为主，以核心经验作为课程路径。以“缤纷梦工厂”为切入点，层层递进，分三个阶段从“会变的颜色”到“会说话的颜色”再到“特别的颜色”展开。探寻色彩世界的奥秘，发现隐藏在颜色背后的秘密，开启一场关于色彩的奇妙之旅。

【目标设计】

1. 通过实验、观察和探索等活动，感知生活中色彩的意义，知道颜色是有趣的、奇妙的、会变化的。

2. 知道颜色具有情绪意义，体验色彩带给人的不同感受，尝试用颜色表达自己的心情。

3. 了解不同情绪的特征，愿意表达自己的情绪，寻找合适的方法缓解不好的情绪。

4. 通过观察故事画面，理解故事情节，感受色彩与生活之间的联系，并用清晰完整的语言大胆地与同伴交流自己的发现。

5. 能结合有关色彩的已有经验，大胆选择自己喜欢的方式进行玩色游戏，体验合作游戏带来的乐趣。

【内容建议】

活动线索	活动名称	侧重领域	实施要点
会变的颜色	变色龙找家	健康（体育）	扮演不同颜色的变色龙，听口令（走、跑、跳、爬等多种方式），找到与自己颜色相对应的彩虹伞位置，握住彩虹伞转（升高、降低；快速、慢速；正向、反向）。
	会变色的房子	语言	倾听故事中角色的对话，感受故事情节，用完整、连贯的语言复述故事的主要内容；能对故事情节的发展进行合理想象，并能用绘画的方式表达。
	爱打嗝的斑马	社会	欣赏故事，理解故事内容，感受有趣、幽默的故事情节；通过交流讨论，知道同伴间要互相关心、帮助。
	颜色变魔术	科学	通过动手操作，知道两种不同的颜色混合后会发生变化；将颜色发生的变化记录在操作单上，感受探究活动的有趣。
	★颜色不见了	艺术（美术）	通过有色镜片感知红、蓝透明片的视觉效果原理；用红色、蓝色马克笔，画出重叠图案，感受视觉图像变化的乐趣。

续表

活动线索	活动名称	侧重领域	实施要点
会说话的颜色	★情绪小怪兽	健康	欣赏绘本故事，知道快乐、忧伤、害怕、生气、平静这五种情绪；根据图片区分不同的情绪，说说调节情绪的方式（和他人分享、倾诉等）。
	彩色的心情	语言	观察不同的颜色卡片，知道不同的颜色能给人带来不同的感受；尝试用颜色比喻自己的心情，体验颜色和心情的关系。
	颜色收集册	社会	通过“颜色收集册”收集自己和家人最喜欢的颜色；将收集到的颜色进行展示并讲解其背后的有趣故事。
	颜色本领大	科学	收集生活中的安全标记，说一说它们的颜色，知道不同的颜色有不同的含义；将收集到的安全标记，按颜色分类。
	★我的心情日记	艺术（美术）	认识不同的色彩，知道色彩能表现不同的心情；感受日记画的特点，尝试用日记画的方式表现情绪变化的过程。
特别的颜色	黑色的食品	健康	认识黑色食品（海带、紫菜、黑芝麻、黑豆等），知道黑色食品的营养价值；品尝并感受黑色食物的味道。
	★不说黑和白	语言	了解生活中黑色和白色的物品，尝试用“像”“跟”“和”等连词学说比喻句；两两结伴游戏，体验游戏的快乐。
	一本关于颜色的黑书	社会	交流、讨论盲人的世界是怎么样的，自由阅读绘本《一本关于颜色的黑书》；了解故事内容，用完整的语言清楚地表达自己的感受，萌发关爱特殊人群的情感。
	黑色白色配	科学（数学）	自主探索物体简单的排序规律，发现排列规律；用黑白雪花片、黑白串珠、黑白卡片等尝试按照一定规律排序。
	★拖墨连线想象	艺术（美术）	进行玩墨游戏，借助各种材料让墨留下痕迹；仔细观察墨迹，借形想象，进行添画。

线索一：会变的颜色

颜色不见了（美术）

目标指向

- 初步了解人的视觉感知，知道红色、蓝色透明片的视觉效果原理。
- 能用红、蓝两色笔在纸上大胆创意，画出重叠图案。
- 感受视觉图像变化的有趣。

活动准备

- 铅画纸，红色、蓝色马克笔。
- 红色、蓝色透明片，空框眼镜。
- 多媒体课件。

指导要点

1. 游戏：密室逃脱。

通过空框眼镜和红色、蓝色透明片寻找密码。知道戴上红色透明片能让红色图案消失，显现出蓝色；戴上蓝色透明片能让蓝色图案消失，显出红色。

2. 幼儿探索：同时戴上两种颜色的镜片就能看出立体图像。

3. 借助红色、蓝色透明片发现密室线索，完成密室逃脱游戏。

4. 幼儿用红色、蓝色马克笔，在铅画纸上自由创作。

5. 借助红色、蓝色透明片欣赏他人作品。

活动建议

- 活动形式：集体活动、小组活动。
- 建议家长和孩子一起了解 3D 眼镜，玩一些 3D 眼镜的小游戏。

线索二：会说话的颜色

情绪小怪兽（健康）

目标指向

- 欣赏绘本故事，知道五种不同的情绪。
- 能把五种情绪和不同的颜色相对应。
- 乐意表达自己的情绪，愿意向他人分享快乐或寻求安慰。

活动准备

- 绘本《情绪小怪兽》。

指导要点

1. 认识小怪兽：这是情绪小怪兽，它遇到了难题，它把所有的情绪都混在一起了，所以很难受，大家愿意帮小怪兽整理情绪吗？

2. 欣赏绘本，知道快乐、忧伤、害怕、生气、平静这五种情绪。

3. 知道情绪小怪兽用不同的颜色来分类并整理自己的情绪：快乐是黄色的，忧伤是蓝色的，害怕是黑色的，生气是红色的，平静是绿色的。

4. 区分不同的情绪：幼儿欣赏不同表情的图片，猜猜是什么情绪，并说说相对应的颜色。

5. 尝试自我调节情绪，学会和他人分享、倾诉。

活动建议

- 活动形式：集体活动。
- 建议教师在活动后让幼儿绘制自己的情绪小怪兽，设置对应颜色的游戏区，在游戏中学会对情绪分类。

我的心情日记（美术）

目标指向

- 初步了解色感，知道色彩能表现不同的心情。
- 尝试用多幅画简单地表现情绪变化的过程。
- 感受日记画的特点，乐意用日记画表达自己的情感。

活动准备

● 小画册、马克笔。

● 多媒体课件。

指导要点

1. 谈话：你知道情绪是什么吗？你有过什么情绪？

2. 幼儿分享交流：说说自己印象最深的一件事，当时自己的心情是怎样的，可以用什么颜色来表现当时的心情。

3. 幼儿认识不同的情绪，思考可以用怎样的表情和动作来表现。

4. 了解日记画的特点，尝试用多幅画表现自己的心情。

5. 作品展示，分享交流。

活动建议

● 活动形式：集体活动、小组活动。

● 建议在活动前为每人准备一本小画册，让幼儿每天在小画册上记录下自己的心情。

线索三：特别的颜色

不说黑和白（语言）

目标指向

● 了解生活中黑色和白色的物品。

● 尝试用“像”“跟”“和”等连词学说比喻句。

● 愿意倾听别人说话，体验游戏的快乐。

活动准备

● 多媒体课件。

● 实物：棉花糖、白巧克力、白粉笔、白纸、白雪花片、黑纸、黑巧克力、黑雪花片等。

指导要点

1. 交流讨论：生活中哪些东西是黑色的？哪些东西是白色的？

2. 幼儿观察事先准备的实物，说说是什么颜色的。

3. 游戏：不说黑和白。

两两自由组合，自由选择一个黑色或白色的物品。一问一答，提问者用“这……是什么颜色的”，回答者不能直接说颜色，必须用“像”“同”“和”“跟”等词来比喻和描述。

例如，问：“这颗巧克力是什么颜色的？”答：“这颗巧克力的颜色像墨汁一样。”

4. 幼儿两两自由组合游戏。

5. 分享交流。

活动建议

● 活动形式：集体活动、小组活动。

● 游戏前有意识地让幼儿关注身边黑色、白色的事物，积累一定的生活经验。

拖墨连线想象（美术）

目标指向

● 大胆运用材料，感受焦墨的粗犷。

● 能在拖墨的基础上借形想象，大胆添画。

● 在绘画过程中，体验创作的快乐。

活动准备

● 白色铅画纸。

● 自制小拖把、刷子、墨水、毛笔、水粉颜料、水粉笔等。

● 多媒体课件：几种典型的动物图片。

指导要点

1. 游戏导入：玩“墨”游戏。

“墨汁宝宝玩游戏，走一走、停一停、拉个圆圈跳跳舞。”教师边念儿歌边借助各种材料进行拖墨。

2. 充分观察，借形想象。

（1）幼儿发挥想象，多种角度进行观察；教师鼓励幼儿的各种想法。

（2）结合幼儿讲述，在墨痕上添画眼睛、牙齿、花纹等。

3. 幼儿欣赏课件中的图片，观察各种动物的特征，重点观察眼睛、花纹、尾巴、犄角等。

4. 借形想象，进行添画，重点找找画里藏着什么。

5. 展示交流，分享作品。

活动建议

● 活动形式：小组活动。

● 建议在创作后让幼儿把作品中的动物放在一起，编一个有趣的故事。

● “创意周”活动

彩色酷跑：给点颜色你看看

活动线索	活动名称	侧重领域	实施要点
给点颜色你看看	颜色的战争	语言	利用观看视频、自主阅读、完整欣赏故事等方式，理解颜色混合产生的奇妙变化。
	噼里啪啦“稚”造商	艺术	运用缤纷材料创意制作祝福烟花“燃料”，在游戏中感受色彩绽放的魅力，享受玩色的乐趣。
	色彩实验室	科学	对比观察色彩实验痕迹，小组合作探索操作的方法，展示结果并总结原理。
	波点的世界	艺术	欣赏草间弥生的作品，设计跑酷基地布局，分组用圆点贴装饰基地后进行参观交流。
	给点颜色你看看	综合	探索玉米粉和空瓶的组合玩法，在白布上走跑跳，边舞边喷洒玉米粉，感受色彩之美和玩色乐趣。

颜色的战争（语言）

目标指向

- 理解故事内容，发现色彩的特征。
- 在看看、听听、讲讲中对颜色变化产生初步的探索兴趣。

活动准备

- 视频《颜色的战争》，绘本大书。

指导要点

1. 谈话导入：有一天，红色、蓝色、黄色等各种颜色碰在一起，发生了奇妙的反应。

2. 观看视频《颜色的战争》。

交流：谁和谁发生了战争？结果怎样？

3. 自主阅读，理解故事内容。

讨论：颜色的碰撞会产生什么变化？

4. 完整欣赏故事。

小结：各种颜色相互混合，有些颜色消失了，有些新的颜色出现了，所有颜色纠缠在一起变成了黑色。

活动建议

● 在美工区提供画笔、白纸，让幼儿玩一玩色彩混合游戏，继续探索颜色的秘密。

噼里啪啦“稚”造商（艺术）

目标指向

● 尝试用缤纷的材料来表现绚丽的烟花。

● 能有创意地自制祝福烟花“燃料”，在游戏中感知色彩的绽放，体验玩色的快乐。

活动准备

● 自制烟花筒人手一个，黑色卡纸，五彩纸圆片，色粉，小杯子若干。

● 在地上铺好透明塑料地垫，将长幅卡纸固定在展架上。

指导要点

1. 欣赏《北京奥运：历史的足迹》。

讨论：空中的烟花是什么样子的？

2. 展示各类烟花作品，探索制作烟花作品的方式，自制烟花“燃料”。

3. 烟花送祝福。

（1）在制作烟花“燃料”的过程中送祝福。

（2）将“燃料”装筒。

4. 烟花小惊喜。

弹射烟花筒，“夜空”中的烟花在色粉的沾染下显现。

活动建议

活动前进行安全教育，不将彩粉撒到眼睛里。

色彩实验室（科学）

目标指向

● 在玩色中感知颜色的变化。

● 了解色彩实验的原理，掌握实验的基本操作方法。

● 能合作进行色彩实验，体验自由探索的乐趣。

活动准备

● 铅画纸、漆画颜料、松节油、丙烯颜料、毛笔、纸杯、吸管、扇子、水盆等。

指导要点

1. 展示两件色彩实验后的作品，观察两件作品呈现颜色痕迹的区别。

讨论：水中漆和泡泡画呈现的效果不同，留色的样子也不同，是什么原因呢？

2. 探索实验操作方法。大胆讲述，小组合作自由探索。

（1）水中漆区：盆中放入制作好的神奇药水（漆画颜料），在水中进行创意绘画，然后用准备好的各种材料将水中色“盛”出来。

（2）泡泡画区：将泡泡水和颜料放入杯中，幼儿吹出彩色泡泡水。

3. 交流自己的发现，再次尝试操作。

4. 展示实验结果，小结实验原理。

活动建议

● 活动前进行安全教育，不将泡泡水吸入口腔。

● 将作品投放在区域中，继续进行添画。

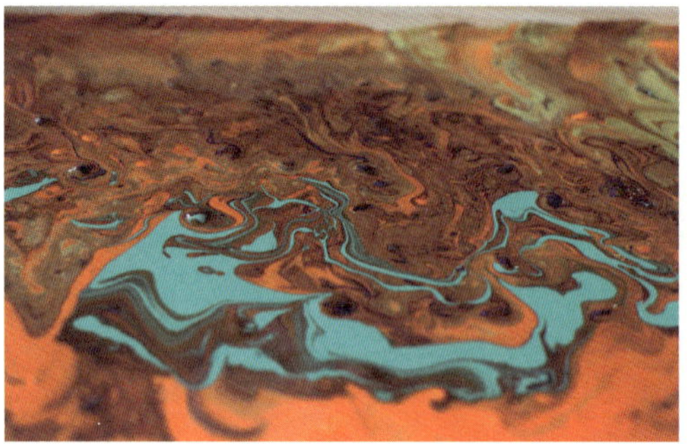 

波点的世界（艺术）

目标指向

● 欣赏波点系列作品，认识大师草间弥生。

● 掌握用波点的艺术表现方式来装饰跑酷基地。

● 感受画面的色彩美与形态的视觉美。

活动准备

● 大大小小各种颜色的圆点贴。

● 空场地（跑酷基地）。

● 草间弥生的作品图片。

指导要点

1. 欣赏大师的作品，了解草间弥生作品的艺术表现形式。

2. 根据事先制作的地图，设计场地布局。

3. 自由选择大大小小、五颜六色的圆点贴，分组装饰跑酷基地。

4. 参观整个基地，欣赏交流。

活动建议

● 活动形式：小组活动。

● 建议教师在活动前探访、寻找合适的空场地，提前让幼儿熟悉场地，并制作地图。

给点颜色你看看（综合）

目标指向

● 认识玉米粉，探索喷嘴式空瓶的玩法。

● 尝试在白布上走、跑、跳，用各种方式舞动瓶子，喷洒玉米粉留下印迹。

● 感知各色玉米粉碰撞后的色彩之美，体验玩色游戏的乐趣。

活动准备

● 白衣服、护目镜、头巾、各色玉米粉、喷嘴式空瓶、大白布、鞋套。

● 空场地。

指导要点

1. 套上白色T恤，戴上护目镜、头套、鞋套，做好游戏准备。

2. 探索喷嘴式瓶的玩法，装入各色玉米粉，知道用挤压的方式将瓶中的玉米粉挤出。

3. 在白布上走、跑、跳，用各种方式舞动瓶子，喷洒玉米粉在白布上留下印记。

4. 欣赏交流。

活动建议

● 活动形式：小组活动。

● 建议教师在活动前寻找合适的空场地，地上铺上白布，并将玉米粉提前装入喷嘴式空瓶内。

4周

主题八：有你真好

主题规划

一、设计意图

大大的世界，由无数个小小的你和我组成；在幼儿的眼里，这些小小的你包含身边的家人，幼儿园里的伙伴，还有那些陪伴他们茁壮成长的“陌生人”……

随着五一劳动节的到来，为了让幼儿能更好地了解社会上不同领域的人们。在本月的主题课程中，我们将带领小班幼儿将目光聚焦于幼儿园里的工作人员，将那些忙碌的身影用画笔或相机记录下来；中班幼儿将重点聚焦社会工作人员——面对特殊时期涌现出的众多一线工作者，“天使白”“防疫蓝”“志愿红”“党徽金”，一个个交相辉映，勾勒出城市的勇者形象；大班幼儿将重点聚焦在不同时段、不同国度的艺术大师身上，通过亲身体验、肆意创作感受大画家们笔下线条与色彩独特的魅力。

二、主题脉络

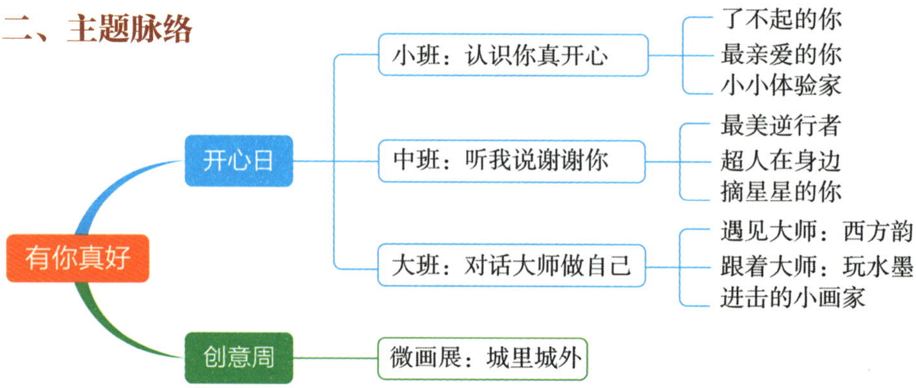

三、主题目标

目标内容	核心经验	对标《指南》关键经验
1. 了解不同的职业，感受他们的辛勤工作，懂得尊重并感谢他人的劳动，知道爱惜物品；发现成人的工作特点，感受其工作态度，了解工作的意义，萌发爱劳动和爱劳动者的美好情感。	人际交往 社会适应	● 小班：愿意和小朋友一起游戏；对幼儿园的生活好奇，喜欢上幼儿园。 ● 中班：知道父母的职业，能体会到父母为养育自己所付出的辛劳；愿意并主动参加群体活动；知道接受了的任务要努力完成；喜欢自己所在的幼儿园和班级，积极参加集体活动。 ● 大班：有高兴的或有趣的事愿意与大家分享；能主动发起活动或在活动中出主意、想办法；在群体活动中积极、快乐。
2. 会运用采访、交流等方法，了解父母及周围人们的工作；能在集体中交流、表述自己对成人劳动的认识，认真倾听别人发言，并乐于补充。	倾听与表达 阅读与书写准备	● 小班：愿意在熟悉的人面前说话，能大方地与人打招呼；能在成人的提醒下使用恰当的礼貌用语；喜欢用涂涂画画表达一定的意思。 ● 中班：能基本完整地讲述自己的所见所闻和经历的事情；能随着作品的展开产生喜悦、担忧等相应的情绪反应，体会作品所表达的情绪情感。 ● 大班：能结合情境理解一些表示因果、假设等相对复杂的句子；讲述时能使用常见的形容词、同义词等，语言比较生动；愿意用图画和符号表现事物或故事。
3. 能协调地跑、跳，在游戏中学会保持平衡，积极参加集体活动，萌发集体荣誉感；在游戏中遇到问题时，能自主协商解决。	身心状况 动作发展 生活习惯 生活能力	● 小班：能身体平稳地双脚连续向前跳；喜欢参加体育活动。 ● 中班：能在较窄的低矮物体上平稳地走一段距离；每天早晚刷牙、饭前便后洗手，方法基本正确；知道简单的求助方式。 ● 大班：能在斜坡、荡桥和有一定间隔的物体上较平稳地行走；能主动参加体育活动。
4. 发现物体排列的规律，学习按照不同的排列顺序进行排序，感受数字的趣味性；学习按物体的不同特征进行分类，乐意进行探索游戏。	科学探究 数学认知	● 小班：对感兴趣的事物能仔细观察，发现其明显特征；体验和发现生活中很多地方都会用到。 ● 中班：常常动手动脑探索物体和材料，并乐在其中；能对事物或现象进行观察比较，发现其相同与不同；能感知物体的形体结构特征，画出或拼搭出该物体的造型。 ● 大班：能经常动手动脑寻找问题的答案；能通过观察、比较与分析，发现并描述不同种类物体的特征或某个事物前后的变化；能发现事物简单的排列规律，并尝试创造新的排列规律。

续表

目标内容	核心经验	对标《指南》关键经验
5. 尝试用色彩、线条、图形、空间构图等表现艺术作品的主要特征，通过联想画面表征内心情感；乐意欣赏大师的作品，感受作品独特的风格；通过角色扮演大胆尝试与同伴合作表演。	感受欣赏 表现创造	小班：乐于观看绘画、泥塑或其他艺术形式的作品；能用简单的线条和色彩大体画出自己想画的人或事物。 中班：欣赏艺术作品时会产生相应的联想和情绪反应；能用拍手、踏脚等身体动作或可敲击的物品敲打节拍和基本节奏。 大班：艺术欣赏时常常用表情、动作、语言等方式表达自己的理解；能用多种工具、材料或不同的表现手法表自己的感受和想象；能用律动或简单的舞蹈动作表现表达自己的情绪或自然界的情景。

四、主题游戏馆活动方案

活动目标

1. 在游戏中初步体验劳动的快乐，能准时“上班”不迟到，带好游戏小贴纸和游戏币回来。

2. 能认识代表职业特征的服装、帽子或常用的工作物品，尝试通过扮演警察、医生、厨师等角色实景式开展游戏。

3. 能用恰当的方式与同伴进行游戏，在交往过程中能大胆地表达自己对职业的看法，能倾听和接受别人的意见，不能接受时会说明理由。

4. 通过不同的游戏馆之间的交互式游戏，尝试灵活转换“玩家”和“小当家”的角色进行游戏。

5. 认识 10 元以内的游戏币，知道它们的数值是不相同的；能有效运用游戏币进行交换，遇到排队学会适当等待、协商等方法协调与同伴的关系。

具体安排

场馆名称	内容建议	玩法参考
宝贝会所	1. 小家体验官 2. 小小外卖员	1. 在扮演爸爸妈妈的角色基础上，尝试体验不同职业的特点。 2. 情景模拟各种职业，开展“最美外卖员”竞选活动。
滴滴车吧	转角遇到爱	了解交警的职责，学习简单的指挥交通手势，产生对交警的尊重和爱戴之情。

续表

场馆名称	内容建议	玩法参考
嬉沙乐园	爱的礼物	通过沙、水的组合，塑形各种职业装备，如枪、听诊器等。
闲鱼小站	娃娃典当行	开设娃娃当铺，幼儿将闲置物品进行典当，换成游戏币或者自己想要的物品。
点点诊所	小小医生体验营	提供视频、图片、器械，尝试了解各个科室的医生的具体工作内容。
花花洗衣	你挂我熨	把晾衣部收来的衣服进行熨烫，熨衣员使用熨斗、吸毛器等在熨衣板上熨衣。
奇奇玩社	商业大亨	提供大富翁游戏材料，幼儿通过规则初步了解金融常识，知道每人的钱数都是有限的，要省着花并且合理投资。
酷酷小兵	1. 保卫边疆 2. 别害怕，有我在	1. 设置高山情境，带领幼儿进行闯关式巡逻。 2. 与“点点诊所”合作，带领“伤兵”包扎伤口。
丫丫美妆	美发沙龙	运用假发、理发套装、橡皮筋、头箍等设计造型，给同伴编发，尝试编出不同的造型。
童童健智	花式桌球艺术家	发现不一样的桌球玩法，并将游戏玩法绘制下来，大胆进行尝试。
美美创意	疯狂的快递员	发挥想象，运用夸张的线条表示手忙脚乱的快递员叔叔忙碌的场景。
哇哇博士	1. 消防体验官 2. 逃跑的细菌	1. 将醋倒入小苏打，利用产生的大量二氧化碳灭火。 2. 在水中撒入胡椒粉，用手指抹上洗洁精后放入水中，观察变化。
梦想之城	惠山古镇	提供古镇的相关照片，利用轮子类乐高、木制玩具、大块塑料积木，建构惠山古镇。

五、ART 涂鸦馆活动方案

活动目标

1. 欣赏大师作品时会产生相应的联想和情绪反应，敢于用表情、动作、语言等方式表达自己的理解。

2. 能有效运用“直直”“弯弯”的线条和不同色彩的组合来表现自己想画的人或事物。

3. 喜欢接触新事物，喜欢探索自然界的美；喜欢观察比较不同的材料所发生的化学现象，发现其相同与不同，获取感性经验，感受不一样的艺术美。

4. 运用不同的艺术表现手法来表现自己对工作人员的感谢，激发爱父母、爱老师及其他长辈的情感。

5. 能够进一步欣赏作品的造型、色彩、构图，知道对称美、均衡美，学习从形式和内容等多角度评价自己和他人的美术作品。

具体安排

场馆名称	内容建议	材料参考
纸趣联盟	1. 不“纸”一座城 2. 马蒂斯的“剪纸世界”	1. 将纸板箱、彩纸卷成高矮粗细不一的造型，错落有致地建构一座城。 2. 从形状、色彩、艺术家背景等多渠道、多形式欣赏艺术作品，挑战马蒂斯的色彩实验，设计属于自己的撕纸和剪纸作品，创作出充满生机的“色彩剪纸世界”。
写生小栈	1. 咔嚓小故事 2. 魔镜变变变	1. 提供手机、iPad、记号笔、彩色马克笔、铅画纸、画板等，化身小小摄影师，通过镜头捕捉伙伴的游戏瞬间，并尝试记录下来。 2. 提供玻璃板、颜料、大小毛笔、刷子等，好朋友互为模特，在透明玻璃两面摆造型，体验相互写生的乐趣。
千色派对	1. 波洛克的滴流艺术——彩色星球 2. 波洛克的滴流艺术——下雨啦	1. 运用丙烯颜料的流动性，随机泼洒在“太空球”上，感受旋转的色彩流动。 2. 提供滴管、针筒等材料，通过“滴”“喷射”等方式多方位地感受不同的材料下的滴流艺术。
拼摆乐园	1. 建筑空间 2. 海底建造师	1. 提供纸卷芯、铝丝、黏土、彩色透明胶带、树枝，制作建筑微景观。 2. 利用鱼鳞片、毛线、羽毛、蕾丝花布、沙子、贝壳、丝带、彩色透明片辅助创作。
绘本盒子	1. 我来显身手 2. 职业“头像”	1. 用雪糕棒、彩纸、鸡蛋托制作雪糕棒职业小人，并展示在鸡蛋托上。 2. 用大纸盒子制作不同职业的“头套”，中间镂空。
沙艺世界	1. 小小沙艺师 2. 沙画盒里故事	1. 提供色素、沙子、胶水等材料，将色素和沙子混合，制作彩沙。 2. 提供沙子、纸盒等，将沙子装入纸盒，用小手在沙画盒中将心中所思所想表现出来。

续表

场馆名称	内容建议	材料参考
图版印象	1. 宇宙飞行器 2. 冰上舞趣	1. 观看宇航员，了解宇宙中的飞行器，雕刻各式各样的飞行器，涂上颜料，进行拓印。 2. 在白纸上涂上一层厚厚的蜡笔，然后用刮画笔在涂好颜色的地方进行刮色，制作冰上花滑运动员的滑动痕迹；在吹塑纸上画出运动员的人物形象并涂上黑色颜料进行压印，制作滑冰图。
水墨作坊	1. 水墨芽芽 2. “老树”爷爷	1. 提供水墨的配套材料，了解水墨画中“点”的基本操作方法；尝试运用棉签进行勾画。 2. 运用“蜡笔”与水墨相结合的方式，创造性地表现《老树爷爷》的作品。
微画空间	1. 蒙德里安服装秀 2. 凡・高的自画像	1. 提供胶带及三原色。在服饰上粘贴胶带进行分割，并运用“红”“黄”“蓝”三原色在几何元素上进行服饰创作。 2. 提供颜料、大师作品等。引导幼儿模仿凡・高的绘画风格，为自己创作一幅别具一格的自画像。
陶泥演义	1. 我和大师学陶艺 2. 小小美食家	1. 提供陶泥大师作品照片、紫砂泥、白泥等，通过欣赏大师作品，大胆创作陶艺作品。 2. 提供彩色瓷泥、纸盘等，幼儿熟练运用揉、搓、捏、接等方法装饰基本图形，制作多种形态的饼干。
木玩部落	1. 快乐的小木匠 2. 车辆设计师	1. 提供锯子、木条、手套，体验木工这个职业的辛苦。 2. 提供各种木条、圆木片，胶枪、彩色贴纸片，创作各种交通工具。
造型天地	1. 小城故事多 2. 方舱医院	1. 提供纸箱、胶枪、彩纸、剪刀等，搭建一座“城”。 2. 提供木块、木棍、纸板、纸杯、卷纸芯，根据方舱图示，尝试造型设计。

六、生活指导

1. 餐前餐后能根据“七步洗手法”规范洗手，养成良好的个人卫生习惯。

2. 时刻做好个人安全防护，外出戴好口罩，做好防疫措施。

3. 通过语言提示、材料暗示和增加游戏情节来调控幼儿的活动量；运动过后及时擦汗，为幼儿开设适宜休息的场所。

七、环境创设

1. 在区域环境中，为幼儿“能体验”和“可创造”提供“用武之地”。“职业互动墙”“职业档案袋”“大师画册”“游戏计划册”等帮助幼儿记录不断尝试与探究的过程，让他们的游戏故事、生活故事随处可看、随时可探、随心可说，为幼儿提供能表达、具有归属感的环境。

2. 打破传统的环境创设，通过“儿童海报”布置系列名画欣赏，以幼儿自身为叙事视角，用幼儿自己的图像、绘画、符号等表征手段记录他们对不同职业的认识，呈现出他们难忘的精彩瞬间；在整体创设策略上，扩充相关名画实景效应、职业环境创设等，运用以“1 + N”的形式进行设计，让幼儿获得沉浸式的体验。

八、家长工作

1. 建议家长在适宜的情况下带幼儿到自己的工作场所实地感受，让幼儿亲身感受父母的工作环境和工作内容；时刻做好个人安全防护，外出戴好口罩，做好防疫措施，保证幼儿的安全和健康。

2. 和幼儿一起收集各行业劳动者的图片，共同设计并制作各种工具、物品，布置图片、照片展览等，合作完成《我是小记者》亲子调查表。

3. 每天抽出一定的时间，陪幼儿游戏；积极支持幼儿锻炼身体，每天安排适量的体能运动。

● “开心日”活动

小班：认识你真开心

【资源分析】

幼儿园里每一个不同岗位的存在对于幼儿来说都有着一份特殊的意义；在孩子们的眼里，他们都非常了不起；幼儿用稚嫩的眼光观察着幼儿园里每一位辛勤工作的大人们：通过采访园内不同岗位的工作人员，了解后厨里奏着欢乐“锅碗瓢盆交响曲”的厨师；校门口保护着大家安全保安叔叔；努力为孩子们的健康成长保驾护航的保育员阿姨；不管酷暑还是寒冬，一测二看三问四查的幼保健医生；陪伴幼儿快乐成长从不缺席的老师们……幼儿的一日生活因为有他们的存在而越来越美好。

小班幼儿对于情境式的扮演游戏很感兴趣，在“认识你真开心”这个主题中，幼儿将通过观察、行动、体验、角色扮演等途径去了解幼儿园里的不同职业，在游戏中积极探索不同的工作，表达自己的情感，建立并丰富不同职业的认知经验。

【目标设计】

1. 尝试用采访记录的方法，了解幼儿园里的工作人员，发现并了解他们了不起的地方。

2. 专注倾听故事，了解主要情节，学说其中的角色对话。

3. 聚焦“小厨师”，通过角色扮演的形式在游戏中充分表达自己的经验、经历和情感；提高讲述、沟通、表演等能力。

4. 能用简单的肢体动作模仿园内劳动者的工作情形，并用表情表现劳动时快乐的样子。

5. 结合生活经验和想象，大胆绘画制作，感受设计的乐趣。

6. 能较灵活地钻、爬、投、掷等；能在协助下轻松地双脚跳。

【内容建议】

活动线索	活动名称	侧重领域	实施要点
了不起的你	幼儿园里的劳动者	语言（采访调查）	观察幼儿园里的人，结合自己的调查表大胆交流自己的发现，并根据经验谈一谈：幼儿园的劳动者是如何为大家服务的。
	宝藏阿姨	社会	说一说保育员阿姨的工作，通过游戏体验感受阿姨的辛勤劳动，喜欢、尊敬阿姨，懂得珍惜他人的劳动成果。
	★保安叔叔本领大	艺术（音乐）	对保安进行采访，伴随节奏明快的进行曲音乐，用肢体动作表现保安叔叔的各种本领。
	你好呀，保健医生	健康	通过实地考察，观察室内设施、药品、器械的分类摆放，了解保健医生的工作，互相交流彼此好奇的问题。

续表

活动线索	活动名称	侧重领域	实施要点
了不起的你	彭老师的足球时间	健康（体育）	在专职体育足球老师的带领下，幼儿扮演小鱼游入场，通过不同难度的“捕鱼游戏”探索运用足球绕过障碍的方法，积极参加体育游戏，体验在情境中玩足球游戏的乐趣。
最亲爱的你	★我的老师是怪兽	语言	欣赏绘本画面，了解情绪变化的原因，萌发对老师的爱，并能勇敢地把爱说出来。
	我和你	社会	情境体验，幼儿自由竞选当小老师，组织幼儿学本领,并自由交流当小老师的感受，感受老师的辛苦,萌发对老师的热爱之情。
	★送你一朵小红花	艺术（美术）	自主探索拓印材料，发现不同圆形材料的不同拓印效果；大胆送出礼物，表达自己的爱与感谢。
	我们来聚会	科学	按照顺序讲述，发现水果和餐具摆放的规律，并按规律摆放缺失的餐具和点心等。
	你是风儿我是沙	健康（体育）	伴随歌词做出“飘”“飞”“转”“落”等动作,教师和幼儿轮流扮演风和小树叶，根据不同的信号自由游戏，交替做不同的动作。
小小体验家	小厨师显神通	社会	欣赏绘本，了解厨师的主要工作，通过仔细观察厨房中的各类工具，提出自己的问题。
	奇奇怪怪蛋糕村	科学（数学）	通过认识不同形状的蛋糕，发现蛋糕的不同之处,并在不同难度的游戏中进行分类。
	蛋糕里有什么	语言	分享自己吃蛋糕的经验，说说蛋糕是怎么制作出来的，蛋糕里有什么；通过自由讨论，尝试和老师一起创编与蛋糕有关的小儿歌。
	★小小牙医	健康	通过观察与互动游戏，了解牙齿的作用，知道如何保护自己的牙齿；学习正确的刷牙方法，坚持早晚刷牙的好习惯。
	★好忙的厨师	艺术（音乐律动）	感受音乐欢快的节奏，并能用身体律动、角色扮演等方式表现“好忙的小厨师”。

线索一：了不起的你

保安叔叔本领大（音乐）

目标指向

- 熟悉音乐旋律，会根据音乐的节奏大胆创编动作。
- 乐于与同伴合作完成音乐律动。

活动准备

- 多媒体课件。
- 音乐。
- 幼儿对保安叔叔进行采访，并进行交流。

指导要点

1. 幼儿跟随音乐律动入场。
2. 幼儿观察保安照片：保安叔叔有什么样的本领呢？
3. 倾听音乐，幼儿初步感受乐曲的旋律。
4. 再次播放音乐，幼儿愿意用肢体动作表现，说一说保安叔叔的本领，可以做什么动作。
5. 创编能表现保安叔叔各种本领的动作，以游戏的形式进行表演。

活动建议

- 活动形式：集体活动。
- 变换主角进行创造性律动游戏。

线索二：最亲爱的你

我的老师是怪兽（语言）

目标指向

- 观察绘本画面，了解故事内容，知道情绪变化的原因。
- 知道人是多面的，萌发对老师的爱，勇敢把爱说出来。

活动准备

● 多媒体课件。

● 对老师的初印象调查表。

● 了解过幼儿园老师一天的工作内容。

指导要点

1. 聊一聊：幼儿园的老师是什么样的？

2. 欣赏绘本画面，倾听故事，理解故事内容，发现怪兽老师在不同画面中的变化。

3. 展示柯尔老师四个不同的形象，幼儿发现柯尔老师发生变化的原因。

4. 出示对老师的印象调查表，幼儿分享、交流对老师的认识和感受，说说自己眼里的老师是什么样子的。

5. 结合日常对老师的观察，说一说老师日常要做些什么，对老师说一说自己的想法。

活动建议

● 活动形式：集体活动。

● 提前组织幼儿观察老师的日常工作习惯，累积经验。

送你一朵小红花（美术）

目标指向

● 感受不同圆形材料的拓印特性，掌握围合拓印花朵的方法。

● 喜欢艺术活动，能大胆表达自己的想法。

活动准备

1. 各类大小不一的圆形物品（纽扣、瓶盖、瓶子等），颜料、素描纸、画笔。

2. 各种不同的花的图片、花形贴纸。

指导要点

1. 谈话：各种各样的花。

2. 自主探索拓印材料，发现不同圆形材料的不同拓印效果，尝试用自己的方法表现不同的花。

3. 自主操作，运用中心围合的方法拓印花的形状。

4. 欣赏各自的小花，并把制作的花送给最想送的人。

活动建议

- 活动形式：集体活动。
- 送花完毕后可以和好朋友分享送花的故事。

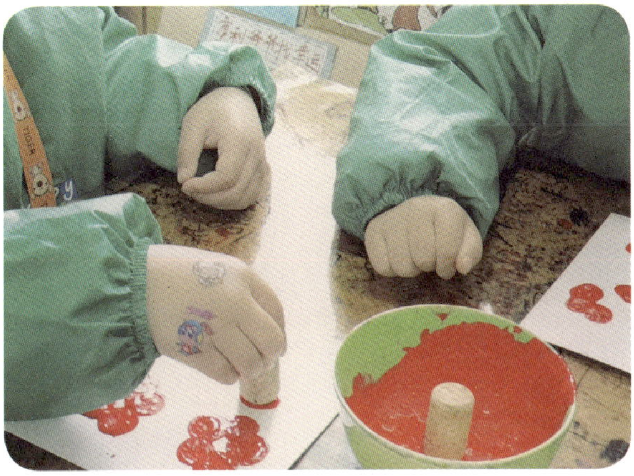

线索三：小小体验家

小小牙医（健康）

目标指向

- 知道牙齿的作用，学习正确的刷牙方式。
- 知道要保护自己的牙齿，坚持早晚刷牙的好习惯。

活动准备

- 多媒体课件。
- 镜子、牙齿模具、牙刷。

指导要点

1. 谈话导入：出示镜子，引导幼儿谈谈镜子可以干什么。
2. 幼儿通过照镜子，仔细观察自己的牙齿，说说牙齿的样子、颜色、作用。
3. 出示图片，通过观察图片了解蛀牙的危害。
4. 互动游戏：刷刷牙。

幼儿边念儿歌边演示刷牙方法，模仿练习刷牙动作。尝试用牙齿模具和牙刷进行刷牙练习。

5. 幼儿分组讨论：除了刷牙，还有什么方法能保护我们的牙齿？

活动建议

- 活动形式：集体活动。
- 建议设置打卡游戏，拍摄每天在家刷牙的图片或视频。

好忙的厨师（音乐）

目标指向

- 感受音乐欢快的节奏，并能用肢体动作表现。
- 乐意参与律动游戏，有表演的兴趣。

活动准备

- 围裙、厨师帽。
- 音乐。

指导要点

1. 幼儿共同表演手指游戏《买菜》。

2. 跟随音乐，用身体律动表演洗菜、切菜、炒菜。

3. 角色扮演：好忙的小厨师。

幼儿穿上围裙和厨师帽扮演小厨师，边听音乐边做动作。

4. 跟随音乐进行完整的音乐律动。

活动建议

- 活动形式：集体活动。
- 教师可以穿好围裙、戴好厨师帽入班，提高幼儿参与游戏的兴趣。

中班：听我说谢谢你

【资源分析】

向“逆行者”说声谢谢，在这场没有硝烟的战争中，无数的“逆行者”携手同行，并肩作战，用一颗勇敢赤诚的心温暖了无数个日夜；向身边的“超人”说声谢谢，身边平凡的每一位，都像超人一样，散发出不一样的光芒，在每个黑夜把世界照亮；向探索广大世界的“宇航员”说声谢谢，因为他们的勇敢，我们发现了更多未知的奥秘。

随着中班幼儿自我意识的不断提高，幼儿开始关注起身边各行各业的人们；结合幼儿兴趣，本主题将以“最美逆行者”“超人在身边”“摘星星的你”为线索，激发幼儿对不同职业的认知，通过儿歌、绘画、语言表达等方式，用真诚的心意，感恩每一位工作人员，感恩那些最美的人们，感恩那些平凡而伟大的爱。

【目标设计】

1. 借助绘本，了解不同工作人员的故事，发现身边的超人；能用连贯、准确的语言，把自己的发现分享给同伴。

2. 通过收集资料，感受抗疫英雄的艰辛和不容易；能用讲故事、制作小红花等形式，表达对他们的热爱和感恩之情。

3. 学习一些常用手势，感知手势在人们生活中的作用，体验初步的规则意识；知道不同的手势表达的不同意义，尝试用“手势舞”表达感谢。

4. 练习推独轮车绕过障碍的动作，灵活调节速度，锻炼手臂力量。

5. 根据不同职业的服装特点、动作特点等，尝试运用剪贴、拼摆、水墨等多种艺术形式表现其人物形象。

6. 迁移已有经验，会用短线、圆点、简单的图形等自己喜欢的方法记录测量结果。

【内容建议】

活动线索	活动名称	侧重领域	实施要点
最美逆行者	一只 N95 口罩的故事	语言（绘本）	通过欣赏绘本，了解口罩旅行的原因；感受故事中感情的传递，体会相互帮助的美好情感。
	感恩有你	社会	能通过自己周围发生的事情讨论新冠病毒的危害，感受抗疫人员的奉献精神，萌发感恩之情。
	★小口罩，大本领	健康	通过自由讨论、互动游戏、观察发现等形式了解口罩的作用，学会正确佩戴口罩，增强自我保护意识和能力。
最美逆行者	细菌细菌快走开	科学	知道洗手的重要性，学习正确的洗手方法，能从科学游戏中发现洗手液的秘密，养成勤洗手的好习惯。

续表

活动线索	活动名称	侧重领域	实施要点
最美逆行者	★会说话的手	艺术（音乐）	自主发现“手势”的秘密，学习一些常用的手势，能跟随音乐通过手语的变化来表达对“逆行者”的感谢。
超人在身边	★瞧，“蓝朋友”来了	社会	邀请消防员和消防车入园与幼儿亲密互动，了解消防员的工作，认识消防员的一些简单装备，激发对消防员职业的尊敬和感恩之情。
	妈妈要去打怪兽	语言（绘本）	通过绘本故事，了解妈妈特别的工作属性，观察她们是如何帮助疫区人民来打败怪兽的，对身边的医护人员产生崇敬之情。
	好忙的快递员	健康（体育）	以快递员的身份进行多部位动作练习，尝试用手端物走过平衡木，学习保持平衡的方法。
	★城市建筑师	艺术	观察不同类型的建筑物，了解建筑物与人们生活的关系，用 3D 打印笔进行建筑设计创作，大胆说说创作的想法以及在创作过程中的新发现。
	不一样的测量	科学（数学）	观察不用的尺，能从多角度观察并说一说尺的不同，知道尺在生活中的用途，并尝试用不同的尺测量物品。
摘星星的你	太空的旅游日记	语言	欣赏儿歌，感受儿歌中词语的趣味性，善于用自己的语言描述自己所看到的内容，大胆想象并创编儿歌。
	探秘太空	科学	通过视频了解宇航员到达太空的过程以及宇航员在太空空间站的工作和生活，探索宇航员服饰的秘密。
	致敬航天员	社会	欣赏录像并分组进行“航天员”情景设置与表演，在表演中，感受宇航员的艰辛及伟大，乐意表达自己对航天员的敬佩之情，为航天员感到自豪。
	宇航员的力量	健康（体育）	模仿宇航员的各种动作，尝试自主探索各种器械的不同玩法，在不同难度的体育游戏中克服困难，挑战自我。
	★小小宇航梦	艺术	观察并了解飞行器的外形特征，尝试用不同材料自制“太空飞行器”；乐于与同伴交流、合作，分享自己的发现和作品。

线索一：最美逆行者

小口罩，大本领（健康）

目标指向

- 了解口罩的作用，学会正确佩戴口罩。
- 增强自我保护意识，积极参与锻炼。

活动准备

- 多媒体课件。
- 口罩、小喷瓶若干。
- 口罩佩戴步骤图。

指导要点

1. 幼儿自由讨论：假期是否出门游玩？外面的叔叔阿姨们和以前有什么不同吗？

2. 根据现状，说说大家为什么要戴口罩。

3. 互动游戏：幼儿观察小喷瓶向不戴口罩的幼儿轻轻喷水会发生什么现象，发现病毒传播的秘密。

4. 幼儿正确佩戴口罩，再次进行喷水互动游戏。

5. 通过互动游戏，幼儿分组讨论：水到哪里去了？

活动建议

- 活动形式：集体活动、小组活动。
- 活动结束后提醒幼儿将口罩扔进垃圾桶。

会说话的手（音乐）

目标指向

- 知道手除了做事还有传达信息的功能。
- 学习一些常用的手势，体验手语的作用。
- 通过手语来表达对“逆行者”的感谢。

活动准备

- 多媒体课件。
- 知识经验：了解简单的手势。
- 音乐《听我说谢谢你》。

指导要点

1. 幼儿自主发现“安静手势”的秘密，并讨论：在没有说话的情况下，你们为什么安静下来了呢?

2. 幼儿猜测课件中手势的含义。

3. 幼儿观察课件中的各种手势，了解交警、指挥家、手势播报员等用手语工作的职业。

4. 幼儿学习简单的手语。

5. 表演《听我说谢谢你》手语舞蹈，表达自己对“逆行者”的感谢。

活动建议

- 活动形式：集体活动。
- 在嘈杂的环境中，幼儿可以运用手语来传递信息。

线索二：超人在身边

瞧，“蓝朋友”来了（社会）

目标指向

- 认识消防员的工作，知道消防员是在特殊时刻为大家服务的。
- 了解消防员工作的一些简单装备。
- 关注周围人群，萌发关爱他人的情感。

活动准备

- 多媒体课件。
- 邀请消防员来园。

指导要点

1. 幼儿复习儿歌《消防车》，回忆一些简单的消防装备。

2. 认识消防员的工作，发现他们的装备、衣服的特别之处。

3. 通过消防员现场解说，了解消防员工作的辛苦，知道消防员是在特殊时刻为大家服务的。

4. 情感迁移：面对勇敢的消防员，说说心里的感受。萌发对消防员叔叔的尊敬与关爱。

活动建议

● 活动形式：集体活动。

● 建议教师与消防站的工作人员联系时说明活动中需要展示的装备。

城市建筑师（美术）

目标指向

● 观察不同类型的建筑物，了解建筑物与人们生活的关系。

● 了解建筑工人的工作环境和工作内容，知道楼房的建造需要很多人的分工合作。

活动准备

● 各种建筑物图片。

● 多媒体课件。

● 3D 打印笔、颜料、马赛克等。

指导要点

1. 欣赏各种建筑物，了解不同房子的外形特点及用途。

2. 观看课件《热闹的工地》，说一说建筑工人是怎样建造房子的。

3. 认识新工具——3D 打印笔，熟悉新工具的使用方法。

4 幼儿自由讲述自己的建筑想法，并进行创作游戏“我们是忙碌的建筑工人”。

5. 介绍作品，共同欣赏：说说创作的想法以及在创作过程中的新发现。

活动建议

● 活动形式：小组活动。

● 建议幼儿前期在建构区玩拼搭建筑物的游戏。

线索三：摘星星的你

小小宇航梦（美术）

目标指向

- 观察并了解飞行器的外形特征，尝试用不同材料自制太空飞行器。
- 乐于与同伴合作制作宇宙飞行器，分享自己的发现和作品。

活动准备

- 锡纸、棉花、黏土、毛根、光盘。
- 银河场景。
- 已有对太空和宇宙的认知经验。

指导要点

1. 猜谜——飞行器。
2. 观察飞行器，说说飞行器上面有哪些零件。
3. 幼儿大胆表达他们眼中的飞行器是怎样的。
4. 认识工具和材料，幼儿自主创作。
5. 创作完成后，幼儿相互介绍自己的飞行器有哪些功能。
6. 带着制作完成的飞行器去银河场景中体验银河遨游。

活动建议

- 活动形式：小组活动。
- 将完成的飞行器作品布置到太空主题墙中。

大班：对话大师做自己

【资源分析】

美育的核心能触及人的心灵，它不只是一个美丽的作品或装饰元素，更是隐藏了人类智慧的结晶。世界名画，历史悠久、内容丰富。如何让名画走进幼儿的生活，让幼儿与名画近距离接触？让幼儿遇见美、触摸美、创造美呢？

本主题脉络将以名画欣赏为载体，尊重大班幼儿的直觉感受和主观情意表达，确立以“感受、想象、创造、表达”为核心思维游戏的理念，把想象、再创等方法植入到“名画赏创”活动中，从素材选择、指导策略、欣赏形式等多元角度，借助名画独特的视角、丰富的内涵、鲜明的艺术效果，启发幼儿审美注意、审美感知、审美判断的过程，完善幼儿审美心理结构的塑造，提升幼儿的艺术素养。

【目标设计】

1. 运用色彩、线条、形状等艺术元素大胆进行美术表现，进一步学习多种绘画方法，体验不同艺术表现形式的魅力。

2. 欣赏人物名画，感受作品中的线条与色彩带来的不同体验，加深对色彩的认识与理解，感受不同大师的艺术风格，发挥想象，大胆表达自己的内心感受。

3. 通过画、涂色、剪等精细动作完成制作，尝试用临摹与创作的方式进行涂鸦，表达自己对艺术欣赏的感受。

4. 欣赏绘本故事，仔细观察、合理分析、准确判断，帮助主人公找到解决问题的办法。

5. 在游戏情景中，通过跳格子游戏发展弹跳能力，能在跳跃中保持平衡。

6. 通过同伴合作，共同发现名画的秘密；尝试运用行为艺术表现不同的艺术作品，乐于探究和发现。

【内容建议】

活动线索	活动名称	侧重领域	实施要点
遇见大师·西方韵	与大师对话	艺术（欣赏）	结合自身经验说说已经认识的大师，知道新认识的绘画大师的名字；了解相关大师的代表作，尝试说一说对大师画作的理解。
	嘿，到底看哪边？	语言（绘本）	认识毕加索，感受其作品抽象变形的绘画风格；能用清晰流畅的语言表达毕加索作品中包含的故事内容。
	失踪的名画	科学	通过名画欣赏，发现现场中存在的问题；通过合作，仔细观察时间，合理分析线索，帮助鲍里斯尽快找到拿走名画的人。
	★露天咖啡座	艺术（美术）	欣赏《露天咖啡座》，感受画家作画时的复杂情感；感知画面中的色彩对比、远近关系以及点线面的表现方法；与同伴协商合作，在名画的基础上创设立体空间。
	情绪线条	社会	欣赏大师波洛克作品中的线条，说说自己的感受；创设情景，感受不同的线条所代表的不同情绪。
跟着大师·玩水墨	认识大师——吴冠中	语言	了解水墨大师吴冠中，获悉其艺术创作背景，欣赏其作品，感受其独特画风；尝试理解不同的点、线、面所表达的含义；大胆表达自己对作品的看法。
	墨	科学	观察、发现墨汁的特点，玩一玩干墨、湿墨，发现毛笔上的水分会影响墨的呈现，了解干墨、湿墨表现的事物所呈现出的不同意境。
	★小鸟天堂	艺术（美术）	通过欣赏《小鸟天堂》，感受作品所表现出的鸟与树林的和谐美；尝试用拖、拉、泼、洒等游戏方式表现自己心中的“鸟的天堂”。
	有趣的线路图	科学（数学）	认识箭头，理解“↑”“↓”“←”“→”四个不同方向的箭头所表示的意义；讨论制作线路图，根据画好的线路图，自主进行场地布置。
	★咏柳	艺术（音乐）	欣赏歌曲《咏柳》，初步了解黄梅戏，感受歌曲优美、流畅的情绪；大胆表达对春天的喜爱之情，感受大自然的美。

续表

活动线索	活动名称	侧重领域	实施要点
进击的小画家	★会舞动的“画”	艺术（音乐）	能根据音乐的不同段落变化大胆运用“彩带”进行肢体舞动；初步尝试用“彩带”和“圆圆”进行组合游戏，感受弯弯绕绕的乐趣；在音乐情境下，通过彩带与同伴组合环绕，体验合作游戏的快乐。
	名画模仿秀	社会	回忆欣赏过的名画，愿意和同伴一起商量讨论想模仿的名画，感受不同名画中不同人物的姿态、神情、样貌等特征。
	我们都是小画家	语言（儿歌）	欣赏儿歌《我们都是小画家》前半部分的内容，大胆猜想后半部分内容，尝试根据儿歌内容进行表演。
	大鱼海棠	科学	大胆探索新材料，通过实验知道小苏打显碱性，稀盐酸显酸性，酸碱结合时会产生二氧化碳气体，并能将自己初步探索的实验结果记录下来。
	红黄蓝格子铺	健康（体育）	通过欣赏蒙德里安的《格子》，了解格子的含义；用各种彩色板拼接成格子房子，合作探索“跳格子”“格子抢夺赛”等不同跳法的游戏。

线索一：遇见大师·西方韵

露天咖啡座（美术）

目标指向

- 欣赏《夜间的露天咖啡座》，感受画家作画时的复杂情感。
- 感知画面中的色彩对比、远近关系以及点、线、面的表现方法。
- 与同伴协商合作，在名画的基础上创设立体空间。

活动准备

- 多媒体课件。
- 轻音乐。
- 颜料，纸。
- 知识铺垫：幼儿了解关于建筑、星空等元素的粗浅知识。

指导要点

1. 欣赏著名画家凡·高和他的作品《夜间的露天咖啡座》。

2. 幼儿整体感知作品，理解画面中的元素。

老师：你在这幅画中看到了什么？这幅画给你一种什么感觉？

3. 讨论：如何将名画呈现出立体空间？需要哪些道具和材料？在露天咖啡座里还可以进行哪些创意？

4. 幼儿选择合适的位置再现“名画”。

活动建议

● 活动形式：小组活动。

● 出示更多类似的作品供幼儿参考。

线索二：跟着大师·玩水墨

小鸟天堂（美术）

目标指向

● 通过欣赏《小鸟天堂》，感受作品所表现出的鸟与树林的和谐美。

● 尝试用拖、拉、泼、洒等游戏方式表现自己心中的“鸟的天堂”。

活动准备

● 白板、抹布、丝巾、鞋带、毛笔、滴管等。

- 宣纸、墨汁、彩色颜料等。
- 音乐。

指导要点

1. 欣赏鸟的叫声，猜猜小鸟会在哪儿。

2. 欣赏作品《小鸟天堂》，感受作品中鸟与树林的和谐意境。观察其中用墨画树的粗细、长短不同的线条。

3. 认识多种作画工具，体验多种表现方法。

4. 作品欣赏：想象并讲述作品中发生的故事。

活动建议

- 活动形式：集体活动。
- 建议活动前先组织幼儿欣赏水墨作品。

咏柳（音乐）

目标指向

- 欣赏歌曲，感受歌曲优美、流畅的情绪。
- 大胆表达对春天的喜爱之情，感受大自然的美。
- 喜欢用黄梅戏的花腔调式进行演唱。

活动准备

- 收集春天的图片。
- 多媒体课件。
- 音乐。

指导要点

1. 幼儿边听边做动作进行律动游戏“春天在哪里”。

2. 观赏春天的美景，说说春天有什么漂亮的地方。

3. 欣赏歌曲《咏柳》，初步了解黄梅戏唱法，能模仿一两句唱腔。

4. 幼儿闭上眼睛听音乐，并轻轻跟着音乐哼调，感受音乐的旋律和意境。

5. 幼儿根据歌曲内容创编舒缓优美的动作，尝试边听音乐边舞动。

活动建议

- 活动形式：集体活动、小组活动。
- 建议家长带幼儿找一找、看一看、摸一摸、抱一抱柳树。

线索三：进击的小画家

会舞动的“画”（音乐）

目标指向

- 能根据音乐的不同段落变化，大胆运用彩带进行肢体舞动。
- 初步尝试用彩带和“圆圆”进行组合游戏，感受弯弯绕绕的乐趣。
- 在音乐情境下，通过彩带与同伴组合环绕，体验合作游戏的快乐。

活动准备

- 不同颜色的彩带、圆形物体若干。
- 音乐、作品图片等。

指导要点

1. 幼儿随音乐舞动彩带，感受彩带飘舞的不同形态。

2. 通过倾听音乐，感受旋律发生的变化，发现欢快和沉重的音乐段落；能用不同的舞动方式表达音乐中的情境。

3. 尝试玩多种形式的游戏：“圆圆”与彩带；彩带与“我们”。

4. 变“画”：发现舞动游戏和名画的联系，尝试通过律动用“圈圈”和“线线”来创作更多富有创意的美术作品。

活动建议

- 活动形式：集体活动。

● 建议多准备彩带、圆形物体等材料，保证作品呈现的效果。

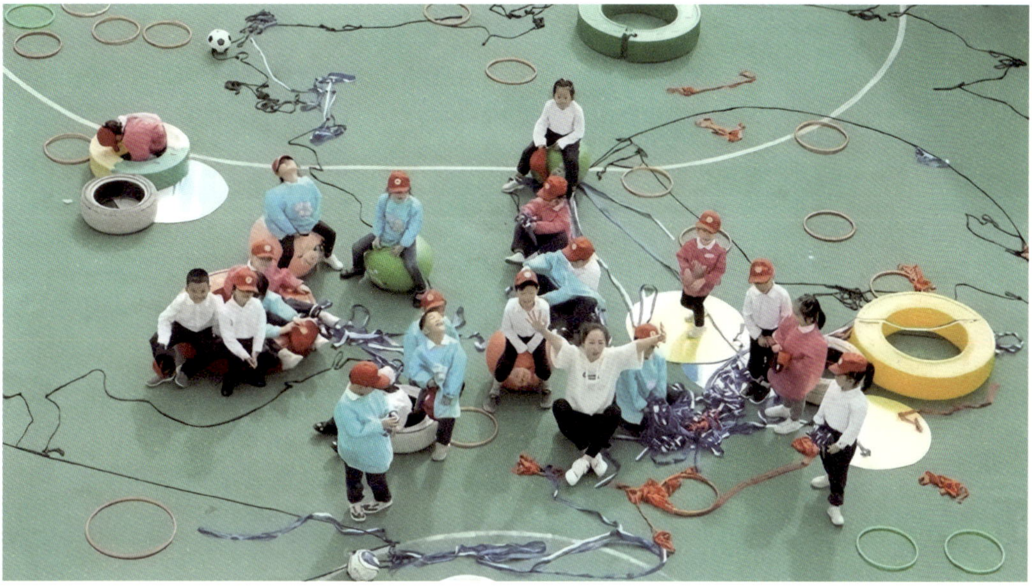

●“创意周”活动

微画展：城里城外

活动线索	活动名称	侧重领域	实施要点
城里城外	1 号站台	科学	通过观察不同的地图，对地理方位有初步的认识。
	小城故事	艺术	在了解硬纸板大的基础上，愿意尝试运用撕、卷、折、弯曲、重叠、围合等方法表现小城。
	工号 XXX 为您服务	社会	了解不同的职业，并能用不同方式表达对劳动者的尊敬。
	X 建筑实习生	艺术	通过欣赏不同建筑的美，自由选择工具创造性地表现建筑外形。
	城里城外	综合	巩固对不同建筑造型特点的认识，探索纸板的多种造型方式，学会将小城组合创造。

1 号站台（科学）

目标指向

● 观察中国地图和家乡地图，初步感知地理方位。

● 大胆尝试，探索新地图，设计新城市，规划城市路径。

活动准备

● 中国地图、家乡地图。

指导要点

1. 观察中国地图，寻找家乡的地理位置。

2. 欣赏家乡地图，寻找家乡地标。重点观察地标特点，了解其方位。

3. 为地标设计交通路线，并以“1 号站台”为起点，说说其他地标的位置。

4. 小组合作，尝试用不同的材料设计规划新的城市路径，形成手作“地图”。

活动建议

● 活动形式：集体活动。

小城故事（艺术）

目标指向

● 了解硬纸板的基本结构和特点。

● 能运用撕、卷、折，弯曲、重叠、围合等方法表现城市景象。

● 在合作制作泥塑的过程中，感受地方文化的魅力。

活动准备

● 硬纸板、双面胶、小胶枪、手套。

● 幼儿前期对硬纸板有过探索经验。

● 幼儿对周边私房民居、小巷街道进行过观察写生。

指导要点

1. 观察周边民居照片，猜猜里面发生了什么故事。

2. 观察硬纸板作品，说说制作方法。

3. 根据自己的想法，设计“我的小城”。

4. 幼儿自由创作，选择需要的材料进行创作。

5. 幼儿介绍“我的小城故事”。

活动建议

● 活动形式：小组活动、区域活动。

● 建议不断细化作品，让作品故事更具生活性。

工号 ××× 为您服务（社会）

目标指向

● 了解从事各种职业的人，并能说出周围各种职业人员的名称和工作。

● 能进一步感受不同职业人们的劳动，懂得尊敬劳动者。

活动准备

● 各行各业的人工作的照片。

指导要点

1. 谈话：说一说身边各种职业的人。

2. 观察图片，了解各种职业的人。

讨论：你喜欢哪一种职业？为什么？你认为哪种职业最辛苦？为什么？

3. 工号 ××× 为您服务。

幼儿在不同区域中扮演各种职业的人，并为自己设计工号牌，深入了解职业内容。

例：建构区——建筑工人，阅读区——图书管理员，幼儿可自行决定工号。

4. 自由讨论，请个别幼儿介绍自己的理想。

老师：谁来说一说，你长大了想做什么工作？为什么？

活动建议

● 活动形式：小组活动。

● 在生活区投放各类职业的相关材料，让幼儿进一步体验不同的职业劳动。

× 建筑实习生（艺术）

目标指向

● 认识和了解生活中各种建筑的美，感受建筑物高低、形状等外形的丰富多样。

● 能自由选择工具、材料进行艺术表现，制作歪歪扭扭的建筑。

● 与同伴协商、分工，共同完成任务，体验合作的快乐。

活动准备

● 多媒体课件：各种造型的建筑图片。

● 纸、彩色 PVC 裁片、双面胶、勾线笔。

指导要点

1. 观察建筑图片，说一说建筑物结构的变化。

老师：你喜欢哪一座建筑？为什么？

2. 建筑初体验，用已有材料设计构建地基。

第一次操作，设计中心围度的大块面立体造型。

3. 感受歪歪扭扭的建筑，说说它有什么特别的地方。

自由创作，在原来的基础上加上“歪歪扭扭”的元素。

4. 所长验收建筑成果，实习生交流与分享。

活动建议

- 活动形式：小组活动。
- 将材料和工具投放建构区，供幼儿进行后续想象与创作。

城里城外（综合）

目标指向

- 认识不同的硬纸板生活材料，探索纸板的多种造型方式。
- 巩固对不同建筑造型特点的认识，大胆想象运用纸箱制作建筑物。
- 在废物再利用的过程中，进一步增强环保意识。

活动准备

- 不同大小的纸箱、纸筒、纸芯、蜂窝板。
- 剪刀、双面胶、胶枪、白纸、马克笔。

指导要点

1. 倾听故事《小房子》。

讨论：怎样为“小房子”创造一个绿色的新环境？

2. 寻找材料：收集大小不同的纸箱、纸芯、纸筒等生活材料。

3. 交流分享。

（1）讨论哪些纸箱方便撕、哪些纸箱方便绕、哪些纸箱适合做底等。

（2）幼儿观察、尝试探索硬纸板的结构，了解其特性。

4.“城”的造型。

（1）提供胶枪、剪刀、双面胶等，运用折、撕、叠、扭等方式造房子。

（2）配合纸芯、木棒等创作材料，协商合作，组合造城。

活动建议

- 活动形式：小组活动。
- 创造过程中引导幼儿用不同的方法组合建筑。

4周

主题九：扯东扯西

主题规划

一、设计意图

孩子们的话题总是天马行空，包罗万象。近到家门前的里外长短，远到地球那一头的奇闻趣事；近到当下的热点话题，远到人类文明的起源，都能成为他们口中“莫名其妙”的对话。大大的世界在孩子们的描述中仿佛只是一个个小小的逗号，而在他们小小的脑袋里，却又仿佛蕴藏着一个大大的世界。

“扯东扯西”就是从孩子们平时的对话中生发而来。在这个主题中，我们和孩子从熟悉的生活环境出发，在吃吃逛逛中领略身边的风土人情、岁月静好；一路走向江南运河沿岸的深深小弄，看看小桥人家，玩玩弄堂游戏；进而翻开一本本通晓古今中外的名著经典，走进书中的世界，感受更广阔的精彩。这些脑洞大开的“神奇经历”，都为孩子们之后大胆而又创新的艺术创作提供了无限可能。

二、主题脉络

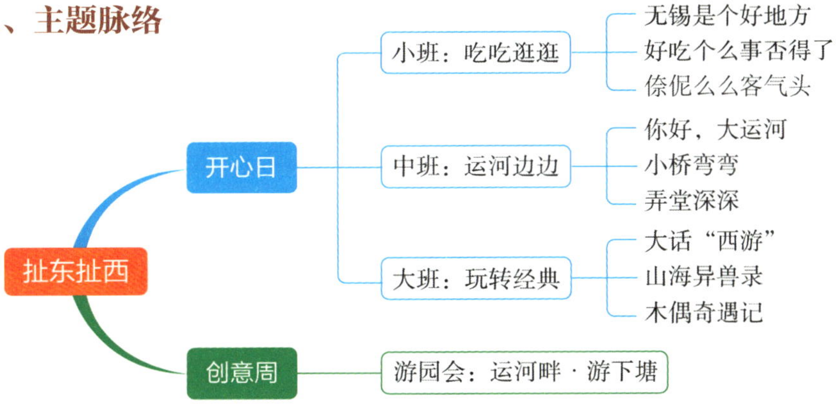

三、主题目标

目标内容	核心经验	对标《指南》关键经验
1. 能够在走、跑、跳、爬等多种活动中发展身体的平衡能力，动作协调、灵敏。	身心状况 动作发展	● 小班：能沿地面直线或在较窄的低矮物体上走一段距离；能身体平稳地双脚连续向前跳；具有一定的平衡能力，动作协调、灵敏。 ● 中班：能助跑跨跳过一定距离，或助跑跨跳过一定高度的物体；能在较窄的低矮物体上平稳地走一段距离。 ● 大班：能快跑 25 米左右；运动时能注意安全，不给他人和自己造成危险。
2. 大胆表达自己对周围世界以及文化多样性的认知，能够清晰、完整地表述自己的发现。	倾听与表达 阅读与理解	● 小班：愿意表达自己的需要和想法，必要时能配以手势动作；能听懂短小的儿歌和故事；基本会说本民族或本地区的语言。 ● 中班：能基本完整地讲述所见所闻和经历的事情；具有初步的阅读理解能力；能根据连续画面提供的信息大致说出故事情节。 ● 大班：能够专注地阅读图书，说出阅读的儿童文学作品的主要内容，并喜欢与他人一起谈论图书和故事的有关内容。
3. 知道用问卷调查、查阅书籍、谈话记录等方式，从自己身边的环境出发，主动探索世界。	科学探究 数学认知	● 小班：能仔细观察感兴趣的事物和现象，发现其明显特征；能用多种感官或动作去探索物体，关注动作所产生的结果；能手口一致地点数 5 个以内的物体，并能说出总数，能按数取物。 ● 中班：能对事物、现象进行观察和比较，发现其相同与不同；能用图画或其他符号进行记录；常常动手动脑探索物体和材料并乐在其中。 ● 大班：能经常动手动脑寻找问题的答案；能通过观察、比较与分析，发现并描述不同种类物体的特征或某个事物前后的变化；能用数字、图画、图表或其他符号记录。
4. 感受家乡的变化和发展，通过阅读初步了解世界人文，感知人类文化的多样性和差异性，养成理解、尊重、平等的态度。	人际交往 社会适应	● 小班：愿意和同伴一起游戏，对群体活动感兴趣；在提醒下能遵守游戏和公共场所的规划；能说出自己所在街道、小区的名称。 ● 中班：喜欢和长辈交谈，有事愿意告诉长辈；与同伴发生冲突时，能在他人帮助下和平解决；能说出自己家所在地的省、市、县（区）名称，知道当地有代表性的物产或景观。 ● 大班：能主动发起活动或在活动中出主意、想办法；与别人的看法不同时，敢于坚持自己的意见并说出理由；知道自己的民族，知道中国是一个多民族的大家庭，各民族之间要相互尊重，团结友爱。

续表

目标内容	核心经验	对标《指南》关键经验
5. 感知多样的文化，发现周围世界的美，能够运用多种手法创造性地表现自己对美的理解与感受。	感受与欣赏 表现与创造	● 小班：能跟随熟悉的音乐做身体动作；经常涂涂画画、粘粘贴贴并乐在其中；乐于欣赏绘画、泥塑或其他形式的艺术作品。 ● 中班：欣赏艺术作品时会产生相应的联想和情绪反应；能用绘画、手工制作等表现自己观察到或想象中的事物，具有初步的艺术表现与创造能力。 ● 大班：积极参与艺术活动，有自己比较喜欢的活动形式；艺术活动中能与他人相互配合，也能独立表现；能用多种工具、材料或不同的表现手法表达自己的感受和想象。

四、主题游戏馆活动方案

活动目标

1. 通过情境创设、角色游戏、文化体验、文创制作等多种形式，感受多样文化的和谐与包容。

2. 能用具体的人、事、物概括和描述自己对家乡、运河的印象；积极倾听别人的讲述内容，能用眼睛注视讲述者并通过语言或行动来回应。

3. 在合作游戏中，愿意接受同伴的意见和建议；对大家都喜欢的东西能轮流、分享；与同伴发生冲突时，能在他人帮助下和平解决。

4. 大班的哥哥姐姐在游戏时间会护送小班弟弟妹妹去相应的游戏馆，能注意上下楼梯时的安全。

具体安排

场馆名称	内容建议	玩法参考
宝贝会所	惠山一条街	创设惠山古镇的场景，幼儿自制无锡特产及美食，如泥人、油酥、豆腐花等，以摆摊贩卖的形式开展互动游戏。
滴滴车吧	十八弯车王争霸赛	积累赛车的相关知识经验，创设马山十八弯“实景”赛道以及桌面赛道，幼儿作为“赛车手”体验十八弯的惊险。
嬉沙乐园	沙漠之城	提供沙漠中的城市图片（如埃及）幼儿尝试用沙子合作搭建“沙漠之城”，探索将沙艺建筑搭高、搭稳的办法。

续表

场馆名称	内容建议	玩法参考
闲鱼小站	运河故事	以京杭大运河沿途的城市为主线制作人文地图。以地图填空的方式收集沿途各地的文创纪念品。幼儿为自己收集来的纪念品录制人文故事、生成二维码并找到人文地图上对应的位置填空；同时选择自己喜欢的其他纪念品进行置换，聆听背后的人文故事。
点点诊所	旅行体检中心	创设体检中心，幼儿根据体检流程逐一“检查”，获取旅行健康通行证。
花花洗衣	花花擦鞋匠	提供示意图、鞋子、鞋刷、地垫等，幼儿自主选择合适的工具，学会正确使用鞋刷并尝试将鞋子擦干净。
奇奇玩社	西游侦探社	根据《西游记》故事情节创设情境、隐藏证据，幼儿根据线索卡牌，找到情境中的证据，推理唐僧被抓走的真相。
酷酷小兵	天兵 72 变	幼儿自制天兵天将的兵器和铠甲，装扮后进行巡逻或比拼。
丫丫美妆	我的变装之旅	创设“世界各国传统服饰”展示墙，幼儿通过抽签选择国家名称，观察展示墙上对应国家的服饰特点，自主选择材料进行装饰并展示。
童童健智	棋逢对手	提供中国象棋和国际象棋以及棋谱，幼儿根据棋谱合作游戏；通过游戏观察中西象棋的异同。
美美创意	西游集结令	以《西游记》作为故事导引，幼儿自由创作自己心目中的西游人物；在了解中国经典文学作品的同时，体会取经之路的艰辛。
哇哇博士	热气球环游记	尝试利用热胀冷缩、碳酸反应等原理，寻找让气球膨胀的办法。
梦想之城	世界名“筑”	提供建筑材料和世界名筑图册，了解不同国家和地区建筑的特色，尝试合作搭建。

五、ART 涂鸦馆活动方案

活动目标

1. 通过欣赏江南水乡的图片、视频，感受其造型和色彩上的特点，运用色块、形状、线条等艺术元素表现江南民居的特征和美感。

2. 掌握材料拼贴、线条装饰、彩墨晕染等表现手法，体会运用不同材料、不同方法创意西游故事场景的乐趣。

3. 能够尝试协商、分工等进行合作创意活动，遇到困难能一起克服，与同伴发生冲突时能协商解决。

4. 愿意和别人分享、交流自己喜爱的艺术作品和审美体验。

具体安排

场馆名称	内容建议	材料参考
纸趣联盟	1. 七彩山 2. 卷卷市 3. 光影城	1. 提供彩色双胶纸、海绵双面胶、铁丝造型网、蜂巢板、托盘等，运用大卷彩色双胶纸，截取不同长度、大小，揉皱后再在蜂巢板上进行山脉造型。 2. 提供各色彩纸、方形底板、酒精胶，尝试制作高低、粗细不同的纸卷，建造“卷卷市”。 3. 通过照片感受世界各地的建筑特征，运用折、剪、扭、卷等方法，将白色铜版纸立起来表现各地特色建筑之美，并进行光影游戏。
写生小栈	1. 小娄巷的光影 2. 小娄巷写生	1. 提供纸趣小娄巷建筑若干、手电筒若干、墙面白板、白板笔等，透过灯光看一看纸艺小娄巷建筑的影子，将建筑的影子线条勾勒下来。 2. 提供小娄巷的图片或视频以及纸、笔等，观察小娄巷的特色景物，进行线描写生。
千色派对	1. 玩色西游 2. 舞动西游	1. 提供彩色玉米粉、大白布、头巾、护目镜、白 T 恤等，幼儿在白布上自由挥洒玉米粉，感受玩色的乐趣。 2. 提供荧光棒、透明胶带，创设黑暗空间（遮光布），幼儿大胆发挥想象，根据自己喜欢的西游人物的形象特点，使用荧光棒塑形，开启西游缤纷之旅。
拼摆乐园	1. 盘丝洞 2. 钢铁西游侠	1. 提供亚克力球、白色黏土、弹力网管、毛线、毛根、铝丝等各类线状物品及各类辅材，运用揉、折、扭等方法改变丝线造型，在黏土上创意拼摆盘丝洞的场景，罩上亚克力球。 2. 提供木块、螺丝帽、不规则金属零配件、铝丝、锡箔纸等材料，以木块作为人物的身体，根据零件的形状、大小特征进行想象拼摆，并组合西游人物造型。
绘本盒子	1. 西游新记 2. 别有“洞”天 3. 西游故事汇	1. 提供 KT 板、马克笔、长卷等，创想西游人物穿越来到现代的故事，绘制长卷。 2. 提供洞洞立柜及不同的材料，在立柜中合作创设西游的场景，丰富人物形象，自主选择凹凸镜、彩色透明片、手电筒等小工具，透过洞洞观察变化的西游小世界。 3. 提供木质盒子、各类彩纸、黏土、西游海报等材料，根据西游情节，以画报剪贴、金属零件拼摆等不同的形式创作风格迥异的故事盒子。

续表

场馆名称	内容建议	材料参考
沙艺世界	1. 山海光影 2. 山海浮雕 3. 山水滚沙	1. 提供灯箱、沙子，用光影沙画的形式绘制《山海经》。 2. 提供彩沙、刷子、白乳胶、马克笔、PVC 片、画框等材料，将白乳胶与彩沙混合。 3. 形成浮雕肌理效果，将山海经中奇异的神兽、地形等描绘在 PVC 片上，剪贴并装饰彩沙浮雕画。 4. 提供彩沙、沾毛棒，用彩沙创意绘画《山海经》中的山水景象，用沾毛棒滚一滚，形成独特的山水风貌。
图版印象	1. 青铜之美——饕餮纹 2. 神兽印迹	1. 通过学习和欣赏青铜器上的饕餮纹，了解、认识饕餮纹对称的特点，仿照饕餮纹的样式进行版画游戏，并尝试大胆创意设计新的纹样。 2. 提供《山海经》神兽图、铅画纸、吹塑纸、竹签棒等，根据神兽外形特点进行制版并沿轮廓剪下，均匀着色拓印。
水墨作坊	1. 小巷深深 2. 桥啊桥 3. 运河边的故事	1. 提供影像，欣赏、感受运河边的弄堂文化，尝试利用水墨画的方式表现小巷风情。 2. 提供桥的影像资料、KT 板、雕刻工具、墨、宣纸等，观察古运河上各种各样桥的特征，用水墨拓印的方式表现运河上的桥。 3. 尝试用泼墨想象的方式表现运河边的景色，并添画人们生活的场景。
微画空间	1. 立体再现 2. 组合长卷画	1. 欣赏《清明上河图》。 2. 提供纸箱、铁丝、锡纸、蛋托等，幼儿合作创意古代的房屋、大桥、交通工具，立体再现汴京河上的城市风貌，进行一次从现代到古代的“穿越”。 3. 提供马克笔、长卷、黏土等，幼儿分组绘画《清明上河图》的部分背景并进行组合；利用黏土创作图中的人物互动情境立于长卷上，丰富情节。
陶泥演义	1. 福福喜喜和朋友们 2. 福喜的故事	1. 提供紫砂泥、红泥、转盘、擀泥棒、拍泥板、泥刀、泥铲、小喷壶等，尝试在转盘上进行立体塑形，捏制阿福、阿喜的造型；探索多种色彩陶泥混合造型效果，能够合理地选择各种工具进行游戏，并尝试分工合作丰富作品内容及情节。 2. 提供黑色超轻黏土、金色颜料、泥塑工具等，仔细观察阿福、阿喜的图片，尝试用黏土在黑色 KT 板上，运用团圆、搓压、捏合等基本技巧塑造阿福、阿喜的形态，并能利用工具刻画细节。
木玩部落	1.“盘”来“盘”去 2.西游部落	1. 提供麻绳、夹子、自然物等，在小树林内自由玩缠绕游戏；利用各种自然物在麻绳上进行粘贴、装饰，创设“盘丝洞”的场景。 2. 提供树枝、麻绳、树皮、麻布及各类自然物等，幼儿分组游戏，自主捆扎、装饰树枝帐篷，利用树枝串起各类自然物，自制烧烤台，创设西游部落生活场景。

续表

场馆名称	内容建议	材料参考
造型天地	神秘的世界	提供报纸、纸卷芯、宽胶带、白乳胶、刷子及各类装饰辅材等，幼儿根据主题中形成的已有经验，用报纸纸雕的形式创作神兽、妖怪、奇形怪状的建筑等，并用颜料、各类装饰物进行装饰、组合，建构大型场景“神秘的世界”。

六、生活指导

1. 入园时能够有序地摆放好自己的物品，如口罩、外套等。

2. 适量运动，能根据自身情况调整运动强度，出汗时知道停下休息，及时擦汗和补充水分。

3. 开展“经典睡前小故事”活动，值日生在睡前为其他幼儿讲述民间故事、经典儿童读物等，营造温馨的午睡氛围。

七、环境创设

1. 搜集运河沿岸人文景观、风景名胜的图片，增进幼儿对“小桥流水人家”的直观认知。

2. 布置“惠山一条街”，陈列幼儿带来的各种古镇纪念品，展示幼儿制作的小吃、泥人等特产，创设古镇热闹的集市氛围。

3. 搜集幼儿喜欢的名著和读物，展现运河文化的图书与相片，布置小型读书角，引导幼儿自主阅读，提供分享交流的空间。

4. 结合幼儿感兴趣的故事情节，创设相关的主题情境；展示幼儿作品，通过与环境的互动增进对情节的理解与体验。

八、家长工作

1. 利用假期，和幼儿一起走访家乡的著名景点、品尝家乡的特色美食，感受家乡的风土人情。

2. 带幼儿走进博物馆，了解惠山泥人、二泉映月等家乡的人文历史；沿着运河走一走、逛一逛，感受运河边的水乡魅力。

3. 选择一些适合幼儿阅读的中外名著开展读书活动，坚持每天共读 20 分钟，拓宽幼儿的眼界；以书为纽带，共同感受快乐的亲子时光。

●“开心日”活动

小班：吃吃逛逛

【资源分析】

“无锡是个好地方，几句闲话讲不完。”作为一个小小无锡娃，家乡的美食、著名风景自然是如数家珍，说也说不完。

本主题围绕“无锡是个好地方”“好吃个么事否得了”“倷伲么么客气头”三条主线，和孩子们一起在参观游览中感受身边秀丽的风光；在吃吃玩玩的情境中发现身边丰富的美食和物产；在听听、学学、说说中，体验方言文化的魅力；在绘画、讲述、表演等创作中表达对自己生活环境的热爱。

【目标设计】

1. 初步理解家乡的意义，知道自己的家乡是无锡。了解无锡的美景、美食，体验家乡无锡的魅力，为自己是一名无锡人而感到骄傲与自豪。

2. 对无锡的传说、故事、家乡话感兴趣，愿意用诗歌、谈话等形式与老师、同伴积极交流，分享自己在家乡的所见所闻。

3. 学会观察的基本方法，能够运用多种感官或动作进行探索活动，并能够发现事物的主要特征，如软硬、光滑和粗糙等特性。

4. 了解家乡的民间艺术“惠山泥人”，能简单运用泥工、面塑、制作、讲述、说唱等形式创造性地表达自己对家乡美的感受。

5. 喜欢参加游览、爬山、戏水、赶海等外出活动，锻炼耐力，增强身体素质。

【内容建议】

活动线索	活动名称	侧重领域	实施要点
无锡是个好地方	方言儿歌《无锡是个好地方》	语言	欣赏视频《无锡是个好地方》，了解家乡无锡的特色美景、美食，并愿意大胆用方言说说这些美景、美食。
	★小脚丫走无锡	社会	通过走访调查、分享照片、小火车游戏等形式，了解无锡的美景、美食，愿意与他人交流、分享。
	小宝贝爬“惠山”	健康（体育）	通过照片，知道无锡有座惠山。在爬山的情境中，幼儿自主探索走斜坡时身体重心的平衡，能平稳地走过15—20厘米的斜坡。
	★看一看，数一数	科学（数学）	在买特产送客人的情境中，练习数一数特产的数量，能手口一致地点数5以内的数量。
	茉莉花	艺术（音乐）	观察图片，认识茉莉花。欣赏江南名歌《茉莉花》，感受音乐的舒缓旋律，愿意用身体动作表现音乐内容。
好吃个么事否得了	我是小吃货	语言	通过照片，认识并了解无锡的特色小吃，能用自己的话表达品尝美食后的愉快感受。
	★美食打卡行	社会	以“美食分享会”的形式，品尝幼儿带来分享的无锡美食，和美食合影打卡，感受无锡小吃的魅力。
	小嘴巴尝一尝	科学	通过品尝无锡美食以及其他有特色的食物，知道酸、甜、苦、辣、咸这些基本的味道。玩游戏“看表情猜味道”，增添活动的趣味性。
	贪吃蛇	健康（体育）	在“贪吃蛇”的情境中，模仿小蛇扭动身体，从指定起点线出发，边爬行边收集散落在场地各处的食物小卡片，学习身体着地爬行。
	★无锡美食我来做	艺术（美术）	欣赏无锡美食的图片并观察细节，尝试用黏土以搓、团、压等技能制作无锡美食。
徐伲么么客气头	★福喜的故事	语言	观赏泥人阿福，知道泥人是无锡的特产。欣赏同名故事内容并尝试说说自己的理解，体验主人公的勇敢精神。
	★走进泥人博物馆	社会	通过视频资料，了解参观博物馆的礼仪。亲子参观泥人博物馆，观察博物馆里的作品和图片，了解泥人博物馆的历史。

续表

活动线索	活动名称	侧重领域	实施要点
倷伲么么客气头	运泥乐	健康（体育）	幼儿分组推车运“泥”，学习推独轮车载物跑，尝试将车推稳、物品装得更多。
	★泥土的秘密	科学	通过触觉感知泥的软硬，在多次的探索活动中，了解泥的软硬与水分的关系。
	★阿福、阿喜	艺术（美术）	观察视频，初步了解泥人的制作过程和造型结构。探索不同工具的使用，能够运用团、搓、按、捏等技能制作泥人。

线索一：无锡是个好地方

小脚丫走无锡（社会）

目标指向

- 通过走访、调查，了解无锡有名的美食与美景。
- 能用自己的话介绍知道的无锡的美食和美景。
- 愿意与他人分享，体验分享的快乐。

活动准备

- 无锡美食、美景的照片。
- 幼儿有吃过无锡美食、逛过无锡美景的前期经验。

指导要点

1. 请个别幼儿结合自己带来的照片，说说：照片里在干什么？和谁去的？这是哪里？有什么好吃的、好玩的？

2. 结伴讨论：和周围的小伙伴们聊一聊你喜欢的无锡美食与美景。

3. 欣赏无锡特产美食和美景的图片，看看、说说：有哪些自己认识的地方？哪些吃过的美食？是什么味道的呢？

4. 游戏：小脚丫走无锡。

幼儿戴上有美景、美食的头饰四散在教室里。老师扮演小火车“呜呜呜”地开起来。开到幼儿身边，如果幼儿的头饰上是无锡的美食或美景，则邀请该幼儿上车，如“小笼包，快上车，咕噜咕噜去旅行”；如果幼儿的头饰上不是无锡的美景美食，则对他说“小火车不靠站，咕噜咕噜开走了”。

活动建议

● 活动形式：小组活动。

● 建议家长利用休息时间，带幼儿走进大街小巷，感受无锡的美食与风光，积累课程前期经验。

看一看，数一数（数学）

目标指向

● 知道 5 以内的数，了解数与量之间的联系。

● 能手口一致地点数 5 以内的数量。

● 积极参与数数游戏，体验数数活动的乐趣。

活动准备

● 幼儿认识的无锡美食图片。

● 幼儿能够数到 5。

● 画有 2—5 个数量不等的无锡美食图片。

指导要点

1. 情境导入：今天来了几位“外地游客”，想要带些特产回去送给家人。

2. 观察画有 2—5 个数量不等的美食图片，请幼儿向“外地游客”介绍特产。

3. 数一数特产的数量，一边数一边说，与数字相对应。

4. 了解“外地游客”家庭成员的数量，帮助他们选择与家庭成员数量相同的特产。

总结：在数数时，要一边点一边数；特产数量要和“外地游客”家里的人数一样多。

活动建议

● 活动形式：小组活动。

● 在区域活动时增设相关内容，帮助个别幼儿尽快掌握方法。

线索二：好吃个么事否得了

美食打卡行（社会）

目标指向

- 知道自己和家人喜欢吃的无锡美食。
- 能用自己的话介绍吃过的无锡美食。
- 感受无锡特有的美食与美景的魅力。

活动准备

- 幼儿带来的无锡美食特产。
- 桌布、餐盘、甜品塔。
- 食品摆盘、图片、视频等。

指导要点

1. 欣赏假期与爸爸妈妈一起品尝美食的图片。

老师：你们吃的是哪些好吃的？是什么味道的？是在哪里吃到的？

2. 展示各自带来的美食，讲讲：谁最喜欢吃什么，为什么？
3. 欣赏精致的食品摆盘图片，激发幼儿兴趣。
4. 幼儿自由摆盘装饰，展示无锡美食特产，举办美食分享会。
5. 与美食合影留念。
6. 幼儿自由品尝小伙伴们带来的美食。

活动建议

- 活动形式：小组活动、亲子活动。
- 建议家长周末带幼儿去品尝无锡美食，拍照留念并记录感受。
- 幼儿品尝美食时，教师要注意餐具的卫生、食品的生熟冷热等。

无锡美食我来做（美术）

目标指向

● 对黏土造型感兴趣，愿意动手尝试。

● 能用与物品相对应颜色的黏土进行创作。

● 探索工具的运用，尝试用搓、团、压等技能制作无锡美食。

活动准备

● 黏土。

● 无锡美食图片。

指导要点

1. 欣赏无锡美食的图片。

讨论：你喜欢的美食是什么颜色的？是什么形状的？

2. 观察美食的细节图片，知道美食的外形特点及装饰。

小笼包是白色的，圆圆的，顶部有皱褶；水蜜桃是粉色的，顶部微带尖尖；等等。

3. 说一说自己想做一个什么样的无锡美食。

4. 认识、探索本次创作使用的材料，幼儿选组、操作。

尝试用搓、压、团方法设计并装饰无锡美食。

5. 作品展示与分享：无锡美食大派送。

活动建议

● 活动形式：美工区活动。

● 建议教师在开展活动前，带幼儿画一画无锡美食，加深幼儿对自己喜爱的美食的外形、特点的印象。

线索三：侬伲么么客气头

福喜的故事（语言）

目标指向

- 愿意欣赏民间故事《阿福、阿喜》，理解故事内容。
- 了解阿福、阿喜的外形特征，体验主人公勇敢的品质。

活动准备

- 阿福、阿喜泥塑。
- 多媒体课件。

指导要点

1. 观察泥娃娃，猜一猜他们是谁（阿福和阿喜）。

2. 仔细观察并讲一讲阿福、阿喜的外形特征。

3. 欣赏故事，初步理解故事内容。

4. 讨论：惠山一带的人们害怕什么？故事里的青毛狮可怕吗？是谁来制服了这山里的怪兽？他们用的是什么办法？你喜欢他们吗？为什么？

小结：阿福、阿喜不怕怪兽，并勇敢地去打败了怪兽，他们是善良勇敢的孩子。

5. 说一说：在生活中，我们每个人都会遇到困难，遇到困难时你是怎么做的？

活动建议

- 活动形式：区域活动、小组活动。
- 在阅读区提供故事内容的卡片，幼儿在区域活动时可以使用卡片讲述故事。

走进泥人博物馆（社会）

目标指向

- 乐意参观并了解无锡泥人博物馆。
- 在成人的提醒下，能遵守博物馆的要求，有序参观。
- 感受传统文化带来的魅力，激发爱家乡的自豪感。

活动准备

● 无锡泥人博物馆的图片。

● 幼儿有参观博物馆的前期经验。

指导要点

1. 回忆故事《阿福、阿喜》，观察图片，认一认：博物馆门口的是不是他俩？

2. 猜猜：会在博物馆里看到什么？听到什么呢？

3. 观察博物馆里作品的图片，了解泥人博物馆的历史。

4. 说说：你最想去看哪一个泥人作品？为什么？

5. 与家人一同参观无锡泥人博物馆，并拍照留念。

小结：无锡泥人博物馆是中国首家民间彩塑艺术博物馆，创建于 1986 年。它坐落在风景秀丽的惠泉山麓，馆内有收藏从明、清直至当代的无锡惠山泥人珍品 1000 余件（套），还藏有国内其他地区以及外国的民间彩塑艺术。

活动建议

● 活动形式：亲子活动。

● 建议家长在带领幼儿参观前，提前查阅资料，便于在参观过程中及时向幼儿作介绍。

泥土的秘密（科学）

目标指向

● 感知泥的软硬与水分的关系。

● 尝试运用工具进行挖泥活动。

● 乐于探索泥的秘密，感受挖泥的快乐。

活动准备

● 挖泥工具如小铲子、小耙子等。

● 一片合适的泥地。

指导要点

1. 观察制作泥人的视频。

老师：泥人是用什么做的？

2. 走进小花园，幼儿选择自己的工具挖泥。

3. 捏一捏自己挖到的泥，讲一讲是什么感觉。

小结：有的泥是干干的、硬硬的，有的泥是软软的、黏黏的。

4. 幼儿实验：在干干的泥里加水会出现什么情况？

幼儿自由选择材料，尝试操作，观察实验结果。

总结：干干的泥捏起来是硬硬的，一捏就会碎；湿湿的泥捏起来是软软的、黏黏的。干干的泥加了水就会变成软软的，也会变黏。

5. 向同伴介绍自己在挖泥中的发现，说说自己在活动中感到高兴的事。

活动建议

- 活动形式：小组活动。
- 建议让幼儿提前感知硬和软的感觉。

阿福、阿喜（美术）

目标指向

- 初步了解泥人的制作过程和造型结构。
- 探索不同工具的使用，能够运用团、搓、按、捏等技能制作泥人。
- 感受泥塑的乐趣。

活动准备

- 黄泥、牙签（去尖）、珠子、竹签等。
- 图片、视频、泥人作品。

指导要点

1. 欣赏阿福、阿喜的泥人玩偶，大胆猜想如何捏出好看的泥人。

2. 观看视频，了解阿福、阿喜的制作过程。

3. 幼儿自由选择泥块，开始玩泥。

探不同工具的使用，尝试运用团、搓、按、捏等技能制作泥人。

4. 仔细观察阿福阿喜的模型，尝试捏出自己喜欢的造型。

5. 展示自己的作品，说说：你捏的是什么？是怎样捏的？

6. 相互欣赏捏塑的泥人作品，体验成功的快乐。

活动建议

- 活动形式：集体活动。

● 建议家长利用假期带领幼儿去参观泥人博物馆，感受泥人的文化魅力。

中班：运河边边

【资源分析】

一条大运河，从古流到今，“鱼盐聚为市，烟火起成村”，串联起沿岸桨声灯影里的繁华……

对于孩子们而言，运河既熟悉又充满了许多未知。“大运河的名字叫什么？”“它有多长呢？”“运河里有什么呢？”……带着这一系列的疑问，我们开启了寻访运河之旅，以“你好，大运河”“小桥弯弯”“弄堂深深”为主线，共同追溯运河的起源与发展，体验运河沿岸的风土人情，感受运河文化的独特韵味，创造性地表现小桥人家的秀丽风光和热闹的弄堂氛围。

【目标设计】

1. 积极参与探究活动，能够在成人的帮助下运用访谈、翻阅资料、上网查询等方式收集和运河有关的信息，并用绘画和符号的形式将结果记录下来。

2. 把握弄堂、船、桥等建筑的基本形态特征，利用水墨、剪贴、造型等多种创作形式表现水弄堂的灵动与韵味，感受运河江南沿岸之美。

3. 能够完整、连贯地说说自己知道的大运河，愿意与他人交流自己感兴趣的运河话题。

4. 知道运河的起始点、长度、途经的重要城市等小常识，感受运河给周边城市带来的变化与发展，萌发保护运河生态的愿望。

5. 能够利用身边随手可得的材料开展弄堂游戏，探究材料的不同创意玩法，将走、跑、跳、攀爬等基本动作融入游戏之中，体验与同伴共同游戏的快乐。

【内容建议】

活动线索	活动名称	侧重领域	实施要点
你好，大运河	★你好，大运河	语言	通过视频、图片资料认识京杭大运河，知道运河的起始点、长度等小常识，并能够完整、连贯地讲述。
	运河上的“人家”	社会	通过实地走访、现场观察的方式，采访船上工作人员，了解运河上船只的区别和作用，记录自己的发现，完成调查表。
	★不会沉的船	科学	通过操作比较，观察不同材质的纸船下沉的速度，感知不同材质纸张的吸水性和下沉速度之间的关系，能够用图画或简单符号记录结果。
	横跨大运河	健康（体育）	在木桩过河的情境中，探索利用垫子顺利过河的办法；掌握立定跳远、跨跳等基本动作，能够平稳、协调地跳到垫子上。
	★水乡新图鉴	艺术（美术）	欣赏《清明上河图》，观察水乡建筑的细节特点和布局，分组选择自己喜欢的方式制作新建筑。
小桥弯弯	外婆桥	语言	欣赏儿歌，理解儿歌中小朋友摇着船、跨过桥去外婆家的情节；能够尝试用方言、动作表演的形式念儿歌，增添儿歌的趣味性。
	★过桥	社会	欣赏动画视频《小羊过桥》，通过讨论、角色扮演的方式理解故事内容；结合生活中常见的行为表述自己的观点，懂得要谦让的道理。
	★桥的秘密	科学	在不断尝试、操作的过程中感知不同的纸桥与承重力之间的变化，知道纸被折叠后能增加纸的承重力；尝试用简单符号记录实验结果，并能够结合实际生活说说桥的秘密。
	我和小桥做游戏	健康	探索将教室内桌椅板凳连接起来搭小桥的方法；能在较窄的板凳桥上平稳地走一段距离；尝试用匍匐、膝盖悬空等方式钻爬。

续表

活动线索	活动名称	侧重领域	实施要点
小桥弯弯	★写生《清名桥》	艺术（美术）	欣赏清名桥的风景照片、视频，观察画面细节以及清名桥的结构，知道清名桥有桥墩、桥洞、桥面，是由砖头堆砌而成的一座拱形桥；能用水墨、线描、造型等多种方法，描绘清名桥的水乡风景。
弄堂深深	一条小巷	语言	欣赏并朗读儿歌《去兜风》，理解儿歌内容，知道兜风就是和爸爸妈妈一起，骑车、走路或开车，自由自在地随处游走的意思；欣赏小巷风景图，交流小巷中有什么风景，鼓励幼儿用儿歌中的句式进行仿编。
	★悠悠小娄巷	社会	利用假期和爸爸妈妈一起逛逛小娄巷，查找资料，完成调查表：小娄巷在哪里、小娄巷里有什么好玩的地方、小娄巷为什么很有名等；分享调查表，根据自己的调查结果向大家介绍小娄巷。
	★水不见了	科学	通过猜想、实验，探索发现毛巾、海绵、纸巾、棉花能吸水的现象，会用较清楚的语言表达自己的发现。
	好玩的弄堂游戏	健康（体育）	知道弄堂里有很多好玩的游戏，跳皮筋就是其中的一种；幼儿三人一组，尝试跳皮筋，能双脚熟练地向前跳或在直线两侧行进跳。
	★小娄巷	艺术（美术）	欣赏小娄巷风景照，了解小娄巷一角的建筑特色，发现景物的前后关系；学习表现景物遮挡的方法，创意绘画小娄巷。

线索一：你好，大运河

你好，大运河（语言）

目标指向

- 知道运河的起始点、长度，了解运河在我们生活中的作用。
- 能够完整、连贯地讲述自己知道的大运河。
- 愿意与他人分享大运河的故事，表达对大运河的喜爱、自豪之情。

活动准备

● 介绍京杭大运河的视频、故事音频、图片、地图。

● 家长在假期可带幼儿参观大运河以及运河博物馆。

指导要点

1. 观察“京杭大运河”图片。

讨论：这是什么地方？你去过吗？

2. 欣赏有关“京杭大运河”的故事，观察大运河线路图。

提问：京杭大运河从哪里开始到哪里结束？运河是用来干什么的？

3. 小结：大运河从北京开始到杭州结束，是世界上最长的运河，已经有 2500 多年的历史了。京杭大运河是一条人工开凿的河，最初是用来运货的。

4. 观看“京杭大运河”视频。

讨论：大运河除了运送货物，还有什么作用？

5. 了解无锡的古运河，说一说古运河边有什么风景和好玩的地方。

活动建议

● 活动形式：集体活动。

● 建议家长利用假期带幼儿逛一逛无锡的古运河，丰富幼儿关于古运河的话题和认知。

不会沉的船（科学）

目标指向

● 感知不同材质纸张的吸水性，了解蜡不吸水的特性。

● 观察比较不同纸张的吸水现象，能够用图画或简单符号记录结果。

● 能认真观察纸张吸水的现象，乐于分享实验结果。

活动准备

● 餐巾纸、白纸、卡纸、铜版纸、蜡笔涂过的纸、笔、记录表、水盆。

● 幼儿学过折纸船的方法，活动前用材质不同、大小相同的纸折过纸船。

指导要点

1. 回忆运河上的船，并观察纸船。

2. 幼儿在水盆中自由玩纸船。

讨论：你是怎样玩纸船的？你的纸船怎么样了？你发现了什么？

小结：一开始纸船可以漂在水面上，过一段时间纸船就会慢慢沉下去。

3. 观察不同材质的纸船。

幼儿分组进行实验，将纸船放入水中，比较纸船下沉的快慢，完成记录表。

4. 分享记录表，交流实验结果。

观察讨论：哪些纸船沉得慢？哪些纸船沉得快？沉得慢的纸船有什么特点？沉得快的纸船有什么特点？

5. 总结经验：纸船的下沉速度与纸张的材质有关，不同材质纸张的吸水性不同。纸张的吸水能力越强，纸船沉得越快；纸张的吸水能力越弱，纸船沉得越慢。蜡笔中有蜡，蜡不吸水。所以用蜡笔涂过的纸做成的纸船，不会很快沉下去。

活动建议

- 活动形式：小组活动。
- 建议在开展实验之前，教会幼儿折纸船的方法，便于活动的顺利进行。

水乡新图鉴（美术）

目标指向

- 知道《清明上河图》，了解水乡建筑的特点和不同的布局。
- 愿意自主选择自己喜欢的方式制作新建筑。
- 感受水乡古镇的韵味，体验创作的乐趣。

活动准备

- 多媒体课件，音乐。
- 毛笔、卷轴、墨汁、水桶、抹布、黏土绿植、各种尺寸的纸、剪刀、胶水、即时贴等。
- 幼儿参观过运河边的古镇、巷子。

指导要点

1. 欣赏水乡古镇照片。

聊一聊：你们在哪里见过这样的房子？有什么发现？

2. 观察水乡建筑的细节图片，讨论房屋的特点。

3. 欣赏《清明上河图》里的房子，寻找房屋建筑选址的特点。

小结：靠近水源，道路畅通，有规律地排着队，周围有绿色植物等。

4. 了解本次创作的主题和使用的材料，幼儿选组、操作。

（1）水墨组：水墨绘画房屋。

（2）手工组：制作立体房屋。

5. 作品展示与分享：参观水乡新貌。

6. 延伸：添加人物和场景进一步丰富作品。

活动建议

- 活动形式：集体活动、小组活动。
- 建议家长利用假期带领幼儿去古镇、小巷游玩，积累经验。
- 建议教师在开展活动前，与幼儿一起用黏土制作微景观，丰富活动材料。

线索二：小桥弯弯

过桥（社会）

目标指向

- 理解《小羊过桥》的故事，懂得要互相谦让的道理。
- 结合生活中常见的行为表述自己的观点，能分辨对错。
- 愿意谦让，与同伴友好相处。

活动准备

- 动画视频《小羊过桥》、背景音乐。
- 独木桥、小羊头饰。
- 收集幼儿一日生活中互相谦让和互不相让的照片。

指导要点

1. 幼儿走过独木桥进入活动室。

聊一聊：独木桥有什么特点？（一次只能走一个人）

2. 欣赏动画视频《小羊过桥》。

讨论: 小白羊和小黑羊为什么会掉到河里？它们应该怎么做才能顺利过桥？（理解“谦让”就是谦虚、礼貌地退让的意思）

3. 幼儿尝试分角色表演，续编《小羊过桥》的故事：如果有一天，小白羊和小黑羊又来到了独木桥边，它们会怎样过桥？

4. 观察幼儿日常行为照片，表述自己的看法。

交流讨论：谁的做法更可取？为什么？如果是你，你会怎么做？

5. 总结经验：我们要做一个互相谦让的人。

活动建议

- 活动形式：集体活动。
- 建议在一日生活中，提醒幼儿注意谦让，帮助幼儿养成良好的行为习惯。

桥的秘密（科学）

目标指向

- 感知不同的纸桥与承重力之间的变化，知道纸被折叠后能增加纸的承重力。
- 尝试用简单符号记录实验结果。
- 大胆猜想实验结果，对探索纸桥的承重力感兴趣。

活动准备

- 白纸、积木、记录表、笔。
- 幼儿会折叠纸、制作水槽桥和波浪桥。

指导要点

1. 观察水槽桥和波浪桥。

猜想：哪座桥更牢固？

2. 进行承重力比较实验，讨论比较水槽桥和波浪桥承重力大小的方法。例如，观察哪个桥面上放的东西越重，哪座桥就越牢固。

3. 讨论适合的实验材料，幼儿共同想办法：怎样比较桥面上物体的重量呢？

小结：可以放重量相同的物品，如积木。通过数量的多少，来比较桥面的承重能力。

4. 介绍记录表，幼儿实验并完成记录。提醒幼儿在实验过程中，要注意将东西放在桥面的中间。

5. 分享实验结果，得出结论：波浪桥比水槽桥更牢固。每一个小波浪都像一个小巨人，连在一起力气就变大了。

6. 回忆实验过程，发现新问题：都是波浪桥，为什么承重力不一样？

7. 幼儿进行第二次实验，记录实验结果并分享。

小结：波浪桥的承重力与波浪的数量有关。波浪越多，承重力越大，桥越牢固。

活动建议

● 活动形式：小组活动。

● 建议只选择两种桥面的桥进行对比实验，使实验过程更有针对性。

写生《清名桥》（美术）

目标指向

● 感知清名桥的形态特征，了解清名桥的基本结构。

● 能用水墨、线描、造型等多种方式，描绘清名桥的水乡风景。

● 感受水乡风光的灵动与韵味，热爱自己的家乡。

活动准备

● 清名桥的风景照、视频。

● 墨、毛笔、宣纸、勾线笔、画纸、卡纸、剪刀、胶棒等。

● 前期组织幼儿参观清名桥，看一看清名桥边人家的生活。

指导要点

1. 播放清名桥的风景视频。

说说：这是什么地方？风景怎么样？

2. 欣赏清名桥风景照片，观察画面细节。

讨论：画面中有什么？树长在哪里？水面上有什么？船都停在岸边吗？

3. 观察清名桥的结构，知道清名桥有桥墩、桥洞、桥面，是由砖头堆砌而成的一座拱形桥。

4. 认识不同区域、操作材料，幼儿自选操作。

（1）仔细观察清名桥的形态结构、细节特征。

（2）注意画面的大小布局、前后关系。

5. 共同欣赏作品。

分享：你的清名桥边有什么样的风景？

活动建议

- 活动形式：集体活动。
- 建议家长利用假期带着幼儿到清名桥边走一走，说一说桥边人家的生活，丰富幼儿的视觉经验和认知经验。

线索三：弄堂深深

悠悠小娄巷（社会）

目标指向

- 了解小娄巷的名称来历、地理位置和文化价值。
- 能大胆组织语言，介绍小娄巷。
- 爱家乡，对无锡本土文化感到自豪。

活动准备

- 图片、调查表。
- 提前查阅小娄巷资料，为参观做好准备。

指导要点

1. 欣赏图片，知道无锡的小娄巷，是一条有名的巷子。

2. 小组讨论。

收集幼儿关于小娄巷的问题，制作调查表。如，小娄巷在哪里、小娄巷里有什么好玩的地方、小娄巷为什么很有名等。

3. 制定亲子任务。幼儿利用假期和爸爸妈妈一起逛逛小娄巷，查找资料，完成调查表。

4. 分享调查表，幼儿根据自己的调查结果向大家介绍小娄巷。

5. 小结：小娄巷是无锡梁溪区的一处历史文化街区，是无锡四大历史文化街区之一。小娄巷里出过很多有才华的人，巷子里的建筑也被列入了江苏省文物保护单位。现在小娄巷经过改造，变成了一条可供人们体验文化、休闲娱乐的街区。

活动建议

● 活动形式：亲子活动。

● 建议家长在带领幼儿参观前，提前查阅资料，便于在参观过程中及时向幼儿做介绍。

水不见了（科学）

目标指向

● 探索发现毛巾、海绵、纸巾、棉花能吸水的现象。

● 能简单猜想，会用较清楚的语言表达自己的发现。

● 乐于探索吸水游戏，体验做科学小魔术的喜悦。

活动准备

● 八宝罐、量杯、海绵、小毛巾、沐浴球、棉花、花布、吸管、纸巾、托盘、小盆、抹布、记录表、记号笔。

● 幼儿玩过水，会正确使用小量杯。

指导要点

1. 认识量杯、茶杯。幼儿来回倒水，感知水的流动性。

2. 表演魔术。

幼儿将水倒进八宝罐中，讨论：水到哪里去了？为什么水不见了？

3. 观察记录表。

猜测：罐子里藏了一种什么东西，让倒进去的水不再流出来了呢？（教师根据幼儿的猜测，拿出实物贴在记录表上）

4. 了解操作要求：选择一种材料放进透明的罐子里，再把量杯里的水从小洞里倒进去。一次倒一杯，摇摇晃晃，仔细观察，发现水有什么样的变化。

5. 幼儿自由选择材料，尝试实验操作，记录实验结果。

6. 交流实验结果。

（1）讨论：你用了什么材料？水变没有了吗？为什么毛巾、海绵可以，而浴球、泡沫却不行？

（2）小结：毛巾和海绵有很强的吸水性，把水吸进材料里，水变没了；而浴球、泡沫却吸得很少很少，水还在罐子里，就流出来了。

活动建议

- 活动形式：集体活动、小组活动。
- 实验结束后，教师可以让幼儿用实验材料将桌上的水擦干净，迁移生活经验。

小娄巷（美术）

目标指向

- 欣赏了解小娄巷一角的建筑特色，发现景物的前后关系。
- 学习表现景物遮挡的方法，从不同的角度去发现事物的细节。
- 感受小娄巷建筑的水乡韵味，喜欢弄堂生活。

活动准备

- 小娄巷风景照。
- 勾线笔、炫彩棒、水彩笔、画纸。
- 幼儿实地参观小娄巷风景，感受弄堂生活。

指导要点

1. 欣赏小娄巷风景照。聊一聊：你最喜欢小娄巷里的什么地方，为什么？

2. 根据照片的取景，观察景物之间的前后关系，发现可以通过物体的大小变化、前后位置来表现出遮挡关系。

讨论：你喜欢的这个角落有什么特别的地方？什么在前面，什么在后面？可以怎么画？

3. 了解作画要求：仔细观察事物细节特征，注意前后关系；根据画面布局，适当添画背景。

4. 幼儿操作，教师巡视并指导。

5. 展示作品，互相欣赏。

活动建议

● 活动形式：集体活动。

● 建议教师在选择小娄巷风景照时进行筛选，突出景物之间的遮挡变化，使讲解更有针对性。

大班：玩转经典

【资源分析】

经典名著是凝结了人类经验、见识和智慧的结晶，陪伴了世代人的成长。幼儿翻开名著，就犹如翻开了大千世界的画卷，打开世界博物馆的大门。建立与经典的联结，是幼儿获取新知、探索自然、开拓视野、自我领悟的重要途径。

在本主题中，我们将以儿童的视角走进中外名著，从极具神奇色彩的《西游记》《山海经》，到充满童趣却又深含寓意的《木偶奇遇记》，看一看经典里的奇闻趣事，品一品文学作品背后的“大智慧”，辩一辩对个中情节的不同看法，玩一玩经典中的艺术元素。在看看、品品、辩辩、玩玩中，感受阅读的魅力，体会创意的乐趣。

【目标设计】

1. 通过调查、比对、讨论等方式，深入了解故事中不同的人物形象和故事的主要情节。

2. 围绕自己感兴趣的故事情节，大胆阐述自己的观点，尝试用辩证的角度看待事物的不同方面。

3. 能够运用角色扮演、绘制图鉴等多种形式，诠释自己对文学作品的理解，感受文学作品的感染力和表现力。

4. 养成自主阅读的习惯，能够专注地阅读 20—30 分钟，喜欢和他人一起谈论、分享喜欢的文学作品。

5. 能以手脚并用的方式通过障碍物，学会灵活地控制自己的身体，完成躲避、急停等动作，发展身体的协调性。

【内容建议】

活动线索	活动名称	侧重领域	实施要点
大话“西游”	我眼中的“西游”	语言	聊聊故事中其他主要人物的名称，了解西行中的四位主人翁，分组讨论故事中自己印象最深刻的情节与其他人物角色；能积极、人胆地向同伴介绍自己所了解的《西游记》中的内容。
	★“西游”难不难	社会	观察“取经路线图”，回顾唐僧师徒一路走来的取经故事，说说他们经历了哪些磨难；通过视频了解辩论赛规则，以开展辩论赛的形式，从自己的角度说一说、想一想“西游难吗”。
	神奇火焰山	科学	观看视频，认识火焰山，了解火焰山喷火的原因，对火山爆发的现象感兴趣；知道醋和小苏打混合会产生二氧化碳气体，并运用此原理模拟“火山爆发”的景象。
	★穿越“盘丝洞”	健康（体育）	在《西游记》情节中，发展各种基本动作，锻炼身体的协调能力；能大胆运用跨、跳、钻等技能，顺利、勇敢地通过“盘丝洞”。
	★“西游”新篇	艺术（美术）	能够大胆想象、创编西游人物来到现代会发生的故事；运用晕染的方式，合作创作唐僧师徒来到现代后的画面。
山海异兽录	讲了 100 万次的《山海经》	语言	通过提前的节选阅读和视频了解，对《山海经》中的人物、动物形象有一定的了解；在此基础上完成调查表，并能结合调查表说说自己喜欢的章节、异兽等。

续表

活动线索	活动名称	侧重领域	实施要点
山海异兽录	精卫填海	社会	通过单脚站立、精卫填海的游戏，感知在困难面前坚持的重要性，知道遇到困难要坚持到底。
	夸父追日	健康（体育）	分组单向折身跑，奔跑至对面已经布置好的场地，触摸到“太阳”道具时立即折返；学习折回跑的技能，提高身体的灵活性。
	★让“神兽”飞一会儿	科学	尝试用多种方法让“神兽”向前飞得更远；在活动中体验飞行距离的远近与多种因素有关。
	★奇珍异兽录	艺术（美术）	通过观察，了解《山海经》中异兽的特点，知道异兽与普通动物的不同；选择自己喜欢的异兽进行绘画，并能基本表现出它的外形特征。
木偶奇遇记	木偶奇遇记	语言	通过绘本阅读，了解西方的《木偶奇遇记》和中国的《狼来了》，说说这两个故事在内容上的相同与不同之处，体会诚实的重要性。
	★木偶人小剧场	社会	以小剧场的形式，按照情节发展的顺序讨论自己最喜欢的场景并进行分组，合作布置场景；自主协商分配角色并进行演绎，尝试根据人物特色表现出人物的表情、动作。
	1，2，3！木头人	健康（体育）	在“熊和木头人”的情境中，尝试用快走、跑、跳等多种方法到达终线，掌握及时停止的方法。
	我的长鼻子	科学	在多次操作和尝试中，学习尺的使用方法；知道起点对齐，并能够正确读出测量的数据。
	★木偶人王国	艺术（美术）	大胆想象，通过拼贴、缠绕等多种装饰方式制作树枝小人。

线索一：大话“西游”

“西游”难不难（社会）

目标指向

- 了解《西游记》中唐僧师徒的取经路线与主要的故事情节，丰富相关经验。
- 能遵守轮流发言、有序抢答等基本的辩论规则。
- 通过辩论的形式，知道遇到困难要勇于面对并想办法克服。

活动准备

- 取经路线图、故事书。
- 多媒体课件。
- 辩手牌、小话筒。

指导要点

1. 观察“取经路线图”，回顾唐僧师徒一路走来的取经故事，说说他们经历了哪些磨难，引出话题：从自己的角度说一说、想一想“‘西游’难吗”。

2. 总结不同的观点，组织辩论赛，幼儿根据自己的意愿进行分组。

正方：“西游”难；反方：“西游”不难。

3. 欣赏辩论赛视频，了解辩论赛的要求。

（1）鼓励双方辩手用“我认为……因为……所以”的句式表达自己的观点。

（2）尝试使用“虽然……但是……我认为”的句式进行攻辩。

4. 自由辩论，鼓励幼儿根据对方的观点，说说自己反对的理由。

5. 请幼儿说说“西游”难在哪里，不难在哪里。

6. 小结：“西游”的“难”在于一路上唐僧师徒要时刻应对妖魔鬼怪危机重重；西游也可以“不难”，在于只要同心协力，在团队中努力发挥自己的长处，再难的事情也会变得很简单。

活动建议

- 活动形式：小组活动。
- 活动场地布置：将活动室一分为二，一边为“正”论台，一边为“反”论台，后面设置观众席。

穿越“盘丝洞”（体育）

目标指向

- 在《西游记》情节中，发展各种基本动作，锻炼身体的协调能力。
- 能大胆运用跨、跳、钻等技能，顺利、勇敢地通过“盘丝洞”。
- 愿意与同伴团结协作，积极愉快地参与体育活动。

活动准备

- 律动音乐，“盘丝洞”场景设置，“盘丝洞”示意图 3 张。

● 椅子，橡皮筋，宝盒 3 个（里面随机放有字卡等）。

指导要点

1. 观察《西游记》图片集锦。

聊一聊：唐僧经历了九九八十一难才取得真经，在这个取经的路上发生了很多故事，你印象最深的故事有哪些？

2. 幼儿尝试穿越“盘丝洞”的办法。

（1）说一说：你是怎么穿越盘丝洞的，需要注意什么？

（2）小结：钻时要注意把身体趴低，包括头、手、肩以及屁股，尽量不碰到蜘蛛网。

3. 幼儿鱼贯练习，在穿越过程中总结经验：高的障碍可以钻，低的障碍可以跨或者跳。

4. 游戏：盘丝洞夺宝。

游戏内容：幼儿自由分组，每组选择一张示意图，按要求来调节盘丝洞的高度与难度，商量并选择一种适合的通过方式，把它贴在椅背上，幼儿分组闯关，完成的小组可以打开宝盒。

5. 打开里面装有随机字卡：（勇敢、自信、坚强等）的宝盒，明白穿越“盘丝洞”的成功秘诀：只要我们勇敢、坚强和自信，就能战胜一切困难。

6. 放松运动。

活动建议

● 活动形式：集体活动、小组活动。

● 闯过“盘丝洞”后，可以继续设计障碍线路，如增加独木桥、梅花桩，让幼儿走过“通天河”夺取宝物，增强游戏的链接性、趣味性。

“西游”新篇（美术）

目标指向

● 能够大胆想象、创编西游人物来到现代会发生的故事。

● 运用晕染的方式，自主创作唐僧师徒来到现代后的画面。

● 体验同伴合作创意的乐趣。

活动准备

● 宣纸、马克笔、毛笔、水桶。

● 多媒体课件。

指导要点

1. 观察孙悟空穿现代服饰的图片，引出话题：唐僧师徒来到了现代，会经历什么有趣的事情呢？（鼓励幼儿自由讲述）

2. 观察图片，萌发创编的兴趣。比如，他们从来没见过电视机、手机等电子设备；他们穿衣、饮食上会发生哪些变化。

3. 小组讨论，幼儿进行故事创编。

4. 幼儿自由分组在宣纸长卷上创作，注意合理分布画面，大胆构图，注意画面形象的前后一致性，完整表现出故事情节。

5. 展示长卷画作品，分享小组创作的“西游”故事新篇。

活动建议

● 活动形式：小组活动。

● 活动评价时可以将幼儿完成长的卷画拍摄下来投到大屏上，让幼儿更直观形象地欣赏作品的细节。

● 可以将幼儿讲述的新“西游”故事录制下来，生成二维码，把好听的故事分享给更多人听。

线索二：山海异兽录

让神兽飞一会儿（科学）

目标指向

● 尝试用多种方法让神兽向前飞得更远。

● 在活动中体验飞行距离的远近与多种因素有关。

● 充分感受“科学就在身边”，体验科学活动的乐趣。

活动准备

● 小神兽图画、牛皮筋、毛线、夹子、罐子、沙包、飞镖、飞盘、透明胶、剪刀等。

● 相同质地的纸人手一张、记录单。

指导要点

1. 欣赏小神兽去旅行的动画。

讨论：小神兽想要坐纸飞机去旅行，可是它没有交通工具，你们可以来帮帮它吗？

2. 第一次尝试让纸飞机飞得更远的方法。

3. 幼儿分享让纸飞机飞得更远的经验。

4. 第二次操作，了解几种物品，幼儿自由探索怎样借助一些工具让神兽飞得更远。如，可以将飞机绑在沙包上，借助投掷沙包的力量，将小神兽带飞得更远，更快到达目的地。

5. 幼儿根据自己的记录思考并讲述：你是怎样让飞机带着小神兽飞得更远的？

活动建议

● 活动形式：小组活动。

● 鼓励幼儿大胆用自己的表征方式进行记录。如：远的圆圈就画多一点，近的圆圈就画少一点；还可以画点子，点子多的就是远的，少的就是近的。

奇珍异兽录（美术）

目标指向

● 了解《山海经》中异兽的特点，知道异兽与普通动物的不同。

● 选择自己喜欢的异兽进行绘画并能基本表现出它的外形特征。

● 喜欢中国古典神话中的异兽角色，感受绘画异兽的乐趣。

活动准备

● 自制肌理底板一块、丙烯马克笔、铅画纸、胶棒、PVC 片、剪刀。

● 多媒体课件。

指导要点

1. 观察动物的图片，一起聊一聊“我知道的动物朋友”。

2. 认识《山海经》里的异兽，了解到《山海经》里的异兽与一般动物的不同。

讨论：你在画面上看到了什么？这些异兽都有什么特点呢？

3. 幼儿尝试画一画自己感兴趣的异兽，表现出其造型特征，并装饰背景，粘贴在准备好的底板上。

4. 作品展示与评价。

说一说：你画的是哪只异兽？它叫什么名字？有什么特点？

活动建议

● 活动形式：小组活动。

● 对于个别能力较弱的幼儿，由于异兽的造型结构比较复杂，可以为幼儿适当提供一些半成品以降低难度。

线索三：木偶奇遇记

木偶人小剧场（社会）

目标指向

● 熟悉故事发展的情节，知道故事发展的大致顺序。

● 能与同伴共同协商分配角色，并能选择合适的材料合作布置对应的场景。

● 尝试用创意性的肢体动作表现人物的特征、心理，体验合作表演的乐趣。

活动准备

● 幼儿有《木偶奇遇记》绘本阅读经验。

● 情景布置及其图片（小木偶家、马戏团、草地田野、玩具城、大海边），头饰（小狐狸、小猫咪、小毛驴）、道具（老人发饰、椅子、枕头、半月摇小船、大海平面场景）。

指导要点

1. 完整欣赏故事，结合图片说一说《木偶奇遇记》故事的情节。

2. 幼儿按照故事发展的顺序回忆故事场景，并按照情节发展的顺序张贴情景图片。

3. 讨论自己最喜欢的场景并进行分组合作，根据场景特点选择合适的物品进行布置。

4. 幼儿自主协商分配角色并进行演绎，尝试根据人物特色表现出人物的表情、动作。

5. 剧场《木偶奇遇记》：幼儿分组上台演绎，按照自己选择的角色在情景中的出现顺序出场，并用自己创造的动作来表演故事情节。

活动建议

● 活动形式：小组活动。

● 可以根据绘本中角色的人物造型，用超轻黏土和一次性筷子制作故事中的小人偶，并将自己制作的小人偶投放至表演区，自主表演故事。

木偶人王国（美术）

目标指向

● 知道生活中的许多材料可以用来再加工再利用。

● 大胆想象，通过拼贴、缠绕等多种装饰方式制作树枝小人。

● 充分感受树枝创意造型的无穷乐趣。

活动准备

● 树枝、各种布料、彩色胶带、活动眼睛、酒精胶、各种纸、羽毛、吸管、毛根、纽扣等各种辅材。

指导要点

1. 观察树枝。

聊一聊：最近我们收集了许多树枝，这些树枝的外形是什么样的？你们觉得这些树枝像什么？（鼓励幼儿自由讲述）

2. 树枝小人和幼儿打招呼，幼儿仔细观察。

讨论：树枝是怎样变成小人的？

3. 幼儿与材料积极互动，试一试树枝变成小人的方法。

小结：生活中的废旧布料可以做成小人的衣服；各种各样的皱纹纸、毛线可以做成小人的头发；通过改变造型、拼贴、增加辅助材料等，树枝可以变成具有创意的小人。

4. 幼儿再次创作。

5. 欣赏“树枝小人展”，说一说：自己最喜欢哪个作品，为什么？

活动建议

● 活动形式：小组活动。

● 日常生活中，鼓励幼儿收集大自然中的树枝、落叶、生活中的废旧布料等作为美工材料。

● 在最后评价环节，教师还可以引导幼儿用树枝小人讲述故事。

●“创意周”活动

游园会：运河畔·游下塘

活动线索	活动名称	侧重领域	实施要点
运河畔·游下塘	我画无锡－流连光景	艺术	欣赏无锡美景图，了解水乡房屋特点，能够选用不同的创作形式，自由分组合作创作无锡的美景。
	望河集	社会	了解运河特色，以古运河文化为底蕴与同伴合作制订布展计划，做好布展准备。
	宝藏指南	科学	熟悉幼儿园各个场所的基本位置，学习指南针的用法，合作用图画、数字或其他符号共同绘制幼儿园游园会地图。
	吃吃白相相	艺术	观看视频，了解美食摊位的概念。能够合作商议摆摊细节，绘制邀请函，陈列自制的无锡地方美食，做好摆摊的前期准备工作。
	运河畔·游下塘	综合	知道游园会的主题、规则、路线和注意事项，了解每个游戏的不同玩法，自由结伴参与游园活动，感受活动的热闹气氛。

我画无锡－流连光景（艺术）

目标指向

- 欣赏无锡美景图片，了解无锡的人文风貌。
- 能够选用不同的形式，大胆表现无锡的美景。
- 感受江南水乡的温婉之美，体验创作的乐趣。

活动准备

- 毛笔、墨汁、水桶、抹布、黏土、各种尺寸的纸、剪刀、胶水、即时贴、勾线笔、水彩笔等。
- 多媒体课件。

指导要点

1. 介绍自己最感兴趣的无锡美景。

说说：你喜欢的景色有什么特别的地方？

2. 欣赏无锡的美景照片，引发话题：图片里的地方是哪里？你有去观赏过吗？

3. 观察《南长街》图片，讨论房屋的共同特点。

小结：正面看屋顶是黑色的长方形，侧面看屋顶是黑色的三角形，房子的身体是白色的墙壁，窗户和门是木头的。

4. 介绍本次创作的主题和使用的材料，幼儿分组（水墨组、黏土组、绘画组、拼贴组）操作。

5. 作品展示与欣赏。

活动建议

● 活动形式：小组活动。

● 建议家长利用假期带着幼儿到南长街走一走，丰富幼儿的认知经验，积累创作素材。

望河集（社会）

目标指向

● 了解布展的基本流程，做好布展准备。

● 能够与同伴合作制订布展计划，体验合作成功的成就感。

活动准备

● 记号笔、纸、展台。

● 幼儿有在园的前期踩点、运河边的观赏经验。

指导要点

1. 欣赏前期的创意作品。

讨论：如何展示大家的作品？

2. 结合生活经验，分享以前的观展经历。

3. 周末随父母一起去大运河边走走，感受大运河的美。

4. 欣赏无锡大运河的照片，展开讨论。

（1）我们可以根据大运河的样子来展示吗？要怎么布置？

（2）幼儿园里有没有合适的布展场地？

（3）哪些作品适合放在哪一块展示，为什么？

5. 自由分组，自主探讨布展计划。

6. 寻找并确定布展场地，绘制设计图和展示方案。

7. 幼儿代表分享各小组的具体实施方案。

活动建议

● 活动形式：畅游活动。

● 建议家长周末带幼儿去运河边走走，观察运河边的建筑、景观，帮助幼儿积累经验。

宝藏指南（科学）

目标指向

● 熟悉幼儿园各个场所的基本位置，了解地图上常见的简单标识。

● 学习指南针的使用方法，能够用图画、数字或其他符号绘制游园会地图。

● 体验合作探索幼儿园的乐趣，对参加游园会充满期待。

活动准备

● 幼儿园地图、指南针、纸、勾线笔、水彩笔、照相机。

● 幼儿能看懂幼儿园地图，教师提前将游园会的场地图简单摆放出来。

指导要点

1. 观察幼儿园的平面地图。

说一说：这张地图画的是哪里？地图上有哪些场所？

2. 了解地图上不同的标记代表的不同意义。

3. 游戏任务：幼儿园即将举办游园会活动，需要一张游园会地图。大家要提前参观游园会场地，将各个游戏点位的位置画在地图上。

4. 了解指南针的用法，以小组合作的方式，一边参观一边记录；根据指南针的指向确定游戏打卡点的位置，可以用简单的标记标示方向。

5. 自由分组进入游戏场地参观，并进行调查记录。活动中注意安全。

6. 汇总调查结果，根据记录，共同绘制游园会地图。

活动建议

● 活动形式：小组活动、户外活动。

● 建议活动中提供手机、照相机等拍照设备，帮助幼儿实地记录，加深幼儿的印象。

吃吃白相相（艺术）

目标指向

● 能够围绕无锡的美食布置展位。

● 学会分工合作，共同完成海报设计、美食陈列、摊位装饰等摆摊的任务，体验合作布置的乐趣。

活动准备

● 无锡美食、美工作品、纸、笔、摆摊视频。

● 泡沫胶、美术辅材、桌子、KT 板、花边、盘子、各种陈列架。

指导要点

1. 收集各类无锡美食，尝试用各种材料制作无锡地方美食，向同伴进行介绍。

2. 观看摆摊视频，思考摆摊需要做哪些准备并进行记录。

3. 分组讨论并制作摊位设计图，确定摆摊地点、店铺名称，制定买卖规则，为物品合理定价。

4. 组内分工合作布置展位，如海报设计组、美食陈列组、摊位装饰组等。

5. 搜寻各组所需要的摆摊材料并布置摊位。

6. 绘制邀请函分发到各班级，邀请大家参与活动。

活动建议

● 活动形式：小组活动。

● 教师在幼儿分组活动中及时关注幼儿的兴趣与需要，对于幼儿的关键问题，给予相应支持策略，推动游戏的发展。如，可以为美食陈列组提供一些食品的摆盘图示，为幼儿提供一些陈列思路；可以为海报设计组提供一些图片资源，让幼儿了解宣传海报上可以呈现哪些元素，如交易规则、交易货品、店铺名称、装饰纹样等。

运河畔·游下塘（综合）

目标指向

● 知道游园会的活动规则，了解各个游戏点位的游戏玩法。

● 遵守游戏规则，会用轮流、合作、交换、等待等方式与同伴共同游戏。

● 感受游园会的热闹气氛，积极参与游戏，体验努力就会成功的快乐。

活动准备

● 幼儿制作的作品或工艺品、游戏道具、礼物、积分卡、音乐等。

● 各班设计小游戏或制作手工艺品，布置游戏场地。

指导要点

1. 主持人开场，介绍游园会主题和活动规则。知道每个打卡点有不同的游戏，参与游戏可以获得积分，积分可以用来兑换礼物或美食。

2. 主持人介绍游园会路线和注意事项，鼓励幼儿积极参与游戏，游戏过程中注意安全。

3. 自由结伴，开始游园会活动。

4. 结束游戏，幼儿回到各自教室，分享游戏体验和收获，展示积分兑换的礼物。

活动建议

● 活动形式："游园会"畅游活动。

● 建议教师在游园会开始前，提前与幼儿分享积分卡的使用方法；也可以根据游园会地图，与幼儿一起说一说各个游戏打卡点的位置。

4周

主题十：欢乐制造营

主题规划

一、设计意图

欢乐是六月的主旋律，在这段特别的日子里，我们即将开启一场专属于孩子们的快乐之旅，和他们一起创造属于我们的快乐回忆。本主题中，孩子们与水宝宝玩游戏，探究有趣的水世界，感受玩水的乐趣；一起玩转科学，在试一试、看一看的过程中，发现科学现象背后的秘密，体验探索发现带来的快乐。大班的孩子则迎来了他们人生中的第一次毕业，在回忆、感恩中感悟成长的喜悦。孩子们在活动中体验各种各样的快乐，并将这种欢乐的情绪化作艺术创作的满满动力和热情，在大胆想象、尽情创意的过程中延续欢乐的体验。

二、主题脉络

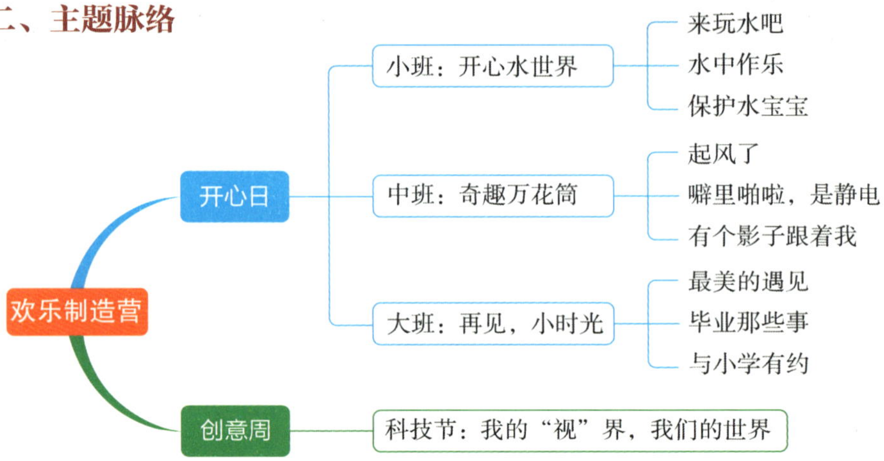

三、主题目标

目标内容	核心经验	对标《指南》关键经验
1. 乐意参加科学游戏，能在游戏中主动思考、观察，尝试通过猜想、操作、验证的途径获取相关的科学经验，体验合作探究和发现的乐趣。	科学探究 数学认知	• 小班：对感兴趣的事物能仔细观察，发现其明显特征；能用多种感官或动作去探索物体，关注动作所产生的结果。 • 中班：喜欢接触新事物，能对事物或现象进行观察比较，发现其相同与不同；能感知和发现简单的物理现象。 • 大班：能用一定的方法验证自己的猜测；能用数字、图画、图表或其他符号记录；能发现生活中许多问题都可以用数学的方法来解决，体验解决问题的成就感。
2. 喜欢参与体育游戏，能在较热的户外环境中运动，感受运动带来的快乐；有基本的生活自理能力和一定的安全意识。	动作发展 生活习惯	• 小班：分散跑时能躲避他人的碰撞；在提醒下能注意安全，不做危险的事。 • 中班：能在较热的户外环境中连续活动半小时左右；能与他人玩追逐、躲闪跑的游戏。 • 大班：能自觉遵守基本的安全规则，运动时能注意安全，不给他人造成危险；能按类别整理好自己的物品。
3. 喜欢阅读故事，能围绕话题进行交流，连贯、清楚地讲述；尝试角色扮演，大胆地用语言和肢体动作表达自己的快乐情绪。	倾听表达 阅读理解	• 小班：能口齿清楚地复述简短的故事；愿意表达自己的需要和想法；会看画面，能根据画面说出图中有什么、发生了什么事等。 • 中班：能基本完整地讲述自己的所见所闻和经历的事情，讲述比较连贯；能大体讲出所听故事的主要内容。 • 大班：在集体中能注意听老师或其他人讲话；别人讲话时能积极主动地回应；喜欢与他人一起谈论图书和故事的有关内容。
4. 能够选择多种材料，用自己喜欢的方式进行艺术创作，表达自己快乐的情绪。	感受欣赏 表现创造	• 小班：乐于观看绘画、泥塑等艺术形式的作品；能用简单的线条和色彩大体画出自己想画的人或事物。 • 中班：经常用绘画、捏泥、手工制作等多种方式表现自己的所见所想；能运用绘画、手工制作等表现自己观察到或想象的事物。 • 大班：积极参与艺术活动，有自己比较喜欢的活动形式；能用多种工具、材料或不同的表现手法表达自己的感受和想象；在艺术活动中能与他人相互配合。

续表

目标内容	核心经验	对标《指南》关键经验
5. 愿意参加各种形式的游戏活动，感受过节幸福、欢乐的情感，并能大方地和好朋友分享节日的快乐。	人际交往 社会适应	● 小班：对群体活动有兴趣，能在身边的人不开心时表示同情；为自己的好行为或活动成果感到高兴。 ● 中班：能按自己的想法进行游戏或其他活动；能注意到别人的情绪，并有关心、体贴的表现。 ● 大班：能主动发起活动或在活动中出主意、想办法；尊重为大家提供服务的人，珍惜他们的劳动成果；对小学生活有好奇和向往。

四、主题游戏馆活动方案

活动目标

1. 感受节日的快乐氛围，能主动发起活动或在活动中出主意、想办法，与同伴协商制定游戏和活动规则，自制游戏、活动材料。

2. 了解自己的成长，能用自己喜欢的方式表达自己的快乐情绪，感受成长的喜悦。

3. 喜欢并能积极参与有趣的科学游戏，乐意动手动脑寻找问题的答案，在探索中有所发现时感到兴奋和满足。

4. 会用恰当的方式与人交往，活动中能大胆地表达自己的意见，分享自己的游戏经验。

具体安排

场馆名称	内容建议	玩法参考
宝贝会所	宝贝水疗馆	提供充气泳池、水、娃娃，创设给娃娃洗澡的情境，感受夏天玩水的清凉。
滴滴车吧	跑跑卡丁车	幼儿自主设计卡丁车的弯道，进行卡丁车比赛。
嬉沙乐园	沙丛迷宫	设计迷宫图纸，用挖沙工具挖出多条道路设置迷宫，并用小石子、PVC 管丰富迷宫细节。
闲鱼小站	旧物奇遇记	搜集家中闲置玩具集中摆摊，帮旧物寻找新的小主人。
点点诊所	“六一”体检	结合六一儿童节，为同伴进行免费的体检活动。

续表

场馆名称	内容建议	玩法参考
花花洗衣	啪嗒啪嗒，洗衣啦	提供大木盆、工作服、肥皂水等，幼儿用脚踩洗衣的方式清洗衣物。
奇奇玩社	我的“升级”之路	幼儿以小学为终点，自主设计关卡，自制棋类游戏，共同商定规则，开展合作游戏。
酷酷小兵	“水”与争锋	提供水枪、雨衣，幼儿自主设计真人实战情境，分阵营进行水枪游戏。
丫丫美妆	我的证件照	提供照相机、白衬衫、红白蓝底等，幼儿按照证件照的要求打扮自己，拍摄小学入学照片。
童童健智	趣玩乒乓球	提供乒乓球，幼儿尝试用扭动、吹、打等多种方式，探索乒乓球的多种玩法。
美美创意	飞溅的色彩	提供自制流体颜料，尝试使用纸杯、滴管、勺子等工具，通过泼洒、滴漏的方式，在底纸上留下粗细、大小不同的线条，感受作品的线条美和色彩美。
哇哇博士	水的秘密	提供水、颜料、调味品、搅拌棒及各类生活物品，幼儿通过玩沉浮、溶解等游戏，探索水的奥秘。
梦想之城	未来的小学	提供清水积木、乐高等多种建构材料，幼儿自主设计、搭建理想中的小学。

五、ART 涂鸦馆活动方案

活动目标

1. 能初步感知并理解美术作品的情感和意义，愿意与同伴欣赏、交流自己和他人的美术作品，感受作品中蕴含的快乐情绪。

2. 乐意参与多种形式的美术游戏，尝试用泼洒、拼贴、彩绘、晕染等多种创意手段表现自己观察到或想象的事物，感受创意活动带来的快乐。

3. 在艺术活动中既能与别人相互配合，合作完成创意作品，体验合作创意的乐趣，也能独立表现，大胆地用作品表达自己的所思所想，感受成功的喜悦。

4. 乐意参与作品的评价环节，能大胆说出自己喜爱或不喜爱作品的理由，并对同伴的作品做简单评价。

具体安排

场馆名称	内容建议	材料参考
纸趣联盟	1. 层层叠叠 2. 百变纸袋	1. 提供彩色长卷纸，将不同颜色的纸层层叠在一起，幼儿随意撕底纸，撕出不同层次和颜色的形状，并根据形状想象、添画细节。 2. 提供大小不同的纸袋、彩色纸条、纸片、绘画工具等，尝试用剪、画、贴等方式设计纸袋造型。
写生小栈	1. 影子好朋友 2. 圈圈圆舞曲	1. 提供彩色粉笔，幼儿两两一组，一人在阳光下摆出不同的影子造型，一人用粉笔在操场上描绘影子的轮廓，然后合作添画细节。 2. 幼儿双手手持画笔躺在大底纸上，上下划动手臂在纸上留下圆弧划痕，并通过移动滑动的位置丰富画面的层次。
千色派对	1. 水枪大作战 2. 车的彩绘	1. 提供水枪、水粉颜料、水桶、画纸等，将颜料与水混合，幼儿穿好雨衣玩水枪游戏。 2. 提供自行车、汽车、颜料、排刷等，幼儿在各种车身上进行色彩的自由涂鸦。
拼摆乐园	1. 过山车 2. 迷宫历险	1. 提供泡沫软管、铝丝、彩纸、酒精胶，供幼儿拼摆制作小动物的过山车。 2. 提供毛根、吸管、底板、黏土，供幼儿制作创意迷宫。
绘本盒子	1. 乐翻天 2. 冰激凌也疯狂	1. 提供颜料、泡沫半圆球、塑料透明半圆球、小木棍，先支起“欢乐世界”，而后像流体画一样倾倒在“世界”里。 2. 用超轻黏土、毛球、拉菲草、彩色木棒“揉捏”在一起制作立体的疯狂冰激凌。
沙艺世界	1. 七彩沙池 2. 撒出来的美	1. 提供颜料、白沙、调色盘、纸杯等，幼儿尝试选择喜欢的颜色动手染沙，感受沙的颜色变化。 2. 提供自制钟摆画工具、彩色流体沙，将不同颜色的流体沙倒入沙漏中，通过摆动沙漏，将彩沙滴落在底纸上，留下彩色痕迹。
图版印象	1. 车轮印迹 2. 毛线印迹 3. 橡皮印章	1. 提供大白布、颜料、儿童自行车、滑板车等，幼儿用车轮蘸取颜料在白布上骑行，留下车轮印迹。 2. 用橡皮捆上毛线，蘸上颜料盖在纸上，进行拓印。 3. 提供小刻刀、橡皮、手套、铜版纸、颜料等，幼儿在橡皮上雕刻自己喜欢的图案，蘸取颜料进行拓印。
水墨作坊	1. 墨宝宝的快乐舞 2. 长卷画：快乐的N件事 3. 当酒精遇上水墨	1. 提供墨汁、自制拖墨笔，鼓励幼儿在宣纸上大胆拖画出墨痕，观察想象，添画细节。 2. 提供毛笔、墨汁、长卷画纸，鼓励幼儿回忆游戏的快乐时光，与同伴合作完成长卷。 3. 提供酒精、食盐、泡泡水等与墨水融合，用水拓画的方法进行游戏，发现水墨的肌理美。

续表

场馆名称	内容建议	材料参考
微画空间	1. 克莱因美术馆 2. 平衡之美	1. 感受克莱因蓝的色彩，并尝试用蓝白相间的元素进行空间装饰。 2. 欣赏亚历山大·考尔德的雕塑作品，尝试用铝线扭出立体造型，并用彩色玻璃纸片进行装饰。
陶泥演义	1. 疯狂泥巴墙 2. 玩具设计师 3. “笔”“泥”好玩	1. 通过给泥加入适量的水，让泥巴变软、黏度增加，用掷、甩的方式让泥巴在自制墙面上留下泥痕，并利用辅材进行简单装饰。 2. 幼儿首先尝试用软铅丝随意凹造型，然后用黏土包裹装饰，呈现立体造型作品。 3. 尝试用彩色黏土包裹并装饰水彩笔，让水彩笔变成各种各样的造型。
木玩部落	1. 森林游乐园 2. 空间设计师	1. 提供木片、小树枝、锯子、黏土等，幼儿通过组合粘贴、黏土装饰的办法，构建森林游乐园。 2. 幼儿合作用螺丝将大小、长短、粗细不同的木条进行加固，构建立体空间。
造型天地	1. 快乐城堡 2. 我喜欢的幼儿园	1. 提供吸管等，以动画片导入观察，分析结构，幼儿尝试合作进行架空塔式搭建。 2. 提供各式插塑、中大型积木、易拉罐、纸盒等，幼儿绘制建构图卡，并合理构建自己喜欢的幼儿园。

六、生活指导

1. 提醒幼儿天气炎热，注意运动的强度；多喝水及时补充水分，养成良好的喝水习惯。

2. 了解防暑驱热的常用方法及夏季生活卫生要求，注意保持个人卫生。

3. 会及时擦汗，知道在天热的时候要照顾好自己，不在太阳下暴晒。

七、环境创设

1. 创设“喝水公约”，鼓励幼儿与墙面互动，记录自己的喝水次数，能够及时、适量地喝水。

2. 陈列幼儿收集的探索小工具，创设“我的问题”专栏，营造乐意探索的氛围；

提供与科学相关的绘本故事、科普读物，供幼儿自主阅读。

3. 收集幼儿三年来在幼儿园活动的各种资料（照片、视频等），布置成长墙。提供多种美工材料，满足幼儿制作纪念品、礼品的需要。

八、家长工作

1. 和幼儿一起收集有关水的图片，如海洋、下雨、河流、井等，查询自来水厂生产、输送水的过程，丰富与水有关的知识经验。

2. 利用节假日带幼儿逛一逛科技馆，激发幼儿进行科学探索的兴趣；给幼儿讲一讲科学家的故事，鼓励幼儿学习他们勤于思考、不怕困难的品质；和幼儿玩一玩科学小游戏，感受科学发现的乐趣。

3. 在家中适当调整作息时间，如延长活动时间，减少午睡时间等，为适应小学生活做准备，同时帮助幼儿形成时间观念和任务意识。

● “开心日”活动

小班：开心水世界

【资源分析】

喜欢玩水是孩子的天性，生活中，我们总会接触到水。洗手、浇花、下雨……都可以成为孩子们探索水的美妙时机。孩子们在见到了可爱的“水宝宝”后，带着小问号，开启了一段奇妙的旅程。

他们和水亲密接触，在玩水的过程中，发现水的好玩与有趣，感受玩水的快乐；在探索水的过程中，发现水的用处大，收获新的生活经验。还可以通过听听、看看、猜猜、做做等多种方法来发现水的秘密，直观地了解了水的物理特征及自然现象，不断建构科学知识、享受探究乐趣。

【目标设计】

1. 发现生活中处处都有水的身影，知道人们的生活离不开水，对生活和大自然中的水感兴趣，了解水的各种用处。

2. 喜欢探究和发现水的秘密，通过观察、动手实验、记录发现进一步感知水的特性。

3. 关注水的作用及与人们生活的密切关系，有争做“节水小卫士”的愿望，树立保护水资源的意识。

4. 乐意参与玩色游戏，尝试用滴流、泼洒等方式进行创作，感受色彩与水的碰撞。

5. 知道多喝水有益健康，身体的生长需要水分，养成主动喝水的好习惯。

【内容建议】

活动线索	活动名称	侧重领域	实施要点
来玩水吧	★七彩下雨天	语言	自主阅读《七彩下雨天》绘本，回忆并讲述自己理解的故事内容，表达自己对下雨天的感受。
	身边的水	社会	观看视频，关注生活周边的水环境，知道要爱护水资源。
	打水仗	健康	幼儿自备玩水工具，参与打水仗游戏，感受玩水的快乐。
	会变魔术的水	科学	搜集多种材料，自主尝试，找到让“水宝宝”变颜色的方法，并试着用简单的符号记录自己的操作结果。
	★嘀嘀嗒嗒	艺术（美术）	观察游戏操作示意图，尝试利用钟摆摆动的原理进行艺术创作，感受色彩滴落下来的痕迹之美。
水中作乐	小水滴不哭	社会	观看视频，感受“小水滴”被浪费时难过的心情；与同伴分享自己找到水的二次利用的方法。
	★水娃娃的魔术	科学	幼儿观察、猜测、验证，探索发现溶解现象，大方地将自己的发现与同伴分享。
	吹泡泡	健康（体育）	用身体动作模仿泡泡随风飘荡的样子，动作灵活地四散跑。
	我是水	语言	观看视频，初步感知故事内容，知道水有各种不同的样子；尝试用简单、清楚的语言创编新的故事情节。

续表

活动线索	活动名称	侧重领域	实施要点
水中作乐	★七彩水世界	艺术（美术）	选择喜欢的颜色，用针筒将颜料挤、撒在画纸盘中，完成后与同伴合作晃动画纸盘，让颜料流动，感受流体画的颜色交融之美。
保护水宝宝	水不是用来浪费的	语言	自主阅读，理解故事内容，讲述自己发现了哪些浪费水的行为，与同伴交流保护水资源的方法。
	防溺水	健康（安全）	观看视频，了解在水边玩耍的危险。与同伴合作，在“地图”上找出哪些地方是有危险的并标识出来。
	乌鸦喝水	科学	分小组进行合作探索，自选材料来进行“乌鸦喝水”的实验，发现瓶子中的水位高低与加入的材料有关。
	护水小卫士	社会	设计初步的护水行动计划，化身“护水小卫士”，向身边的人宣传节约用水。
	★流淌之痕	艺术（美术）	欣赏泼墨作画的视频，尝试用倾斜、摇动等方式进行流淌作画。

线索一：来玩水吧

七彩下雨天（语言）

目标指向

- 能口齿清楚地复述故事主要情节，表达自己对下雨天的感受。
- 感受下雨带来的优美意境，体验想象的美好。

活动准备

- 幼儿有对下雨天的初始认知。
- 《七彩下雨天》绘本，下雨天的图片若干。

指导要点

1. 幼儿回忆并讲述：你见过的下雨天是什么样子的？雨是什么颜色的？说出对下雨天的不同感受。

2. 幼儿自主阅读《七彩下雨天》绘本，发现下雨天独特的美。

3. 讨论：故事里出现了哪几种颜色的雨？不同颜色的雨变成了不同的样子。

幼儿回忆并讲述自己的发现。

4. 提问：她真的看到了彩色的雨吗？

幼儿观看科普小视频，了解七彩雨的形成原因。

活动建议

● 活动形式：小组活动。

● 教师做好前期阅读知道，提前教会幼儿掌握阅读绘本的方法，幼儿在自主阅读时才能知道绘本中有趣的地方，感受下雨天的独特魅力。

嘀嘀嗒嗒（美术）

目标指向

● 尝试利用钟摆摆动的原理进行艺术创作，感受美术游戏的乐趣。

● 喜欢参与玩色游戏，发现随着颜料瓶的摆动，色彩滴落下来的痕迹之美。

活动准备

● 三脚架、绳子、自制颜料杯、颜料、水、白色卡纸等。

● 幼儿已有关于钟摆的认识。

指导要点

1. 观察钟摆的照片，回忆钟摆摆动的方式。

2. 幼儿一起合作，观察游戏操作示意图，尝试在支架上固定颜料瓶作为绘画的工具。

（1）自主探索颜料和水的比例，不断尝试，寻找能够让颜料水顺利流动的合适比例。

（2）调整自制颜料杯的开口大小，确定纸杯摆动起来后颜料滴落的适宜量。

3. 幼儿分组合作进行美术创作，提醒幼儿在创作过程中观察：纸杯摆动的角度和速度不同，

滴落的痕迹是否不同。

4. 将钟摆画晾干，观察并分享颜料滴落留在纸上的不同痕迹及不同颜色相混的色彩美。

活动建议

- 活动形式：集体活动。
- 在进行喷洒的过程中，穿上护衣，以免颜料碰洒到衣物。

线索二：水中作乐

水娃娃的魔术（科学）

目标指向

- 初步感知糖、奶粉、果珍粉等能溶解在水里，感受水的“变化”现象。
- 乐于参与溶解实验，能大方地将自己的发现表述出来。

活动准备

- 白开水、透明一次性水杯若干，标记指示图。
- 糖、奶粉、盐、小石子等。

指导要点

1. 尝一尝水杯中的水，说一说是什么味道的，猜一猜水怎么会是甜的。

2. “水娃娃”的魔术。

幼儿观察操作示意图，自主探索，仔细观察发现溶解现象。实验结束后，与同伴分享交流自己刚才用了什么办法，让“水娃娃”变得有味道。

3. 提问：所有的东西都能被水溶化吗？

幼儿观察并猜测，用简单的符号在操作记录单上进行记录。

4. 幼儿分组，二次尝试，通过实验来验证自己的猜测。

（1）提醒幼儿在操作时，及时做好结果的记录。

（2）操作结束后，进行简单的汇总，看看哪些材料是可以溶于水的。

5. 延伸活动：建议幼儿回家找一找，还有哪些东西是可以溶解于水的。

活动建议

- 活动形式：小组活动。

● 在小实验的过程中，提醒幼儿注意安全。

● 提醒幼儿不能喝来历不明的液体，明白并不是所有的透明液体都能喝。

七彩水世界（美术）

目标指向

● 对色彩感兴趣，乐意用挤、撒、晃等形式进行玩色活动。

● 尝试利用颜色相交变色的原理进行美术创作，感受流体画的颜色交融之美。

活动准备

● 多媒体课件。

● 针筒（去针头）、颜料桶。

指导要点

1. 幼儿观看视频。

说一说：你在视频里看到了什么？

2. 观察针筒和颜料等操作材料，讨论在创作的过程中的注意事项。

3. 幼儿分组创作，教师巡回观察，鼓励幼儿尝试寻找让森林更加美丽的方法。

4. 展示幼儿作品，幼儿观察并说说自己最喜欢的是哪一部分。

老师：甜蜜家园完美重建，我们赶紧去请小动物们回来吧！

活动建议

● 活动形式：小组活动。

● 在幼儿动手操作的过程中，老师巡回指导；提醒幼儿用过一种颜料的针筒不能再放进其他颜料里。

线索三：保护水宝宝

流淌之痕（美术）

目标指向

● 欣赏当代水墨作品，感受“墨破水”的艺术效果。

● 尝试用倾斜、摇动等方式进行流淌作画，大胆表达，体验流淌留痕的乐趣。

活动准备

● 水、墨、刷子、滴管，闪光粉、大张画框宣纸若干。

● 多媒体课件。

● 音乐、抹布、垫子。

指导要点

1. 幼儿观察水、墨、宣纸等操作材料。

猜猜：这些是用来干什么的呢？

2. 观察特别的工具（针筒、滴管）。

（1）讨论：这些材料，可以怎么玩？

（2）探索发现新工具的使用方法。

3. 观看艺术家泼墨作画的视频，分享自己从画面里看到了什么。

4. 幼儿分组（四人一组）合作创作。

提醒幼儿，轻轻地刷，注意配合，倾斜摇晃等。

5. 欣赏、交流并小结“墨破水”。

每一次用水和墨进行自然流淌的效果都是独一无二的。

6. 延伸：欣赏艺术家陈忠老师的作品，拓展提升。

活动建议

● 活动形式：小组活动。

● 在选择宣纸上应注意选择半生半熟的宣纸，将重点落在“墨破水”方法的运用和合作流淌上。

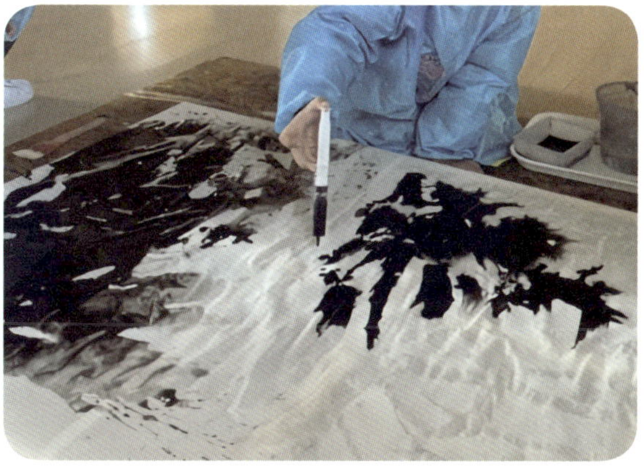

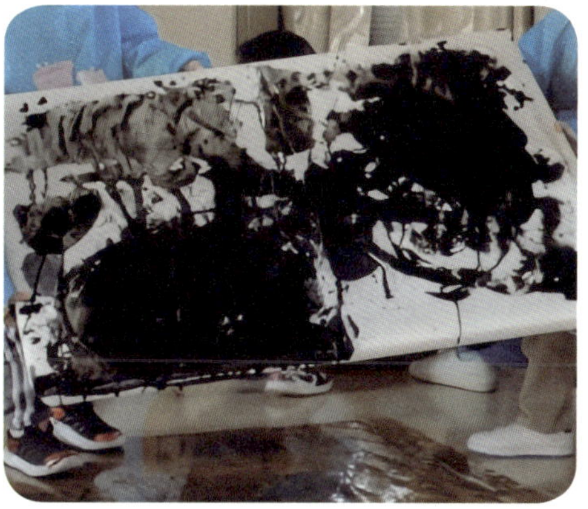

中班：奇趣万花筒

【资源分析】

我们身边的科学无处不在，孩子们对周围世界充满了好奇心和探索欲：为什么有光的地方就会有影子呢？为什么影子有的时候长，有的时候短？为什么小灯泡会亮……

在这个充满未知的主题里，孩子们玩转科学，体验科学探究带来的快乐。听有趣的绘本故事，了解生活中的科学小常识，激发自主探究的兴趣。他们不再满足于观察表面现象，自己动手去玩一玩、试一试，在观察、操作、绘画、记录的基础上，探索科学现象背后的秘密。在不断地尝试中，他们发现美术游戏中也藏着科学的影子，发现科学遇上艺术时的无限创意与精彩。

【目标设计】

1. 对生活中的科学现象感兴趣，能积极参与探索活动，会用语言大胆表达自己的发现。

2. 尝试通过猜想、操作、验证的途径获取相关的科学经验，将自己的新发现用符号记录，乐于与同伴分享。

3. 敢于挑战有一定难度的活动和任务，感受成功的快乐，增强自信心 。

4. 能尝试利用油水分离、光影等科学原理玩美术游戏，大胆地进行造型拼摆和涂鸦。

5. 能动作协调地奔跑，会观察同伴的位置并及时调整自己的动作追逐或躲闪。

【内容建议】

活动线索	活动名称	侧重领域	实施要点
起风了	风来了	语言	倾听、识别风的声音，说一说自己听到的风声是什么样子的，根据故事内容扮演角色并表演。
	起风了好不好	社会	自主分组进行“风”的辩论游戏，遵守游戏的规则，能够接纳不同观点，感受到与别人辩论的乐趣。
	★捕风行动	健康	自选材料，与“风宝宝”玩游戏，发现不同的玩法，体验与同伴合作一起捕风的快乐。
	风向的秘密	科学	搜集丝巾、绸带、纸片等物品，观察物品被风吹时飘起来的形态，感知风力大小及风向，并用简单符号记录。
	★四季交响曲	艺术（美术）	欣赏音乐《四季》节选，感受音乐节奏，尝试用线条表现寒风、春风。
噼里啪啦！是静电	捣乱的静电	语言	自主阅读，用完整的语句清晰地表述自己发现的故事里的问题，尝试与同伴商讨并找出解决问题的方法，与大家分享。
	★静电小实验	科学	幼儿自选材料进行小实验，验证自己的猜测，观察、探索哪些材料可以产生静电现象并记录下来。
	生活中的静电	社会	分组交流自己在生活中遇到的静电，展示自己前期搜集的资料，积极表现自己的想法并能接受他人的不同意见。
	拔河	健康	尝试发现绳子的多种玩法，了解拔河游戏的规则，与同伴合作完成游戏。
	★头发也疯狂	艺术（美术）	欣赏图片，感受夸张的头发造型，用吹画的方式大胆表现各种发型。
有个影子跟着我	影子是怎么形成的	语言	自主阅读，理解故事内容；观察图片，大胆表达自己的想法。
	★探秘影子	科学	自选材料玩影子游戏，观察影子的不同变化，初步感知影子与光线之间的关系。
	踩影子	健康（体育）	观察同伴的位置并及时调整自己的动作，积累躲避的经验和方法；尝试与同伴商讨制定新的游戏玩法及规则并游戏。

续表

活动线索	活动名称	侧重领域	实施要点
有个影子跟着我	影子好朋友	社会	观看图片，感受影子与主人公之间相互帮助、相互依靠的情感，与同伴分享自己想法。
	★迷	艺术（美术）	通过弯折荧光棒，在小伙伴身上拼摆出不同的造型图案，感受荧光棒在暗夜里发光的特别的造型美。

线索一：起风了

捕风行动（健康）

目标指向

- 能听信号，动作协调、灵敏地变速奔跑或走动。
- 尝试与风儿游戏的多种玩法，体验与同伴合作一起捕风的快乐。

活动准备

- 音乐。
- 丝带、纱巾、塑料袋。

指导要点

1. 热身运动：听音乐，做律动操进入热身环节。

2. 带着丝巾跑跑。

幼儿人手一条丝巾，尝试不用手拿着，带着丝巾跑向终点。成功的幼儿可以与同伴分享自己成功的经验。

3. 一起捕风吧。

人手一个塑料袋，将袋口打开后迎风奔跑，尝试将风装进塑料袋中。

（1）幼儿自主分组进行游戏，寻找将风装进口袋的方法。

（2）商定游戏规则，让捕风游戏更好玩，与同伴合作游戏。

4. 和风深呼吸。

听音乐，慢慢地静下心做深呼吸，结束游戏活动。

活动建议

- 活动形式：集体活动。

● 建议将材料投放在科学区供幼儿继续游戏；幼儿和家人一起收集与风有关的小知识、视频等。

四季交响曲（美术）

目标指向

● 根据音乐节奏快慢变化，用形象的线条表现声音。

● 能大胆表达，感受音乐的魅力。

活动准备

● 多媒体课件。

● 勾线笔、炫彩棒、铅画纸若干。

● 音乐。

指导要点

1. 情境：听风的声音，“风娃娃”可调皮了，它躲在了音乐里，我们一起去把它找出来吧！

2. 欣赏音乐《四季》节选，幼儿听音乐“冬”“春”进行自由创作，感受音乐节奏，用线条表现寒风、春风。

3. 小结：这是意大利作曲家维瓦尔第创作的《四季》。在他的音乐里，寒风呼啸、冰天雪地，春风拂面、万物生长。

4. 欣赏作品，互动评价。

介绍：你自己画的哪个季节的风娃娃？它在做什么事情？

活动建议

● 活动形式：集体活动。

● 建议与班级自然角联动：将涂鸦作品投放在班级自然角，观察花草被风吹动的不同方向以涂鸦的形式在作品上进行记录。

线索二：噼里啪啦！是静电

静电小实验（科学）

目标指向

● 了解静电现象，通过操作实验初步知道静电是如何产生的。

● 乐意与同伴共同探索，并观察验证自己的猜测。

活动准备

● 主要材料：气球、纸屑、纸片、吸管、筷子等。

● 辅助材料：布头、木棍、硬币、水彩笔等。

指导要点

1. 魔法变变：邀请“魔术师”，表演将纸片吸附在吸管上神奇“静电”现象，幼儿观察并猜测。

2. “静电”猜一猜，幼儿结合生活经验猜测哪些东西可以产生静电，并用自己的方式在操作单上记录猜测结果。

3. “静电”试一试，幼儿自选材料（气球、吸管、纸片等）在科学试验区自主进行小实验，验证自己的猜测，观察并记录探索哪些材料可以产生静电现象。

4. 分享自己的尝试结果，发现不同材质的物体经过摩擦产生的静电现象的不同之处，尝试通过剪贴的方式与同伴一起进行简单的汇总。

活动建议

● 活动形式：小组活动。

● 建议延伸活动：开展科学游戏“静电大发现”，继续发现哪些物体摩擦可以产生静电的效果，提供园内户外场地。

头发也疯狂（美术）

目标指向

● 能用吹画的方式大胆表现造型夸张的发型。

● 感受颜料流动所带来的视觉冲击。

活动准备

- 多媒体课件。
- 吹风机、颜料七组、滴管人手一个、抹布、护衣等。
- 幼儿照片人手一张。
- 音乐。

指导要点

1. 情境导入：疯狂发艺工作室。

（1）幼儿欣赏图片感受夸张的头发造型。

（2）讨论：这些发型哪里疯狂了？像什么？

2. 幼儿结合材料，尝试找出做发型（吹画）的步骤和方法。

3. 幼儿自主创作，试一试让图片上的人头发疯狂起来。

4. 欣赏、讲评。

说一说：你觉得谁画的头发最疯狂？哪里疯狂？

活动建议

- 活动形式：小组活动。
- 建议结合表演区添置项目进行“小演员请就位”舞台表演。

线索三：有个影子跟着我

探秘影子（科学）

目标指向

- 了解光与影子的关系，乐于探索光线和影子的关系。
- 能动手操作，发现影子的位置与光、遮挡物有关。

活动准备

- 多媒体课件。
- 手电筒人手一个，自制卡片“自画像”。
- 幼儿有关影子知识经验。

指导要点

1. 影子大变身：幼儿仔细观察画面，与同伴分享自己看到的东西，猜一猜是用什么来表演的。

2. 影子捉迷藏，幼儿自主玩影子游戏。

提醒幼儿在游戏时注意观察：在什么情况下会有影子？什么情况下影子会消失？（初步感知影子与光线之间的关系）

3. 幼儿结合自己的游戏实践，分享自己发现的影子的秘密，小结跟影子捉迷藏的方法。

4. 游戏：影子变变变。

与同伴合作游戏，尝试摆出图片上的影子造型。

活动建议

- 活动形式：小组活动。
- 建议表演区增添新节目《影子舞会》，让幼儿尽情表演。

迷（美术）

目标指向

- 能够大胆地使用“荧光棒”在同伴的身上进行造型拼摆。
- 感受“荧光棒”的特性，产生对黑暗世界探索的兴趣。
- 乐于与同伴合作，感受合作的快乐。

活动准备

- 幼儿已有“拼摆乐园”游戏的经验。
- 遮光布、荧光棒、胶带、塑料袋、剪刀。
- 音乐。

指导要点

1. 猜一猜：神秘的小黑屋里面有什么？

2. 观察梦幻小屋的图片，仔细看看荧光棒拼出了哪些造型。

3. 拼摆“光精灵”：幼儿自主合作，通过弯折荧光棒，在小伙伴身上拼摆出不同的造型图案。

4. 舞动“光精灵”：创设暗室活动空间，幼儿跟着音乐在暗室里一起舞动。

活动建议

- 活动形式：集体活动。
- 建议后续可以邀请大班的哥哥姐姐一起参加游戏。

大班：再见，小时光

【资源分析】

五月过半，大班孩子迎来了他们人生中的第一次毕业。在过去三年的幼儿园生活里，大家亲亲热热一同度过了如此幸福而又美好的时光。现在，即将与朝夕相处的老师和小伙伴们分别，即将离开幼儿园进入更广阔的小学天地，孩子们心中有许多的不舍和憧憬。面对即将开启的毕业季，他们有着自己独有的打开方式。

在这个主题中，孩子们以“回忆”为切入点，以“离别”作为活动基调，通过回忆幼儿园三年的美好时光，感受自己的成长变化，珍惜与同伴、老师的情谊。在这样的情感氛围中，他们设计自己的毕业行事历、拍摄创意毕业照、策划自己的毕业典礼、探秘小学……用自己的力量、用感恩的心、用三年的收获来迎接毕业，感悟成长。

【目标设计】

1. 通过回忆、寻访、记录等方式，回顾自己在幼儿园的三年时光，品味成长的自豪。感知他人对自己的关心、爱护，用自己的方式表达对幼儿园的感谢。

2. 初步了解小学的环境设施、作息时间、活动内容等与幼儿园不同，对自己的小学生活充满向往。

3. 能围绕话题进行交流，连贯、清楚地讲述自己的成长故事，大方地表达对幼儿园、对好朋友、对老师的祝福。

4. 能与同伴合作完成涂鸦墙的绘制，尝试用绘画记录自己在幼儿园的成长历程。

5. 尝试勇敢面对黑暗，自主完成洗漱、整理衣物、独立入睡等任务，体验与老师、同伴一起过夜的新奇和快乐。

【内容建议】

活动线索	活动名称	侧重领域	实施要点
最美的遇见	甜蜜回忆盒	语言	布置“童年博览会”，介绍自己带来准备的甜美回忆，用较连贯的语言表达自己面临毕业的情感。
	离别倒计时	科学	观看视频，了解倒计时的含义，制作独一无二的离别倒计时牌，感知时间正在变少。
	★还想与你合个影	社会	回忆在幼儿园里那些特别难忘的人，感恩他们对自己的关爱。确定拍摄计划，邀请他人一起合影，主动表达对被邀请者的感谢之情。
	毕业“嬉”游记	健康	回忆自己玩过的游戏玩法、规则，自主划分运动区域，选择并积极参加多样游戏。
	★三年的美好时光	艺术（美术）	回忆在幼儿园的美好时光，在涂鸦墙上，用绘画的方式记录自己在幼儿园的成长历程。
毕业那些事	毕业了，我想对你说……	语言	回忆三年的幼儿园生活，在他人面前讲述自己经历的事，大方地表达自己对老师、幼儿园的情感。
	友谊的号码	科学（数学）	比较两串相似的号码，发现数字不同的排列顺序，尝试排列出 6 组不同的电话号码。
	来，比个耶	社会	与同伴讨论、协商、合作，制订自己的毕业照计划书，用自己喜欢的方式记录下与同伴的美好瞬间。

续表

活动线索	活动名称	侧重领域	实施要点
毕业那些事	★勇敢一夜	健康	设计“勇敢一夜”的活动计划，尝试勇敢面对黑暗，自主完成洗漱、整理衣物、独立入睡等任务。体验与老师、同伴一起过夜的新奇和快乐。
	毕业的留念	艺术（美术）	结合毕业的主题，选择自己喜欢的方式制作毕业礼物，并大方地将自制的礼物赠予给他人。
与小学有约	关于小学的 N 个问题	语言	观察哥哥姐姐在小学活动的照片，用清楚、简洁的语言分享自己的想法，介绍自己最想知道的问题。分小组罗列整理，为后期参观小学做好准备。
	一分钟有多长	科学	观察记录时钟上的秒针转动，直观了解一分钟的长度。体验一分钟的游戏时间，感受到一分钟的紧迫性。
	★探秘小学	社会	设计参观计划、路线，走进小学了解小学生的学习和生活常规，与小学的老师和哥哥姐姐积极互动，探秘小学生活。
	障碍接力	健康	分组探索，发现接力棒传递的方法，自主加入障碍物，尝试进行障碍接力跑比赛。
	★未来的小学	艺术（美术）	收集各种有造型特点的生活材料，大胆想象，用组合造型的方式进行创造性的构建，创作未来小学的模型。

线索一：最美的遇见

还想与你合个影（社会）

目标指向

- 回忆在幼儿园里那些特别难忘的人，感恩他们对自己的关爱。
- 能大胆邀请他人一起来合影，主动表达对被邀请者的感谢之情。

活动准备

- 邀请函制作材料。

指导要点

1. 幼儿自主交流，跟同伴说一说在幼儿园里最难忘的人。

（1）聊一聊：你和他之间发生过什么难忘的事情？

（2）说一说：你最喜欢的地方是哪里？在这里可以做什么事？

2. 观看上一届大班幼儿的毕业视频，发现通过拍照、拍视频的方式，可以把自己最想记住的人或事记录下来。

3. “我”的拍摄计划：幼儿分组制订自己的拍摄计划，制作拍摄邀请函，商讨在邀请过程中需要注意的事情。

4. 快来一起合个影：幼儿寻找想要合影的人，向他们发出邀请并合影。

活动建议

- 活动形式：小组活动。
- 和幼儿想要邀请拍照的人提前联系，简单沟通使其做好准备。

三年的美好时光（美术）

目标指向

- 回忆在幼儿园的美好时光，用绘画的方式记录自己在幼儿园的成长历程。
- 能与同伴合作在墙上进行绘画，敢于尝试，用夸张的方法画出时光片段。
- 喜欢参加艺术活动，并能大胆地表达自己的情感和体验。

活动准备

- 各种颜料，刷子，水粉笔。
- 幼儿穿好护衣，老师准备好安全的梯子。

指导要点

1. 幼儿观察图片，说一说照片里的人是谁，他们在做什么，一起回忆幼儿园里的美好时光。

2. 幼儿自主选择画画的工具和材料，如板刷、大罐颜料等。

3. 画下美好的回忆。

幼儿商讨自己想画的快乐时光，并选择合适的绘画材料进行创作，鼓励合作创作；教师巡回观察并给予适当的协助。

4. 展示分享，邀请幼儿介绍自己和同伴一起创作的美好时光。

活动建议

- 活动形式：集体活动。

● 准备好充足的颜料和大小不一的“画笔”，也可以让幼儿自己收集生活中可以用来画画的工具。

● 可利用饭后散步的环节，继续回忆美好时光。

线索二：毕业那些事

勇敢一夜（健康）

目标指向

● 尝试勇敢面对黑暗，自主完成洗漱、整理衣物、独立入睡等任务。

● 体验与老师、同伴一起过夜的新奇和快乐。

活动准备

● 前期准备：“勇敢一夜”计划书，向家长发布通知。

● 当天准备：幼儿衣物，幼儿生活用品，心爱的玩具、绘本等。

指导要点

1. 聊一聊有没有独自一人入睡过，分享自己独自入睡的经验和感受。

2. 讨论什么是“勇敢”，设计“勇敢一夜”的活动计划。幼儿分组与同伴一起畅想，在幼儿夜宿需要准备什么东西，可以做什么，将自己的想法用绘画的方式记录下来并制订活动计划。

3.“勇敢一夜”进行时。

（1）活动开展前，按照自己的计划，在家长的协助下自主准备夜宿所需要的物品。

（2）夜宿当晚，和同伴一起把计划中的事情做一做，睡前自主洗漱、整理物品，安静地自主入睡。

4. 互动分享：“勇敢一夜”的感受，说说自己有没有变得更“勇敢”了呢？

活动建议

- 活动形式：小组活动。
- 活动前制订方案，做好紧急情况的预案。
- 活动中要注意安全，夜晚要时刻注意幼儿情绪，及时安抚。

线索三：与小学有约

探秘小学（社会）

目标指向

- 知道自己将要成为小学生，有主动了解小学生的学习和生活常规的意愿，积极向往小学生活。
- 能根据自己设计的调查表，有目的地主动观察。

活动准备

- “关于小学的N个问题”调查表，幼儿园到小学的地图，小学内部的地图。
- 前期准备：安全教育。

指导要点

1. 讨论：怎么去参观小学？

在地图上确定幼儿园和小学的位置，了解周围的地区标志，设计一张线路图。

2. 设计小学内的参观线路图。

根据小学的地图设计自己班级的路线，和其他班级错开。

3. 带上“关于小学的N个问题”调查表，去小学进行探秘。

路上注意安全，参观过程中认真观察，不打扰小学哥哥姐姐们的活动。

4. 返程后，根据调查表相互交流自己的发现，增进彼此对小学的认识。

活动建议

● 活动形式：集体活动。

● 幼儿好奇的问题解决后应当时记录下来，贴在“问题”后。

未来的小学（美术）

目标指向

● 大胆想象，能用组合造型的方式进行创造性的构建。

● 在创意活动中萌发对未来小学的向往之情。

活动准备

● 收集各种有造型特点的生活材料，如螺丝螺帽零件、电线、泡沫地垫条、吸管、玩具等。

● 胶枪、黏土、喷漆。

指导要点

1. 回忆参观小学的经历。

说一说：你看的小学是什么样的？

2. 讨论：未来的小学里会有什么？

用完整的语言讲述自己想象中的未来小学的样子。

3. 幼儿分组进行设计，简单分工，以小组合作的形式进行创作。

提供收集的各种工具材料，鼓励幼儿根据自己的设想，有意识地组合造型。

4. 幼儿自主选择材料进行创意造型，运用黏土等制作点缀。

5. 展评作品。

介绍：你自己设计的未来的小学是什么样的？

活动建议

● 活动形式：小组活动。

● 造型需突出丰富的变化，在色彩上建议运用金、银色喷漆进行适当统一，体现未来科技感。

● 活动后请幼儿给自己的“小学”取名，做好记录布置在教室里。

● “创意周”活动

科技节：我的“视”界，我们的世界

活动线索	活动名称	侧重领域与涉及领域	实施要点
科技节：我的“视”界，我们的世界	邻童絮语	语言	自主阅读绘本故事，回忆已有生活经验，大胆表达自己有关未来的奇思妙想，体验与同伴探讨对未来世界的向往。
	我们这一“袋”	艺术	观看视频，初步了解乱扔塑料垃圾的危害，尝试运用剪、粘、撕、画等多种方法装饰塑料袋，并探索塑料袋玩具的多种玩法，体验变废为宝的乐趣。
	地球密码	科学	观看课件，了解地球所受到的伤害，自主分组，与同伴共同讨论帮助地球的方法，制订“爱护地球日”计划，设计并制作宣传海报。
	一滴水一世界	艺术	提供滴管、颜料等绘画工具和材料，尝试用滴管进行绘画，自主探索颜料滴染创作的方法，感受颜料在纸上溅开、晕染的色彩效果。
	我的“视”界，我们的世界	综合	收集各种生活材料，如旧玩具、零件、包装等，与同伴自选材料，合作拼摆、重组建构“未来世界”的立体造型。

邻童絮语（语言）

目标指向

● 能结合科幻视频、绘本，畅想未来的世界。

● 愿意清楚地表达有关未来的创意妙想。

● 体验与同伴探讨未来世界的向往。

活动准备

● 幼儿有看过科幻电影的前期经验。

● 绘本《我们的未来》。

● 纸、马克笔等。

指导要点

1. 畅想未来。

谈话：想象一下，未来的你会看到什么样的世界？

2. 未来之变。

（1）想一想：未来的你会怎么样？

（2）欣赏绘本《我们的未来》：你看到的未来有什么变化？

3. 预知未来。

结合绘本《我们的未来》，说一说：未来的你会遇见谁？未来的你会做哪些事情？未来的你会想改变什么？

4. 创“未来”。

和身边伙伴讨论，将自己对未来的天马行空绘画下来，自制绘本。并进行相关介绍。

5. 未来之心。

鼓励幼儿对未来的自己说点什么，教师可用视频录制的方式给幼儿留念。

活动建议

● 活动形式：小组活动、集体活动、亲子活动。

● 建议幼儿回家后可以与爸爸妈妈探讨未来的世界，进行绘画、美工、装扮类亲子游戏活动。

我们这一“袋”（艺术）

目标指向

● 有保护环境的意识，养成不乱扔垃圾的习惯。

● 能运用剪、粘、撕、画等多种技能有创意的装饰塑料袋。

● 探索塑料袋玩具的多种玩法，体验做做玩玩的乐趣。

活动准备

● 影片《塑料海洋》片段，多媒体课件。

● 塑料袋、即时贴装饰物、彩纸、毛线、双面胶、细绳、剪刀（每人一把）。

指导要点

1. 观看影片《塑料海洋》片段，说一说看到了什么（海洋动物、塑料袋）。

2. 交流讨论乱扔塑料袋产生的危害。

3. 讨论：你愿意看见满地都是垃圾吗？我们应该怎么做？现场提供了很多的塑料袋，想一想塑料袋可以怎样创意。

4. 塑料袋也有梦想，它们也想去天空飞翔，幼儿分享如何帮助塑料袋完成自己的梦想。

5. 对塑料袋进行装饰，粘贴起来制作成大大的“热气球”。

6. 带着用塑料袋做成的“热气球”来到操场上，尝试让塑料袋“飞”起来。

活动建议

● 活动形式：小组活动。

● 有关塑料袋的梦想如何继续实现，可以继续和幼儿一起商量制作。

● 可以继续探索塑料袋飞起来的科学原理。

● 和幼儿一起深入探讨话题：“地球上还有许多正在污染环境的物品，如何从自身做起保护环境？”增进幼儿保护环境的意识。

地球密码（科学）

目标指向

- 知道地球是我们共同的家园，需要人类共同守护，了解人与环境的重要关系。
- 初步了解地球受到灾害所带来的伤害，乐于进行环保宣传。

活动准备

- 多媒体课件：地球灾害图片及视频。
- 科学操作材料。

指导要点

1. 欣赏美丽的地球图片，说一说自己看到的都有哪些景色。
2. 幼儿观看课件，了解地球受到了哪些伤害并与同伴进行分享交流。
3. 讨论：我们可以怎么帮助地球?
4. 幼儿分组制订地球大扫除计划，小组成员讨论并设计相关的图示并进行讲述。
5. 展示小组设计“爱护地球日”的海报。

活动建议

- 活动形式：小组活动。
- 建议幼儿以调查员的身份去收集并记录老师、小朋友帮助“地球”的好方法。

一滴水一世界（艺术）

目标指向

- 尝试在不同材料上进行滴画，继续感知水会流动的特性。
- 对漂亮的颜色和色彩效果感兴趣，体验滴画带来的快乐和成功的喜悦。

活动准备

- 废旧的手帕、帽子、围巾、纸盒、酒瓶、包包、宣纸等。
- 滴管、颜料、颜料盘、抹布。
- 幼儿已有过玩滴管画的经验。

指导要点

1. 颜料宝宝的新朋友，认识颜料和滴管。
2. 神奇的颜料滴画，探索颜料滴染的过程。

3. 玩玩滴画多有趣。二次操作，感受颜料在纸上溅开产生的画面。

4. 说说滴画多开心。你画的是什么？你是怎么画出来的？

活动建议

● 活动形式：小组活动。

● 鼓励幼儿大胆创新，尝试作画，可以平铺宣纸，也可以将宣纸竖起来，体验多种操作带来的艺术创新，收获快乐。

我的“视”界，我们的世界（综合）

目标指向

● 能清晰描绘自己经历过的或富有想象、充满梦幻的故事，感受来自“不同世界”的听、闻、知、觉等内容与形式。

● 大胆运用不同的环保材料，以“日记涂鸦”的形式立体地表现现实与未来。

● 积极探索科技未来的秘密，有主动表现和表达的欲望，并且乐意将自己的想法与他人分享。

活动准备

● 视频：《快乐星球》片段。

● 胶片纸、铝线、黏土、纸箱、颜料等。

指导要点

1. 以《快乐星球》片段导入活动：你看到了什么“奇奇怪怪”的东西？

2. 使用红蓝胶片眼镜观察充满科技感的“未来世界”。

讨论：我看到了什么？是做什么用的？

3. 交流表达：未来世界是什么样子的？我会做什么事？

4. 幼儿自选材料进行创想，制作自己幻想的未来世界。

5. 展示作品，介绍自己的作品和想法。

活动建议

● 活动形式：集体活动。

● 活动前期幼儿自制以“科技”为主题的红蓝画。

● 建议提供稍微大一些的基础底座，让幼儿能够有更多发挥想象的空间。

● 未来科技还有许多可能，可以联合家长一起带幼儿探索已有的科学技术，帮助幼儿拓展科技知识，对未来充满梦想。